ELOISE SCRIPT
Mohnblume

AF237313

Liebevoll gewidmet meinen vier Kindern:
meinem Sohn Joël,
meinen Töchtern Karin, Josella und Lucinda

Und in besonderer Liebe und Dankbarkeit Dir:
Martin-Alexander

Eloise Script

Mohnblume

Die Geschichte einer Frau und ihrer Männer

Lebenserinnerungen

Die Bibliografische Information der Deutschen Bibliothek

Die Deutsche Bibliothek verzeichnet diese Publikation in der Deutschen Nationalbibliografie; detaillierte bibliografische Daten sind im Internet unter www.d-nb.de abrufbar.

Einbandabbildung: © hassan bensliman, Fotolia
Herstellung und Verlag: BoD - Books on Demand, Norderstedt
© 2018 Eloise Script
ISBN 978-3-7528-3922-7

Kapitel 1

»Bist du verliebt?«

»Neiiin!«

»Hm, du klingst so … so ein wenig anders …«
Es ist Gabi, meine langjährige Freundin, welche mir diese Frage am Telefon stellt. Sie merkt alles, sie kennt mich fast besser als ich mich selber. Nein, ich bin nicht verliebt, ich will nicht verliebt sein! Ich trauere doch immer noch! Aber ja, ich weine nicht am Telefon, das ist wohl seit drei Monaten das erste Mal, dass ich nicht weine.

»Was hast du denn gemacht?«, fragt mich Gabi weiter.

»Ich war wandern – mit einer Gruppe, die mir empfohlen wurde.«

»Wow, du bist mutig!«, meint sie.
Ja, das würde ich auch sagen, aber irgendetwas musste ja geschehen, wenn ich weiterleben will. Obwohl ich in dieser Hinsicht ziemlich gleichgültig geworden bin. Ich hatte mich kaum geschminkt und beim Wandern immer auf den Boden geschaut, sodass mir ja keiner in die Nähe kommen sollte. Dabei ist mir halt doch einer aufgefallen …
Schnell flechte ich dem Gespräch mit meiner Freundin ein anderes Thema ein, diese Wanderungen finden eh nur einmal im Monat statt.

***

Am 7. Juni 1942 um 19.50 h, auf den Namen Liliane getauft, kam ich im Frauenspital zu Basel auf die Welt.

7

Es war Fronleichnam. An diesem Tag sind die Katholiken damals noch in heiliger Prozession an unserem Haus vorbei durch die Straße gezogen. Voraus marschierte eine Musikkapelle mit auf Hochglanz polierten Blasinstrumenten, gefolgt von kleinen Mädchen, Unschuld verkörpernd in ihren weißen Kommunionskleidchen, Kränzchen im Haar, wie kleine Engel. An ihren Ärmchen hingen geflochtene Körbchen, gefüllt mit Rosenblättern von Zartrosa bis Purpur, welche sie sinnend und staunend vor sich hinstreuten, um leichtfüßig darüber hinwegzuschreiten. Hinter ihnen junge Knäblein, nicht minder feierlich und ernsthaft, in dunklen Anzügen, süß wie Miniatur-Männchen. Dann, in kostbare lange Gewänder gekleidet, die Weihrauch schwenkenden Priester. Erst jetzt kam der sogenannte »Himmel«, ein schwer mit Gold besticktes Tuch mit Kordeln und Fransen, über vier Pfosten gespannt und von vier Männern getragen. Unter dem »Himmel«, andächtig wandelnd, der Bischof, das »Allerheiligste« der Kirche mit beiden Händen vor sich haltend. Die Erwachsenen gingen in einem ganz bestimmten Schrittrhythmus, so, als zögere man im Dunkeln. Vor jedem Schritt blieb der ausschreitende Fuß kurz in der Luft wie schwebend hängen, bevor er sich vorsichtig vor den anderen setzte, von eintönig durchdringenden Paukenschlägen markiert: *Pouhm – pouhm*, eigentlich eher unheimlich. Dahinter die vielen Kirchgänger und Gläubigen im Sonntagsstaat. Schlurfende Schrittgeräusche. An den Fenstern wir, die Reformierten unserer Straße, verzückt die Prozession bestaunend. Dieses Bild habe ich noch deutlich vor Augen, habe ich es doch selbst jahrelang von meinem Zimmerfenster aus fasziniert beobachtet. Es war äußerst feierlich. Feierlichkeiten rühren mich noch heute. Also an jenem feierlichen Sonntag kam ich abends während eines der ersten Sommergewitter zur Welt. Ich war das zweite Kind meiner Eltern. Meine Mutter, streng erzogen, unerfahren und etwas naiv, mein Vater eher ein unbefriedigter Schwerenöter. Da war noch mein um vier Jahre älterer Bruder René. Als Kinder standen wir einander sehr nahe. René war für mich mein kleiner lieber Löwe, so nannte ich ihn auch; Löwen sind stark und furchteinflößend, aber meiner war lieb, und ich konnte ihn streicheln.

Die unglückliche Ehe meiner Eltern trieb uns näher zusammen, als dies normalerweise gut gewesen wäre. Mama wurde nochmals schwanger. Natürlich verstand ich damals nichts davon, ich war um die zwei Jahre alt. Doch erinnere ich mich noch sehr genau an das, was ich sah; man brachte mich zu einer Nachbarin, als der herbeigerufene Arzt kam. Bald rannte ich der ratlosen Frau davon und wollte unbedingt zu meiner Mama. Irgendwie hatte ich gespürt, dass etwas nicht stimmte. Vom oberen Stockwerk hörte ich die gequälten Schreie meiner Mutter. Schlussendlich gelang es mir, allen Widerstand vor dem Elternschlafzimmer zu durchbrechen, es war unmöglich, mich zurückzuhalten. Vor dem Ehebett stand ein Becken voller Blut. Mama wand sich in Schmerzen auf dem Bett.

»Mami! Ich will zu Mami!«, schrie ich schreckgepeinigt. Es gelang mir, zu Mama aufs Bett zu klettern.

»Nehmt's weg! Nehmt sie weg!«, jammerte meine Mutter. Hände griffen nach mir und entfernten mich schließlich aus dem Elternschlafzimmer.

Viele Jahre später, ich war schon erwachsen, erzählte

mir Mama, was dort passiert war; sie hatte eine Abtreibung vorgenommen und anschließend Zwillinge verloren. Obwohl die Ehe meiner Eltern zu jenem Zeitpunkt schon zerrüttet war, hatte ich kein Verständnis dafür. Ich empfand es als etwas wie einen Betrug und hatte viel über die Zwillinge nachgedacht.

Damals, etwa drei Jahre später, ich war noch nicht sieben Jahre alt, ließen sich meine Eltern scheiden. Mein Vater hatte ein Verhältnis mit der Nachbarin, welche verheiratet war und mit ihrem Mann und zwei Töchtern unter uns wohnte. Ich spielte oft mit den zwei Mädchen, die in meinem Alter waren. Vater holte mich dort immer ab, wenn es Zeit zum Essen oder Schlafen war. Ich erinnere mich, dass die Frau jeweils nur mit Unterwäsche bekleidet die Tür öffnete. Daran erinnere ich mich noch so genau, weil ich stets ihre Unterwäsche bewunderte, wie ich sie nie an meiner Mutter gesehen hatte. Mein Vater heiratete diese Frau, nachdem er von meiner Mutter und jene von ihrem Mann geschieden war. Wir nannten sie Tante Alice. Ihre zwei Töchter blieben bei deren Vater, wir, René und ich, bei meiner Mutter. Auch meine Mutter heiratete wieder, den Freund meines Vaters, Max, dessen Frau an Krebs gestorben war. Mama hatte dort im Haushalt geholfen, bis die Frau irre wurde und starb. Auch an jene Szenen erinnere ich mich noch gut, denn Mama hatte mich oft dorthin mitgenommen. Nachts begann ich im Schlaf zu wandeln und schrie wie ein wildes Tier, kletterte aus meinem Bett und wollte weg. Mama fing mich jeweils bei der Türschwelle auf, ich wusste von allem nichts. Die Nachbarschaft drohte mit der Polizei, falls dieses nächtliche Geschrei nicht aufhören würde. Ich wurde zu einer Kinderpsychiaterin gebracht, die aber auch nur feststellte, was man schon wusste; nämlich dass ich in meiner eigenen Welt lebte und sehr viel Fantasie hätte. Die brauchte ich wohl irgendwie, um zu überleben. Die Psychiaterin gab mir verschiedene Stoffmaterialien und ließ mich einen Wandbehang für ihre Praxis anfertigen, welchen sie im Wartezimmer aufhängte.

Während der Scheidungsphase kam ich für drei Monate in ein Heim für Kinder, die entweder schwer erziehbar waren oder aus zerrütteten Familien kamen. Mein Bruder René war nicht bei mir. Die Aufseherinnen mussten wir »Tanten« nennen. Sie waren unmenschlich streng. Kein Kind durfte den Tisch verlassen, bevor alle Teller leer gegessen waren. Doch uns war vor lauter Angst und Heimweh überhaupt nicht nach Essen. Wir würgten alles schweigend hinunter. Reden durften wir nicht. Ach! All diese tränenschweren Kinderaugen! Zweimal musste sich ein Kind in den Teller übergeben. Um unsere Notdurft zu erledigen, gab es bestimmte Zeiten. Für den Rest des Tages, sowie nachts, waren die WC-Türen verschlossen. Die Buben pinkelten in der Nacht in Blumenvasen oder aus dem Fenster. Für die Mädchen war das unmöglich nachzuahmen. Fürs Bettnässen wurden wir geschlagen. Es passierte, dass ich eines Nachts großen Drang verspürte, meine Blase zu leeren. In Panik zitternd kletterte ich aus meinem Bettchen in das Bettchen neben mir, in welchem ein geistig behindertes Mädchen schlief, das ohnehin regelmäßig sein Bett nässte. Ich schob das Mädchen sanft beiseite, tat, was ich musste, und schlich zurück. Dies getan zu haben, verfolgte mich mehr als die Hälfte meines Lebens. Ich war ein elender Feigling. Doch meine Angst vor den

Erwachsenen war größer. So lebte ich in Angst, Scham und herzzerreißendem Heimweh, lechzend nach Geborgenheit und Liebe. Dünn und bleich, mit zwei dicken Zöpfen und großen traurigen Augen, wünschend, dass ich unsichtbar oder lieber gar überhaupt nicht auf dieser Welt wäre. Immer stärker baute ich mir eine eigene Fantasiewelt auf. Ich lebte wie in einer schillernden Seifenblase, dessen Äußeres sich mehr und mehr verdickte. So konnte sie auch nicht mehr platzen und umgab mich wie ein schützendes Schild gegen die Außenwelt, zu der ich nicht mehr gehörte.

In einer anderen Nacht im Kinderheim, etwas Nähe suchend, sagte ich ins Dunkel:»Gute Nacht.« Die Tür flog krachend auf und der riesige Schatten einer ungeheuerlichen Tante zeigte sich im Türrahmen.

»Wer hat etwas gesagt?«, schrie sie, mächtig und breitbeinig stehend, in den dunklen Raum mit den vielen Bettchen. Niemand wagte es mehr, sich auch nur zu räuspern. Es war verboten, im Schlafraum zu reden.

Die Angst drohte mich zu ersticken. Da die »Tante« keine Antwort erhielt, kam sie mit riesigen Schritten daher, der Boden knarrte und die Wände bebten. Sie riss jedes einzelne Kind an den Haaren aus seinem Bettchen und schleuderte es gegen die Wand. So auch mich, und das alles wegen mir! Darauf verschwand sie wieder. Die Tür fiel mit einem Knall ins Schloss.

Ein Schluchzen und Wimmern füllte die Dunkelheit. Ich stand in der Ecke zu einem Schrank, weinte, zitterte und flehte leise:»Lieber Gott, bitte, bitte hilf mir! Bitte hilf mir, ich habe Angst!« War Gott zu groß, uns kleine Würmchen wahrzunehmen? Aber Engel gab es immer. Sie schwirrten lautlos umher und beruhigten uns, eines nach dem anderen, mit feinem silbrigen Schlafstaub. Nur einmal durfte mich meine Mutter besuchen. Noch sehe ich sie mit meinem geistigen Auge; sie wirkte abgemagert, ihr dunkles Haar ließ sie noch bleicher erscheinen. Wir standen uns schüchtern gegenüber. Erst als die »Tante« den Raum verlassen hatte und wir uns alleine fanden, sagte Mama mit ausgebreiteten Armen: »Komm, mach den Freudensprung!« Sofort rannte ich zur entgegengesetzten Wand, drehte mich um und stürmte mit Anlauf in die offenen Arme meiner Mutter, die mich aufwarf und herzte. Ein wunderschönes Glücksgefühl erfüllte mich in jenem intensiven Moment, ein Moment, der mir für immer unvergesslich bleibt.

Als ich Mama zum zweiten Mal sah, holte sie mich heim, nach drei unendlichen Monaten. Ich weiß nur noch, dass Mama, mein Bruder René und ich auf eine Schifffahrt gingen. Auf dem Schiff stand ein hagerer, braun gebrannter Mann, den uns Mama als unseren neuen Vater vorstellte. Es war Max, der Freund meines Vaters. Ich war wie in Trance. Das weiße Schiff, die weiß gefiederten Schwäne, meine weißen Sonntagskniestrümpfe, die Sonne, alles blendete mich. Ich kann mich an keinen stärkeren Kontakt erinnern.

Die Hochzeit fand bald im nahen Elsass statt. Von da an hatten wir auch eine Stiefschwester, die Tochter von Max, Valeria, ein verwöhntes Einzelkind. Sie war zwei Jahre älter als ich und zwei Jahre jünger als René.

Mein Vater war ein Trinker, mein Stiefvater auch. An den Sonntagen waren René und ich des Öfteren bei unserem Vater und seiner neuen Frau Alice. Ihre beiden Töchter, Elisabeth und Verena, kamen dann auch zu

Besuch. Tante Alice kochte jeweils ein feines Sonntags-
mittagessen. René fühlte sich wie der Hahn im Korb mit
uns drei Mädchen und wir hatten viel Spaß.

Die Samstage verbrachten René und ich fast ausschließlich bei meiner Patin, der Schwester meines Vaters, Rosa.
Wir nannten sie *Gotte Rösli*. Wir beide, doch immer öfter ich alleine, übernachteten auch dort. Sie war sehr gut
zu uns und wohnte direkt um die Ecke, auf der anderen
Seite der Hauptstraße. Selber hatte sie keine Kinder, lebte mit ihrer Mutter, unserer Großmutter väterlicherseits,
sie war nie verheiratet. Gotte Rösli brachte mir Manieren bei, zeigte mir, wie man sich wäscht und pflegt,
und kleidete mich ein, wenn ich Kleider oder Schuhe
brauchte. Sie nahm René ein paar Mal mit in die Sommerferien ins Engadin, mich dann erst als Zwölf- und
Dreizehnjährige nach Grindelwald in die Berge. Es war
aufregend, in einem Hotel zu wohnen, ich fühlte mich
schon fast wie eine Prinzessin.

Die anderen Schulferien verbrachte ich durch »Pro-Ju-
ventute« auf einem Bauernhof im Emmental. Später verbrachte ich meine Sommerferien auch im Schwarzwald,
bei Verwandten mütterlicherseits. Auch dort war ich sehr
glücklich, besonders jedoch im Emmental, weil es dort
sehr viele Tiere gab; Pferde, Kühe, Schweine, Hasen,
Hühner, Katzen und einen Hofhund. Es gab auch viele
Felder zu bewirtschaften. Ich half überall mit; im Haus,
im Stall und auf dem Feld. Das Landleben mit allem
Drum und Dran erfüllte mich und machte mich glücklich. Auch bei den Tiergeburten durfte ich mithelfen.
Ich mistete den Schweinestall und hütete die dreizehn
jungen »Säuli«, wenn sie raus durften. Ach, diese satten
kleinen Körperchen mit den rosigen Schnäuzchen, die

sich liebevoll an meine nackten Arme pressten! Ich half auch kräftig beim Heuen mit und brachte die eingesammelten Eier, welche liebevoll abgerieben, gewogen und angeschrieben wurden, zum Verkauf in die Käserei. Jeweils in Begleitung von »Bäri«, dem Hofhund. Es war immer etwas Besonderes, der »Käsi-Frau« zuzusehen, wie sie mit starken Armen das Gazetuch in die Käsemasse tauchte, um den Frischkäse herauszuhieven. Dabei beugte sie sich weit über den riesigen Kupferkessel, sodass sich das Ende ihrer Kniestrümpfe an ihren stämmigen runden Beinen zeigte. Alles an der Frau war groß und rund, ich kam mir daneben vor wie Klein Däumelinchen.

Am einen Ende des Feldes war ein dunkler, moosiger Wald, wo kleine Bächlein gurgelten und es nach modrigem Gestämme roch. Am anderen Ende des Waldes stand ein kleines, altes Krämerhaus. Dort konnte man Kaffee, Zucker, Schnüre, Streichhölzer und allerlei Krimskrams kaufen. Obwohl mir da etwas unheimlich zumute war, ging ich sehr gerne alleine hin. Der Weg durch den dunklen Wald war gleichzeitig eine Mutprobe für mich. Nicht selten sah ich ein Reh, wie aus dem Nichts aufgetaucht, stand es da und musterte mich. Ich war mir sicher, dass es auch Kobolde und kleine Elfen gab, die ich nicht sehen konnte, aber irgendwie deren Nähe wahrnahm. Dies waren jedes Mal bereichernde Erlebnisse für mich.

Einmal brachte ich in einer Schuhschachtel ein junges Hündchen mit nach Hause. Ich setzte es durch, das Hündchen behalten zu dürfen. In meinen jungen Jahren hatten wir zu Hause Hamster, Schildkröten, Eidechsen, Schlangen, sogar Stabheuschrecken, alle Letzteren waren

Renés Liebhaberei. Meine Mutter hatte stets einen oder zwei Vögel (im wahrsten Sinne des Wortes). Ich selbst brachte Hund und Kätzchen für die nötigen Streicheleinheiten.

Im Kindergarten befreundete ich mich mit Trudi, einem Einzelkind aus der Nachbarschaft. Trudi wohnte nur etwa vier Häuser weiter unten von meiner Patin Gotte Rösli. Trudi war lebhaft und lustig, vor allem auch sehr naturverbunden und tierliebend wie ich. Nach dem Kindergarten besuchten wir während vier Jahren zusammen dieselbe Klasse der Primarschule. Zur Sekundarschule kamen wir dann in separate Parallelklassen.

Nach den Schulstunden durchstreiften wir zusammen oft kleinere Parkanlagen, suchten in den Büschen nach Insekten, verborgenen Schätzen und was sonst noch zu finden war. Wir kletterten auf Bäume und aßen kleine Zieräpfel. Leider wurden wir oft weggegrault von ekligen Exhibitionisten, welche damals keine Seltenheit waren. Nach einer solchen Begegnung rannten wir immer schreiend nach Hause. Darüber geredet haben wir nie.

Der Höhepunkt des Jahres war immer Weihnachten. Die Eltern dekorierten an Heiligabend hinter verschlossener Tür den Weihnachtsbaum. Uns wurde gesagt, dass dort das Christkind an der Arbeit sei und die Eltern dabei helfen würden. Das war eine Aufregung! Wir Kinder hopsten zappelig und ungeduldig im Gang vor der geschlossenen Stubentür herum. Als alles so weit parat war, hieß es: »Geht Großmama und Onkel Otto holen!« Meine Lieblingsgroßmutter mütterlicherseits und Mamas ältester Bruder Otto wohnten im Parterre des Hauses, wo Otto auch die Schuhmacherei seines verstorbenen Vaters weiterführte. Leider kannte ich keinen Großvater, beide waren schon verstorben, als ich zur Welt kam. Das Haus, in dem wir alle wohnten, gehörte meiner Großmutter. Aufgeregt und Tritte auslassend, rannte ich vom dritten Stockwerk die Treppe hinunter und rief atemlos: »Kommt! Es ist so weit! Schnell!« Großmama, behäbig, einen selbstgestrickten Wollschal über den Schultern, von einem schüchtern lächelnden Otto gefolgt, machte sich auf, die Treppen zu besteigen. Ich hakte sie ein und hievte sie langsam die vielen Stiegen hinauf, auf jedem Zwischenboden mit einer kleinen Verschnaufpause und weiter bis zu uns hinauf, als wäre dort der Himmel. Dann endlich, endlich öffnete sich die Stubentür! Das Licht der vielen roten Wachskerzen flackerte und verbreitete nebst einem typischen Geruch wohlige Wärme und Feierlichkeit. Es roch nach Tannenbaum und flüssigem Wachs, die feinen bunten Glaskugeln glänzten um die Wette. Zwischen den Kugeln hingen kleine Figürchen, Engelchen, Sterne und kleine rote Pilze mit weißen Tupfen. Zuoberst thronte der Baumspitz und über allem lag, fein und durchsichtig, das sogenannte Engelshaar. Eigentlich komisch und furchtbar kitschig, aber wunderschön. Aus aller Munde kam gleichzeitig ein langgezogenes staunendes »Ooh!«. Auch das gehörte längst zur Tradition. Das Fenster stand noch offen, denn das Christkind war eben erst davongeflogen. So war's, und niemand hätte je daran gezweifelt oder weiter über diese unmögliche Möglichkeit nachgedacht.

Unter dem Baum lagen liebevoll eingepackte Geschenke. Doch zuerst wurde immer gesungen, Gedichte vorgetragen und Blockflöte gespielt. René las sogar aus der Bibel, jene Stelle, wo Maria und Josef unter großen Schwierigkeiten eine Bleibe suchten, wo Maria schließlich das

Jesuskind gebar, unseren Heiland und Retter. Dann wurde das Essen aufgetragen, und erst danach wurden die beschrifteten Geschenke verteilt. Vieles davon war handgefertigt. Bei Kaffee und Weihnachtsgebäck wurden die Geschenke bewundert und ausprobiert. Auch an Silvester, dem letzten Tag des Jahres, hatten wir ein tolles Fest. Zum Abendessen gab es eine kalte Platte, bei der ich beim Belegen mithelfen durfte. Es gab verschiedene Wurstwaren, Schinken, Käse, saure Gürkchen, halbierte hart gekochte Eier und Petersilie zur Dekoration. Ein kleines Festessen! In der Küche über der Gasflamme auf dem Kochherd, schmolzen wir anschließend in einem Löffel kleine Bleiklumpen zu fantastischen Gebilden. Aus diesen wurde dann die Zukunft fürs Neue Jahr vorausgedeutet. Ebenso war da ein kleiner Porzellanesel, der, hielt man ein Streichholz an seinen Hintern, endlos kleine Würste produzierte. Wie konnten wir da staunen! René hatte ein sogenanntes »Furzkissen«, welches er jedem, der sich grad hinsetzen wollte, flink unter den Hintern schob. Das gab etwas zu lachen!
Um Mitternacht öffnete meine Mutter in jedem Raum die Fenster, um das Neue Jahr hereinzulassen, auch wenn wir Kinder schon in unseren Betten lagen. Wir hörten die schweren Glocken der katholischen Kirche von nebenan, ließen Vergangenes an unserem inneren Auge vorbeipassieren und wussten: jetzt wird alles anders. Auch wenn es nicht so kam. Es war sehr feierlich. Mit dem letzten Glockenschlag war auch das alte Jahr restlos zu Ende.
Die Schule war für mich nicht besonders angenehm. Ich war sehr schüchtern und introvertiert. Lesen und Schreiben, Zeichnen und Handarbeit sagten mir am meisten

zu. Trudi besuchte nun eine Parallel-Klasse. Etwa elfjährig befreundete ich mich mit einem ebenso schüchternen Mädchen in meiner neuen Klasse. Äußerlich im totalen Gegensatz zueinander, ähnelten wir uns innerlich umso mehr. Gabi war groß und blond, ich von kleiner Statur mit kastanienbraunem Haar. Wir waren zwei Träumerinnen und verstanden einander auf Anhieb, oft ganz ohne Worte. Das war ein Glücksfall. Wir sahen uns täglich, auch nach der Schule. Ihr Vater war Polizist, eine imposante Figur, von allen respektiert und auch ein wenig gefürchtet, irgendwie deutscher Abstammung; seine Frau, Gabis Mutter, war halb Italienerin. Gabi hatte einen um ein Jahr jüngeren Bruder, Walti. Er war Gabis extremes Gegenteil, ein echter Lausbub, allerdings mit viel Charme. Gabi war mir um einen Jahrgang voraus. Zusammen fuhren wir oft mit unseren Fahrrädern dem Wiesenfluss entlang durch den nahen Wald. Unsere Fahrräder wurden in unserer Fantasie zu Pferden. Wir träumten von Rittern und Prinzen. Wir begannen auch für Filmstars zu schwärmen. Da waren James Dean, Elvis Presley, Gregory Peck und andere. Wir tanzten zu Rock'n'Roll in Gabis Zimmer, wenn dort niemand zu Hause war. Jetzt waren wir echte »Backfische«. So nannte man zu jener Zeit die heutigen Teenager. In meinem Zimmer rauchten wir heimlich unsere erste Zigarette. Wir waren etwa vierzehnjährig. Uns wurde schlecht und schummrig.

Der neu geschlossenen Ehe meiner Eltern entsprang ein kleines Mädchen, Heidi. Ebenso der neuen Ehe meines Vaters Klein Eva. Nun hatte ich meinen Bruder René, die Stiefschwester Valeria und die zwei Halbschwestern

Heidi und Eva. Mit den zwei Kleinen durfte ich beim Füttern, Pflegen und Hüten helfen, eine neue Bereicherung! Nicht alles war gut und schön, es gab vermehrt belastende Szenen, wo Valeria meine arme Mutter oft zur Weißglut brachte.

Unsere Familie setzte sich sprichwörtlich aus verschiedenen Fetzchen zusammen. Fetzchen, die an ihren Enden so ausgefranzt waren, dass sie gar nicht zusammenpassen konnten. Oft kam ich mir vor, als müsste ich von einem »Plätz« zum anderen springen und gleichzeitig aufpassen, damit ich nicht zwischen dem Ausgefranzten durch- und hinunterfiel. Es war nie einfach. Hätte ich meine Traumwelt und meine Busenfreundin Gabi nicht als Zufluchtsort gehabt, ich weiß nicht, was aus mir geworden wäre. Da ich mich meinem richtigen Vater nicht nahe, und von meinem Stiefvater nicht angenommen fühlte, ersetzte mir René, mein vier Jahre älterer Bruder, jahrelang den Vater. Geredet hatten wir nie darüber, aber wenn ich eine väterliche Meinung wollte, fragte ich René um Rat. Auch las ich früh alle seine Bücher, auch dies tat ich heimlich. Ich wollte mehr wissen, als ich wusste und verstand. Da unsere Eltern durch den großen Alkoholkonsum oft stritten und sich anschrien, war ich ständig in Sorge um meine Mutter. Oft war ich wie eine hilflose Zuschauerin in Atem gehalten, ohnmächtig einem Spektakel ausgeliefert, der nach einem mir fremden Drehbuch ablief. Ich lebte dauernd in Angst, zum Kindsein hatte ich keine Zeit, Unbeschwertheit kannte ich nicht.

Im letzten Schuljahr wurde ich auf einmal sehr krank. Ich blutete aus Mund und Nase, es wollte nicht mehr aufhören. Ein Arzt kam, doch der wusste auch nicht weiter. Ich lag weiß wie ein Laken im Bett und durfte mich nicht bewegen. Bei der leisesten Bewegung blutete ich erneut aus Mund und Nase. Meine Nasenlöcher wurden mit blutstillender Watte zugestopft. Aus mir unbekannten Gründen starb der Arzt, der mich behandelte. Es besuchte mich ein anderer Arzt, der auch nicht weiterwusste. Das war das einzige Mal, wo ich meinen Stiefvater um mich besorgt sah. Im Zimmer hin und her gehend, sagte er immer wieder kopfschüttelnd: »Das darf doch nicht wahr sein, das darf doch nicht wahr sein!« Ich denke, man hatte mich aufgegeben. Mir schien das alles nicht so wichtig, ich war schon nicht mehr so ganz in dieser Welt. Essen konnte ich schon länger nicht mehr, ich wurde dünn und kraftlos.

Nach zwei Wochen bekam ich plötzlich Hunger. Mutter kochte mir sofort, was ich wünschte, sie war ganz aufgeregt. Ich erbrach zwar meine erste Mahlzeit, aber ich war über dem Berg.

Weil ich so schwach war und wieder aufgepäppelt werden musste, kam ich für einen Monat zur Erholung in ein Kinderheim auf dem Beatenberg. Es gefiel mir dort sehr gut. Am besten schmeckte mir das Frühstück, es gab heißen Kakao und bestrichene Käsebrote. Wir saßen an langen Tischen. Ich war sicher das älteste der Mädchen in jenem Kinderheim und verliebte mich in einen sehr hübschen grünäugigen Jungen. Er war ein Adoptivkind, wie er mir erzählte. In der Nacht, wenn alle schliefen, schlichen wir uns aus den Zimmern und trafen uns im Gang. Wir drückten unsere warmen Körper aneinander, es entstand eine wohltuende Geborgenheit. Danach gingen wir wieder zurück in unsere Zimmer, wo ich Gedichte schrieb und in den Himmel schaute. Manchmal hörte ich einen Zug in der Ferne, doch wenn es ganz still war, nur das gleichmäßige Atmen meiner jüngeren Zimmergenossin.

Nach acht Schuljahren endete meine Schulzeit, ich war erst vierzehn. *Mädchen müssen keinen Beruf erlernen, die werden sowieso weggeheiratet.* Diese Einstellung war damals sehr verbreitet, und davon schien auch meine Mutter überzeugt. Ich selbst war so schüchtern, dass ich am liebsten nur daheim geblieben wäre, lesend, schreibend und zeichnend. Denn vor dem Papier musste ich keine Angst haben, auf dem Papier konnte ich mich auch bestens ausdrücken. Aber nein, es musste Geld verdient werden. Verständlicherweise, denn Geld hatten wir immer zu wenig. Der Alkoholkonsum kostete, nebst vier Kindern. Und während einer Lehre verdiente man so gut wie nichts. Hätte ich wenigstens etwas mit Kindern oder Tieren machen können! Mit ihnen verstand ich mich wie auf Augenhöhe. Aber mit Erwachsenen, nein, vor denen hatte ich Angst. Es half mir nichts, ich wurde erst mal in eine Fabrik geschickt, zu einer abstumpfenden Beschäftigung. Ich arbeitete wie in Trance, mehr wie ein Roboter. Spürbar deutlich war ich eine Außenseiterin.

Jeden Abend besuchte ich Gabi, da konnte ich wieder ich selber sein. An gewissen Abenden sahen wir einen Mann mit einem Hund, vermutlich auf seinem abendlichen Spaziergang. Der Mann wies eine starke Ähnlichkeit mit unserem Schwarm James Dean auf. Von Gabis Zimmerfenster aus konnten wir uns nicht genug satt sehen. Eines Abends, auf meinem Nachhauseweg, passierte es, dass ich zur selben Zeit wie jener Mann die Straße entlang ging, wir kamen irgendwie ins Gespräch. Ich wüsste beim besten Willen nicht mehr, worüber wir geredet haben, wahrscheinlich über seinen Hund. Jedenfalls stellte sich heraus, dass Kurt, so hieß er, in derselben Straße wie ich wohnte. Weil mich zu Hause sowieso niemand vermisste oder erwartete, ging ich mit ihm. Er wohnte in einem alten Mietshaus im obersten Stock. Ich saß verklemmt und schüchtern auf der einzigen Sitzgelegenheit in seinem Zimmer, dem Bett. Reden konnte ich nicht mehr, dazu fühlte ich mich zu eingeengt. Plötzlich saß er neben mir und drückte mich zurück, sodass ich zu liegen kam. Er küsste mich und ließ mich dann wieder los. Ich ging nach Hause. Bald sahen wir den Mann nicht mehr, bis ich ihn etwa sechs Monate später zufällig an einem Samstag in der Stadt traf. Er sagte:»Hei! Ich bin umgezogen! Komm mit, ich zeig dir, wo ich wohne!«

Etwas Besseres hatte ich eh nicht zu tun, so folgte ich ihm, naiv wie ich war, in ein altes Haus mitten in der Altstadt, eine gewundene düstere Treppe empor. Wir kamen in ein großes Zimmer, darin standen ein altmodischer Ofen und ein großes breites Bett. Er erzählte mir, dass er doppelt so alt sei wie ich und mit richtigen Frauen verkehre. Aber trotzdem würde er mir jetzt einen Gefallen tun.

Während er redete, verriegelte er die Tür.»Schreien bringt nichts! Hier hört dich niemand.« Das waren seine Worte, als er langsam auf mich zukam und seine Hose öffnete.

Ich verspürte eine panische Angst und rannte zur Tür.»Ich hab den Schlüssel, und den kriegst du nicht!«, rief er und kam mir nach. Er grapschte nach mir und warf mich mühelos auf sein großes Bett. Sein mich niederdrückender Arm war wie eine stählerne Barriere, ich kam nicht gegen ihn auf. Mit dem rechten Arm mich niederdrückend, hob er mit der linken Hand mein Kleid und fing an, mich zu durchstechen. Es war schlimm, schmerzhaft und eklig, jegliche Zärtlichkeit fehlte.

Als er fertig war, meinte er nur: »So, du kannst froh sein, dass ich das getan habe, jetzt kann man dich gebrauchen«, und dann noch: »Vielleicht kriegst du jetzt ein Kind? Ich seh dich schon mit dem Kinderwagen, jöö!«

Ich rappelte mich auf, während Kurt das Türschloss wieder öffnete. Ohne mich umzudrehen, verließ ich das große Zimmer, huschte die dunkle gewundene Treppe hinunter und fand mich wieder auf der Straße. Es ekelte mich vor mir selber, ich war wie gebrochen, körperlich und seelisch.

Mittlerweile war es dunkel geworden. Ich irrte stundenlang durch die bekannten Straßen und Gassen, als würde ich sie nicht kennen. Auf einer der Rheinbrücken blieb ich lange stehen und überlegte, ob es besser wäre, gleich in die schwarze Brühe des Rheins zu springen, um meinem ohnehin wertlosen Leben ein Ende zu machen – aber ich war ja ein Feigling, und so schlich ich mich zu später Stunde nach Hause.

Niemand erwartete mich. Da es in unserer Altwohnung kein Bad gab, schloss ich mich in der Küche ein, wusch und schrubbte mich, bis meine Haut brannte. Ich konnte mich niemandem anvertrauen, nicht einmal meiner besten Freundin, geschweige denn meiner Mutter.

Kapitel 2

Einen Monat später nehme ich wieder an der Wanderung teil. Ich bin so aufgeregt, dass ich eine ganze Stunde zu früh am Treffpunkt erscheine. Zum Glück weiß das keiner. Ich gehe mir schon selber auf die Nerven. So fahre ich wieder nach Hause und starte erneut. Als ich Andreas sehe, wird mir so komisch auf eine Art, die man *Schmetterlinge im Bauch* nennt. Man schüttelt jedem die Hand, wie es unter Wandern zur Begrüßung üblich ist. *Andreas* ist der einzige Name, den ich noch weiß. Nein, er kann sich meines Namens nicht erinnern – leider. Durch die erste Hälfte der Wanderung halte ich Distanz.

Dann, rein per Zufall, gehen wir nebeneinander her. Zwangsläufig ergibt sich zwischen uns ein Gespräch und ich muss selber über mich staunen, wie aufgeweckt ich mich gebe.

»Es ist schade, dass diese Wanderungen nur einmal monatlich stattfinden«, höre ich mich sagen.

»Es gibt noch eine andere Gruppe, bei der ich auch mitwandere«, meint Andreas und: »Dazu wandere ich oft auch privat.«

Aha!

»Nimmst du mich da auch mal mit?« Wo nehme ich bloß diesen Mut her?

»Könnt' ich schon, warum nicht? Gibst du mir deine Telefonnummer? Dann könnte ich dich anrufen, wenn ich das nächste Mal gehe.«

Nett, aber furchtbar begeistert klingt er nicht.

»Ich hab nichts zum Schreiben dabei – wie machen wir das?«

»Da, meine Visitenkarte!« Andreas kramt in seiner oberen Hemdtasche, »meine Mobiltelefonnummer ist auch drauf, so kannst du mir deine Nummer senden – ist das gut so?« Natürlich ist es gut, doch ich frage mich, ob ich je von ihm hören werde. Wir unterhalten uns auf eine natürliche und angenehme Weise. Ich fühle mich alles andere als unwohl in seiner Gesellschaft. Wir entdecken etliche Gemeinsamkeiten betreffs Natur und Lebensstil, aber er lässt auch durchblicken, dass er weder eine Beziehung sucht noch möchte. ›Kriegen wir schon hin‹, raunt es in mir – ist da noch ein Zweitgeist in mir drin? Ich erschrecke selbst über mein kühnes Denken.

Tatsächlich vergehen nur zwei Tage, bis ich von ihm höre. Er verabredet sich mit mir auf den kommenden Mittwoch, genau eine Woche nach der offiziellen Wanderung. Ich bin so überrascht, dass sich mein Strahlen bestimmt schon durch mein Mobiltelefon überträgt. Wir treffen uns wie vereinbart am Bahnhof und fahren von dort mit seinem Auto durch eine ländliche Gegend, von wo aus wir dann zu Fuß wandern. Unterwegs essen wir in einem Landgasthof und wandern dann weiter. Der Weg ist steinig, doch als wir oben an unserem Ziel ankommen, bietet sich uns eine wunderschöne Aussicht auf den Fluss Aare und die Bergkette in der Ferne. Andreas zieht eine kleine Decke aus seinem Rucksack und setzt sich darauf zur Rast nieder.

»So was hab ich halt nicht«, meine ich etwas kleinlaut.

»Du kannst dich doch auch draufsetzen, da ist genügend Platz für uns beide.«

Ich setze mich an den äußeren Rand und denke so bei

mir: ›Wir können ja auch einfach Freunde sein‹, obwohl ich mir dies dann doch wieder nicht gut vorstellen kann. Andreas teilt nebst seiner Decke auch seinen mitgebrachten Apfel mit mir, ich fühle mich echt wohl, meide jedoch den Blickkontakt.

Plötzlich, ohne jegliche Vorwarnung, packt er mich (so wie ich das mag) und küsst mich etwas stürmisch. Ich stoße ihn sanft, aber bestimmt von mir (so wie es sich geziemt). Er lacht etwas verlegen (aber nicht zu sehr), fast wie ein ertappter Schuljunge. Was eher süß auf mich wirkt. Mehr nicht, schon das ist ja eigentlich mehr als ich erwartet hatte. Beim Abstieg reden wir wieder über Verschiedenes aus unserem Leben, und es stellt sich heraus, dass wir vom selben Augenarzt am rechten Auge operiert wurden. Natürlich ist das eher komisch. Auch er ist geschieden und hat drei Töchter, wie ich, nur, dass ich dazu noch einen Sohn habe. Alles in allem verbringen wir einen sehr schönen Tag zusammen. Bis zur nächsten offiziellen Wanderung.

***

Zwei Jahre lang sah ich keinen Mann mehr an. Ich war siebzehn, als ich Gerry traf und lieben lernte. Er hatte unglaubliche Augen, so wie die Farbe des Meeres, wo es ganz tief und unergründlich ist. Wir waren zusammen wie Kinder, unschuldig und verspielt, bis auf meine seelischen Verletzungen, die ich nicht mehr loswurde. Gerry spielte in einer Jazzband die Posaune, ich himmelte ihn an, war bei jeder Probe dabei und kannte bald jedes Stück auswendig. Hin und wieder sang ich Blues, hauptsächlich in unserem Jazzkeller und speziell zu Hause.

27

Ich liebte es zu singen, da ich mich auch auf diese Art ausdrücken konnte, ohne zu reden. Durch Gerry lernte ich die Zahntechnik kennen, er arbeitete in einem zahntechnischen Labor. Sein Chef fand Gefallen an mir und gab mir einen Arbeitsplatz neben Gerry. Endlich konnte ich kreativ arbeiten. Mit viel Feingefühl und stolz modellierte ich Zahnkronen, Brücken und Teilprothesen aus Wachs, welche dann in Gold oder Edelmetall gegossen wurden. Mein Arbeitsplatz war zwischen Gerry und unserem Chef Herr R. Wir hatten viel Spaß zusammen, besonders bevor Herr R. zur Arbeit kam. Er konnte es sich leisten, etwas später als seine Angestellten anzufangen. Gerry und ich waren unzertrennlich. Da wir beide von Haus aus nicht viel Geld hatten, reisten wir in unseren ersten Ferien nach Spanien per Autostopp. Trampen war damals nicht so außergewöhnlich. Ich reiste schon einmal mit Gabi per Autostopp quer durch Deutschland an die Ostsee, da war ich fünfzehn, im Sommer vor der Vergewaltigung.

Mit Gerry zu reisen war ein unglaublich interessantes Abenteuer. Wir haben viel gesehen, so, wie es heute nicht mehr aussieht, und viel Lustiges erlebt. Angst hatte ich nie, Gerry war ja ein Mann, mein Beschützer, er war auch zwei Jahre älter als ich. Unsere zweiten Ferien führten uns, ebenfalls per Autostopp, ins damalige Jugoslawien, diesmal mit einem ausgeliehenen Einmann-Zelt ohne Boden. Jeden Abend mussten wir bei Kerzenschein die verschiedenen Käfer verscheuchen. Gerry legte sich dann bäuchlings auf die einzige Luftmatratze, die wir hatten, und ich legte mich rücklings auf Gerry, denn mehr Platz oder sauberer Boden war da nicht.

So schliefen wir jede Nacht, heute fast unvorstellbar. Wir wuschen uns am Ziehbrunnen, eine warme Mahlzeit gab es im Bauernhaus bei der Besitzerin des Mini-Campingplatzes. Wenn das Essen fertig war, schrie sie immer:»Eeeesssen!« und es widerhallte in der kleinen Bucht. Obwohl es eher mühsam schien und ohne jeglichen Komfort war, fühlten wir uns wie im Paradies.

Zu Hause in Basel hatte ich inzwischen meine erste »eigene« Wohnung im ersten Stock des Hauses meiner Großmutter, wo ich aufwuchs, und auch meine Mutter mit ihrem zweiten Mann Max noch wohnhaft war. Meine Wohnung bestand aus zwei schmalen Zimmern und einer länglich angelegten Küche mit Gasherd, ohne jeglichen Komfort, einheizen musste man selber mit Holz und Briketts. Im Winter wurden die Vorfenster eingehängt, welche im Frühling wieder entfernt wurden. Bei winterlicher Kälte wuchsen die schönsten Eisblumen an den Fenstern, grad wie bei meiner Mutter zwei Etagen höher. Warmes Wasser gab es neuerdings von einem kleinen Durchlauferhitzer.

Ich holte mir erst eine selten schöne graue Katze in mein neues Heim, die ich leider zwangsmäßig bald wieder weggeben musste. Jedes Mal, wenn sie mich in meinem Nachthemd sah, stellten sich ihre Haare zu Berge und so rannte sie in einem höllischen Tempo die Zimmervorhänge hinauf. Indem sie sich festkrallend daran hochzog, hingen meine neu erworbenen Vorhänge bald in Fetzen herunter. Dazu kam, dass ich jedes Mal von neuem erschrak und unwillkürlich schreien musste, was meine Katze noch wilder machte. Ich fand einen guten Platz für sie und kaufte mir einen schwarzen Cocker-

Spaniel mit dem Namen Micky. Bis zu meinem fünfzigsten Lebensjahr konnte ich nicht ohne Tiere leben, sie standen irgendwie für etwas, das mir fehlte, und wirkten gleichzeitig als Verlängerung meiner eigenen Persönlichkeit. Tiere kennen kein Falsch und sind immer für einen da. Doch Micky begann mich zu bewachen, und als Gerry anfing bei mir zu übernachten, hatten wir erst ein Problem. Micky postierte sich jeweils knurrend vor meiner Schlafzimmertür, obwohl ich ihm nie erlaubte, bei mir im Bett zu schlafen. Doch auch Gerry und Micky wurden bald dicke Freunde und teilten sich so den Posten eines Bodyguards.

Ich sehnte mich nach eigenen Kindern, ich wollte heiraten und eine Familie gründen. Ich wollte es besser machen, als ich es erlebt hatte, nur *Wie*, das wusste ich nicht. Wir heirateten im November 1963. Am 20. Oktober 1964 kam Joël, unser erstes Kind, ein Sohn, zur Welt. Gerry war bei der Geburt mit dabei. Es war gleichzeitig der Geburtstag meiner Mutter, und somit bekam sie ihr erstes Enkelkind als Geburtstagsgeschenk! Alles ging bestens, wir waren überglücklich.

Zwei Jahre später, am 8. Juli 1966, kam unsere kleine Tochter Karin dazu. Unser Glück schien komplett. Wir waren schon vor Karins Geburt in eine etwas größere Wohnung umgezogen. Jetzt hatten wir auch ein sogenanntes Sitz-Bad, warmes Wasser und einen Balkon. An den Abenden war Gerry öfter auswärts, während ich voll mit Haushalt und Kindern beschäftigt war, mich am Abend jedoch immer einsamer fühlte. Obwohl ich Gerry immer noch innig liebte, oder gerade deshalb, sehnte ich mich nach mehr Zuwendung und einem erwachsenen Gegenüber. Wenn Gerry fort war oder erst spät nach Hause kam, ich mit dem Haushalt fertig war und die Kinder schliefen, verflüchtigte ich mich in meiner Einsamkeit immer öfter zurück in meine alte Traumwelt, die ich so gut aus meiner Kindheit kannte. Dabei halfen mir Kerzenlicht und ein Glas Wein. Bald fühlte ich mich nicht mehr so alleine. Ich redete mit Personen und Geistern, die gar nicht da waren, aber für mich real waren. Ich hörte klassische Musik und weinte viel. Ich sehnte mich so sehr danach, in die Arme genommen zu werden. Meine Mutter spürte, dass etwas mit mir nicht mehr stimmte, und offerierte mir, die Kleinen jeden Dienstag zu hüten, um mir einen freien Tag zu geben. Meine Kinder waren überhaupt nicht das Problem, aber so hatte ich Zeit, um einen Tag lang zu tun, was ich wollte, oder auch gar zu nichts tun und nur zu träumen. Ich hatte schon immer Mühe, mich in der Wirklichkeit zurechtzufinden, vor allem auch, weil ich nie richtig wusste, was nun die Wirklichkeit war. Wie verhält man sich als Erwachsener? Ich wusste es nicht und fürchtete mich immer noch wie als Kind vor den Erwachsenen. Joël und Karin waren für mich wie meine kleinen Geschwister, ich liebte sie innig, fühlte mich jedoch nicht als Mutter, obwohl ich sie beide bei vollem Bewusstsein geboren hatte.

An den Abenden war Gerry immer weniger zu Hause, bis ich es in meiner Einsamkeit nicht mehr aushielt und ihm eröffnete, dass ich fortan auch ausgehen würde. Gerry hatte nichts dagegen. Ich schlug vor, uns nachts in der Sorge um unsere Kinder abzuwechseln, was wir auch taten. Dann rief ich meine Freundin Gabi an und sagte ihr, dass ich wieder in den Ausgang mitkäme. Gabi freute sich, während ich froh war, die Abende nicht mehr alleine verbringen zu müssen und dazu noch in liebevoller Begleitung ausgehen konnte. Schüchtern, wie wir waren, mussten wir uns stets Mut antrinken, um überhaupt ausgehen zu können. Wir besuchten drei »In-Mode-Bars«, wo wir das Trinken fortsetzten. Alles schien so viel einfacher. Realität und Traumwelt vermischten sich so, dass fast alles möglich war und nichts zu gravierend. Ich war schwarz gekleidet und hatte langes dunkles Haar. Ich begann auch wieder zu rauchen, Gabi hatte seit unserer ersten Zigarette mit vierzehn Jahren nie mehr damit aufgehört. Alles in mir schrie nach Liebe. Unsere Kinder wurden etwa stündlich zu vereinbarter Zeit von Gerry oder mir kontrolliert, was bestens funktionierte. Ich fühlte mich wie ein Blatt im Wind, losgelöst von einem Baum, weit weg vom sicheren Stamm, fallend, vom Wind aufgehoben und wieder fallend.

Eines Abends fixierte mich ein junger Mann mit einem samtenen Blick aus warmen braunen Augen. Er fand mich aufreizend hübsch. Gesprochen wurde wenig, wir rauchten, tranken, hörten dem Wurlitzer-Plattenspieler zu, und schauten in die Runde. Thomas verabredete sich mit mir in derselben Bar. Zu Hause erzählte ich Gerry alles und hatte nur den einen Wunsch, dass er sich dagegen stellen würde. Aber Gerry sagte nichts. Ich ging zur vereinbarten Zeit, um Thomas zu treffen. Voller Sehnsucht hoffte ich immer noch, dass Gerry plötzlich hereinkommen, mich packen und sagen würde:»Komm heim, du gehörst zu mir!« Doch nichts dergleichen geschah; obwohl ich nicht zu überreden war, die Bar zu verlassen, sah ich immer wieder zum Eingang und hoffte den ganzen Abend, dass Gerry doch noch kommen würde. Er kam nicht.

Das zweite Mal verabredete sich Thomas mit mir bei sich zu Hause, wahrscheinlich auch, weil dies die einzige Möglichkeit schien, näher an mich heranzukommen. Wieder erzählte ich Gerry alles im Detail und war sicher, dass er diesmal bestimmt etwas dagegen sagen oder tun würde. Aber nein, es kam noch schlimmer: Gerry brachte mich mit seinem Auto zu vereinbarter Zeit zu Thomas' Haus, auch weil dieser außerhalb der Stadt wohnte. Gerry tat mir einen »Liebesdienst«! Jetzt war ich vollkommen durcheinander – wo gehörte ich denn hin, wenn nicht in die Arme meines Mannes? Es kam so wie erwartet in einer solchen Situation. Zuerst saßen wir auf dem Bettrand, weil es auch keine andere Sitzgelegenheit gab. Nach einigem ungelenken Rumfummeln passierte, was ich überhaupt nicht wollte, von dem mir aber klar war, dass es passieren musste. Ich dachte dabei nur an meinen Mann Gerry und fühlte mich beschmutzt und schuldig, obwohl Gerry das Ganze auf seine Art »unterstützt« hatte. Und, wie ich später erfuhr, ungefähr um dieselbe Zeit die Lehrtochter des Labors, in welchem er arbeitete, »beglückte«. Es war 1968, als groß geschrieben und ausgerufen wurde: »*Make love, not war!*« Dieser Ausruf wurde fleißig befolgt, überall erblühten bunte Partys, es wurde Haschisch geraucht. Die pfeifenrauchenden Existenzialisten mit ihren kurzen Bärten und den ernsten, allwissenden Mienen wurden abgelöst. Die Hippies waren geboren. Das war auch die Zeit der Beatles und der Rolling Stones. Auch die jungen Männer ließen ihre Haare wachsen, Gabi und mir sehr zum Gefallen. Gabi und ich passten da mit unseren langen Haaren perfekt in die Szene. Unsere Kleidung änderten wir nicht. Gaby sah in ihren weiten orientalischen Kleidern eher wie eine weiße Indianerin aus, ich selbst blieb meinem Schwarz treu. Um die Mode hatten wir uns nie geschert, wir hatten stets unseren eigenen Stil. Die wilden Siebzigerjahre waren voll im Gang. Autoritäre Erziehung wurde verpönt. Alles rollte und lief irgendwie frei und, von außen gesehen, unkompliziert. Es bildeten sich Kommunen. Das war nie »mein Ding«. Doch man hätte eher den Geist aufgeben, als so »eine Schwäche« zuzugeben. Man wollte ja nicht altmodisch im Denken erscheinen. Also wurde weitergefeiert und heimlich gelitten. Ich fühlte mich mehr und mehr irgendwie verloren und heimatlos. Wo gehörte ich eigentlich hin? Im Ausgang trafen Gabi und ich etliche Künstler, ja, auch echte, und etliche Spinner (auch diese waren echt). Überdrehte Menschen, die oft wie in einem steten Rausch durch die Nächte zu geistern schienen. Es gab solche, die sich das Leben freiwillig nahmen oder an einer Überdosis Drogen starben. Die Leitplanken fehlten, aber wer scherte sich darum? Ich selbst wirbelte als lose gewordenes Blatt durch die Nächte. Drogen kamen für mich allerdings nicht in Frage, außer dem Alkohol, Rotwein, das war meine Droge. Die Sehnsucht nach Liebe und Geborgenheit in mir verstärkte sich sehr. Ich unterdrückte dieses Gefühl, so gut es ging, ohne es weiter zu hinterfragen.

Eines Abends hatte Gerry ein befreundetes Paar in unserem Alter eingeladen. Ich kochte. Der Abend wurde gemütlich und anregend. Nachdem das Paar wieder gegangen war, sagte ich während des Geschirrabwaschs zu Gerry: »Diese Frau würde gut zu dir passen.«

»Ich weiß«, antwortete er zu meinem Erstaunen, »sie hat

es mir schon selber gesagt.« Edith war auch verheiratet und mit ihrem Mann zusammen bei uns eingeladen. Aber es passte in jene Zeit. Auch sie hatten ein kleines Töchterchen, im selben Alter wie das unsrige. Alles kam wie erwartet. Edith kämpfte um Gerry, wobei sie mich ohne Weiteres umgehen konnte. Ich glaubte ja immer noch, dass andere alles besser wussten und auch besser konnten. Als Mädchen in eine schon zum Scheitern verurteilte Ehe hineingeboren, dazu einen Vater mit französischen Wurzeln, bin ich mit starken Minderwertigkeitsgefühlen aufgewachsen, schüchtern und total verklemmt, lahmgelegt von der Angst vor Erwachsenen. Auch hatte mich Gerry nie ganz nackt gesehen, so etwas schickte sich nicht, und obschon verheiratet, brachte ich mich nie dazu, mich vor ihm ganz zu entblößen. Wahrscheinlich hatte sich Gerry nie große Gedanken darüber gemacht, da ich seine erste Liebe und somit die erste Frau in seinem Leben war. Nein, ich war absolut nicht hässlich! Meine Kurven hatte ich auch am rechten Ort, aber so war's.

Eine Zeit lang ging ich mit, wenn Gerry mit seiner Jazz-Band Proben hatte oder auftrat. Gerry spielte Posaune, die jungen Frauen himmelten ihn an. Er war schon etwas Spezielles, vor allem seine großen, dunkelblauen Augen und überhaupt seine ganze Art. Ich sang immer noch hin und wieder Blues, ja, zwischendurch auch mal vor Publikum. Die englische Sprache war mir zwar fremd, aber da brauchte man nicht unbedingt das Verständnis der Worte. Die Sehnsucht nach echter Zuwendung, Liebe und Geborgenheit wuchs in mir wie ein immer stärker werdender Schmerz. Ich bekam herzzerreißendes Fernweh, speziell im Frühling, die milde Luft, das Erwachen, die ganze Welt da draußen schien mich zu rufen. Inzwischen waren Gerry und Edith ein Paar. Ich lernte einen gutaussehenden Franzosen namens Jean-Pierre kennen. Ein echter Lebenskünstler, der in der Welt herumreiste und skrupellos von den ihn anbetenden Frauen lebte. Von mir hatte er nie etwas erfragt, noch erhalten, deshalb galt ich auch als seine besondere Freundin. Wenn ich eine Idee hatte, wurde sie sofort befolgt. Jean-Pierre fand meine Ideen immer großartig. Er sagte dann jeweils: »Ruhe! – *Liline*«, so nannte er mich, »hat eine Idee, sie redet zwar nicht oft, aber wenn sie etwas sagt, dann ist's was!«

Wir sprachen Französisch, eine Sprache, die mir nach meinem Glauben irgendwie angeboren sein musste, denn in der Schule hatte ich keine Fremdsprache gelernt. Das war zu meiner Schulzeit noch freiwillig gewesen. Zu Hause wurde aber nur Schweizer-Dialekt gesprochen.

Ich beschloss fortzugehen, irgendwie mein eigenes Leben (oder mich selbst?) zu finden, einen Ort, wo ich wirklich hingehören würde. Ich informierte Gerry, der dies akzeptierte. Nur als ich sagte, dass ich vielleicht nie mehr zurückkäme, weinte er. Wir weinten zusammen. Wie unerfahren und vor allem wie verloren war ich! Niemand setzte sich dagegen. Niemand hatte sich je um mich gekümmert, meine Schranken musste ich selber finden, und da gab es keine! Wenn mich nur jemand zurückgehalten und in die Arme genommen hätte! Ich bat Gabi, hin und wieder meine Kinder in die Arme zu nehmen und sie möglichst nackten Hautkontakt spüren zu lassen.

»Das ist sehr wichtig!«, sagte ich zu ihr. So viel wusste

ich, denn das war, was ich selber brauchte. Für die Kinder war bestens gesorgt, davon war ich hundertprozentig überzeugt, auch, dass Edith alles viel besser tun konnte als ich. Wie kann eine Mutter so denken? Nun, wie schon gesagt, ich fühlte mich viel eher als große Schwester denn als Mutter. Vielleicht, oder sehr wahrscheinlich, weil ich selbst noch wie ein Kind war.

Der Abschiedsmorgen kam. Ich stand mit meiner Reisetasche an der Tür, wo ich mich von Gerry verabschieden wollte. Meine zwei süßen Kinder hatte ich in ihrem warmen Halbschlaf in ihren Bettchen nochmals an mich gedrückt. Es brach mir fast das Herz, aber ich musste gehen.

Doch als Gerry bei der Tür neben mir stand, war es als würde ich den Boden unter den Füßen verlieren, ich stammelte: »Ich kann's nicht, ich kann nicht gehen.«

»Komm jetzt«, meinte Gerry, »Jean-Pierre wartet auf dich am französischen Bahnhof!«

»Ich … kann nicht.«

Aus dem Hintergrund ertönte Ediths Stimme: »Was ist? Ist etwas?« Sie saß aufrecht in Gerrys Bett und versuchte durch die halb offene Tür die Situation ins Auge zu fassen.

Das genügte, um mich aufzurütteln. Ich versteifte mich zu einer Geraden und verabschiedete mich. An einen Kuss erinnere ich mich nicht. Die Kälte, die ich in und um mich herum fühlte, war für mich nichts Neues.

Ich traf Jean-Pierre wie verabredet. Ein Zigeunerleben begann.

Kapitel 3

Andreas scheint mich sehr zu mögen, eigentlich habe ich den starken Eindruck, dass er mich »will«. Einerseits genieße ich dieses Gefühl des Begehrtseins, andererseits verwirrt er mich. Er besteht darauf, dass niemand aus der Gruppe von unseren privaten Wanderungen und Treffen erfahren soll. Erst denke ich mir nicht allzu viel dabei, hat er doch zu Beginn schon gesagt, dass er keine Beziehung suche. Nach den offiziellen Wanderungen mit der Gruppe treffen wir uns nun immer, nachdem wir uns vor aller Augen verabschiedet haben, in einem Lokal. Dort sitzen wir einander gegenüber, sehen uns in die Augen und erzählen einander eher Unwichtiges aus unseren Leben oder davon, was wir mögen und was nicht. Dieses Verhalten ist zwar ein wenig aufregend, jedoch mehr wie ein Spiel und nicht gerade passend für unser Alter.

An einem Samstagnachmittag rufe ich ihn an. Zu meinem Erstaunen ist er da, allein.

»Ich habe gerade meine Wohnung geputzt«, sagt er, als müsse er sich rechtfertigen.

»So?« Dann nehme ich allen Mut zusammen und frage: »Kommst du mit mir einen Kaffee trinken?«

Wieder bin ich erstaunt, dass er ohne zu zögern zusagt. Da wohne ich noch in Pratteln, Andreas in Liestal, nicht allzu weit voneinander entfernt. So treffen wir uns etwa eine halbe Stunde später. Ich bin aufgeregter als sonst, habe ich doch im Sinn, mehr über sein Single-Leben zu erfahren. Nachdem wir artig Kaffee getrunken und dazu

Kuchen gegessen haben, meine ich: »Lass uns noch in ein anderes Lokal gehen!« Denn um ihn auszufragen, muss ich wohl etwas Stärkeres trinken. Nach einem Glas Wein fühle ich mich mutiger und abenteuerlicher. Kokettierend will ich etwas über seine letzte Beziehung wissen.

»Nun, das ist so etwas und doch nichts«, meint er.

»Was meinst du mit ist?«, frage ich geschockt zurück.

»Wir gehen sonntags essen, momentan jeden zweiten Sonntag, früher jeden, aber das ändert sich jetzt wieder; ihre Mutter war krank, da konnte sie nicht jeden Sonntag kommen.«

»Waaas? Und sonst? Unter der Woche? Samstags?«

»Nichts, eher mal sporadisch.«

Es kommt mir vor, als geriete ich in den Sog eines unsichtbaren Wirbels, haltlos, verloren, mich an meine eigenen Worte klammernd, als könnten sie das Schlimmste verhindern. Doch meine Worte bieten mir weder Halt noch Sicherheit, das Unfassbare zieht mich tiefer und tiefer. Zwei Tische weiter wird gefeiert, eine lustige Runde in vollem Gange. Einer ruft der Serviertochter zu: »Bringen Sie jedem noch einen Doppelten!«

»Hey, wir sind auch noch da!«, höre ich Andreas rufen. Versucht auch er, etwas zu ertränken?

Bevor ich nachdenken kann, steht auch vor uns beiden so ein Doppelter, spendiert vom Tisch der Fröhlichen.

»Ja, läuft denn diese Beziehung noch?«, will ich wissen. Ich fühle meine Kräfte noch mehr schwinden, als Andreas sagt: »Hm, eh, ja.« Und nachdem er mich Häufchen Elend genug betrachtet hat: »Ich hab dir ja gesagt, dass ich keine Beziehung suche.«

Ja, hat er.

»Nein, neeiin!« Ich werde laut.

»Schscht!«, versucht er mich zu beruhigen.

Ich will vom Erdboden verschwinden, oder zumindest von der Bank, auf der ich sitze, aber es gelingt mir nicht. Ich fühle mich konfrontiert mit etwas, von dem ich nichts wissen will.

Andreas scheint endlich selbst eher hilflos und beschämt.

»Bringen Sie bitte noch zwei solche!«

Der muss sich ja sehr hilflos fühlen! Mir geht so vieles durch den Kopf, fast so, wie man das von den Leuten hört, die nach einem Nahtoderlebnis weiterleben, nachdem erst wie ein Film das vergangene Leben im Geiste vorbeigezogen ist. Im Moment bin ich wirklich nicht sicher, ob ich weiterleben werde. Oh nein, meinem Leben ein Ende zu bereiten, so was denk ich nicht, ich denke überhaupt nichts mehr, die Kraft, zu denken, zu reden oder etwas zu tun, fehlt mir.

Etwas später stehen wir in der dunklen Gasse. Andreas zieht mich zu sich und versucht mich zu küssen – ich stoße ihn grob weg, obwohl ich mich trotz allem in seinen Armen sicherer fühle, als irgendwo anders. Er bringt mich zur Bahn. Nach meiner Ankunft am Bahnhof muss ich noch per Fahrrad nach Hause fahren. Zum Glück sind um diese Zeit die Straßen leer, und zum Glück gibt es Schutzengel. Ich finde mich am nächsten Morgen unbeschädigt in meinem Bett.

***

Wir fuhren direkt nach Paris, wo wir mit Dodo, Jean-Pierres Freund, zusammentrafen. Dodo war ein echter Südfranzose, groß und schlaksig mit schulterlanger

Mähne und einem bubenhaften Lachen, sodass man ihm kaum je böse sein konnte, auch wenn er oft etwas ungeschickt handelte. Jean-Pierre hingegen war ein typischer Franzose, gut aussehend, sehr charmant, intelligent und talentiert. Wo immer wir hinkamen, waren die Frauen wie wild auf ihn. Das war mir allerdings schon, seit ich ihn kennenlernte, bewusst. Deshalb versuchte ich meine Gefühle für ihn in Grenzen zu halten. Mir wurde rasch beigebracht, wie man erfolgreich bettelt. *Faire la manche* hieß das. Ich erhielt nebst den Französischen Francs auch verschiedene Angebote und Ratschläge, wie ich viel mehr Geld verdienen könnte, aber so was kam für mich nie in Frage. Um die Hände nie voll mit Geld zu haben, schob ich das Erhaltene jeweils in meine Schuhe. Wir bettelten getrennt und trafen uns später wieder in dem schäbigen alten Hotel, wo wir ein Zimmer gebucht hatten. Das Geld wurde zusammengelegt und wir gingen essen: Couscous (ein nordafrikanisches Gericht), vegetarisch, wenn das Geld nicht reichte, oder mit Fleisch, wenn wir genug Geld hatten. Wein gab es immer.

Am nächsten Tag gingen wir zu verschiedenen Juweliergeschäften und fragten nach unbrauchbaren Uhren und Weckern. Erstaunlicherweise erhielten wir etliches Material, das wir in unsere mitgebrachten leeren Reisetaschen füllten. Zurück im Hotelzimmer, wurde ich in meine neue Arbeit eingeführt; die Wecker wurden zu kleinen Bestandteilen auseinandergenommen, es gab viele Rädchen in verschiedenen Größen. Mit unserem erbettelten Geld kauften wir große, breite Zündholzschachteln. Dazu ließen wir Messingbänder auf die Größe der Schachteln zuschneiden. Die Bänder wurden rund

um die Schachteln zurechtgebogen. Jean-Pierre sägte auf
beiden Seiten eine ovale Stelle aus, wo das Streichholz
beim Reiben an der Schachtel gezündet werden konnte.
Ich stellte aus den diversen Rädchen Motive zusammen
und lötete sie auf die Vorderseite der Schachtel, alles
wurde am Schluss noch von mir poliert, ein kleinerer
Kraftakt, den ich nicht besonders mochte. Lötdraht und
was dazugehörte, wurde von uns in einem Kleinwaren-
handel-Laden entwendet. Jean-Pierre hatte mir auch das
beigebracht. Übrigens das Einzige, was ich je in meinem
Leben gestohlen habe. Es wurden etwa sechs bis acht der
bekleideten Zündholzschachteln in eine leere Schachtel von einem Supermarkt gelegt und so wurden sie am
Abend von mir präsentiert und verkauft.
Ich tauchte ins Pariser Nachtleben und verkaufte unsere
kleinen Kunstwerke in gut besuchten Bars. Zuerst musste ich immer den Besitzer um Erlaubnis fragen, um danach meine Ware an den Tischchen zu offerieren. Jean-
Pierre und Dodo warteten draußen. Als junge Frau hatte
ich viel höhere Chancen beim Verkauf.
Hin und wieder traf ich einen Filmstar. So auch Alain
Delon, der mir den Inhalt einer frisch gefüllten Ausla-
ge abkaufte, da er in Begleitung von mindestens sechs
Frauen war und jede eine der kunstvollen Zündholzschachteln auswählen durfte. Alain schenkte mir auf
meine Bitte auch noch ein Autogramm. Von diesem Erlös lebten wir eine Zeit lang, bezahlten unser Hotelzimmer und gingen essen. Sogar eine kleine Kunstboutique
am Sacre-Coeur nahm uns ein paar Schachteln ab und
legte sie in ihr Schaufenster.
Plötzlich entstand ein riesiger Radau in den Straßen. Er
erinnerte mich an einen unheimlichen Heuschrecken-

schwarm, wie ich ihn mal im Kino sah. Studentenaufstand! Monat Mai 1968, ganz Paris war auf den Füßen. Jean-Pierre riss mich an der Hand und schrie:»Renn!« Ich rannte, als hätte ich ein Feuer im Hintern. Das erste Auto wurde auf den Kopf gestellt und begann zu brennen. J.-P. hatte mit Hand angelegt. Ich stand mit weit aufgerissenen Augen dabei. Die Flammen loderten hoch. Andere Autos wurden umgedreht, zwischendurch explosionsartige Geräusche. Heerscharen von Polizei kamen mit Masken und Schutzschildern. Es wurde mit Tränengas geworfen. Auch Molotow-Cocktails flogen durch die Luft und explodierten beim Aufschlag auf der Straße. Die Luft war raucherfüllt. Meine Augen brannten schmerzhaft. Ich rannte weiter, nur weg von hier! Jean-Pierre hatte ich längst aus den Augen verloren. Ich kam an der»Sorbonne« vorbei, wo Studenten wertvolle alte Bücher zu großen Haufen aufschichteten und anzündeten. Ich rannte durch Straßen und Gassen, wusste nicht mehr wohin. In schwarzes Leder gekleidete Rebellen fegten reihenweise durch die Stadt, in ihren Händen schwangen sie klirrende, schwere Eisenketten. Es war unmöglich, zurück ins Hotel zu gehen.

Nach einem Durcheinander fand ich mich in der Studentenbude eines Inders wieder. Bei ihm sei ich sicher, meinte er, was ich jedoch sehr bezweifelte. Auf mein Drängen zeigte er mir schließlich einen Geheimgang in der Wand, durch welchen ich fliehen konnte. Diese Gänge gab es noch in alten Gebäuden als Überbleibsel von früher, wo diese in herrschaftlichen Häusern eingebaut waren. Unbenutzt kaum wahrnehmbar, mit Tapete verputzt und nur dem eigentlichen Besitzer bekannt. Verängstigt und von einem Reizhusten geplagt mit beißenden Schmerzen in meinen geröteten Augen, traf ich endlich wieder in unserem Hotelzimmer ein. Jean-Pierre kam bald darauf durch die Tür geschleudert. »Bei nächster Gelegenheit müssen wir weg!«, schnaufte er. Die Polizei war auch ihm auf den Fersen. Angst hatte ich nie, solange J.-P. zugegen war; er kannte viele Tricks und Auswege, er war ein Lebenskünstler im wahrsten Sinne des Wortes. Zusammenpacken! Ein neuer Aufbruch stand bevor; wir beschlossen in den Süden zu fahren.

Unterwegs tauschte Jean-Pierre seinen *Citroen* gegen einen kleinen alten Lieferwagen um, in welchem es auch möglich war zu schlafen, damit wir nicht mehr in Hotels nächtigen mussten. Dodo war auch wieder mit von der Partie. Seitlich gab es keine Fenster an unserem fahrbaren Heim, und vorne hatten nur zwei Personen Platz. Als Bett diente im hinteren Teil des Wagens eine erhöht gelegene ausrangierte Tür. Da wir zu dritt waren und vorne kein Platz war, musste immer einer auf der Tür liegen. Die Wahl fiel als Erstes auf mich. Ich legte mich bäuchlings darauf, um somit vorne aus dem Fenster zu sehen. Meine Arme hatte ich unter meiner Brust verschränkt, um während der Fahrt die härteren Stöße etwas aufzufangen. Das war alles andere als bequem und eher eine sehr ungewöhnliche Art zu reisen.

Bei Sonnenuntergang hielten wir an einem Fluss, um uns ein wenig zu waschen. Zum Nachtessen gab es Bohnen aus der Büchse, die wir in einer Bratpfanne auf einem Butan-Gaskocher wärmten. Wir lebten wie das fahrende Volk, welches wir auch am nächsten Tag aufsuchten. *Les Manouches*, wie Jean-Pierre die Leute nannte. Da gab es was zu sehen! Die hatten große Wohnwagen mit jeglichem Komfort. Da wurden keine ausrangierten Türen als Schlafstellen benutzt! Dazu fuhren sie mit Autos, als wären sie zumindest Fabrikbesitzer. Alles war sehr farbenfroh und mit viel Gold verziert. Die kleinen Kinder waren besonders hübsch anzusehen. Da stand ein kleines Mädchen, seine Haare in zwei lange Zöpfe geflochten und nur mit einem T-Shirt bekleidet. Als ich an ihm runtersah, bemerkte ich seinen Penis – also doch kein Mädchen. Es sah leicht irritierend, aber dennoch irgendwie süß aus. Die Manouches trugen alle viel Goldschmuck. Die Frauen mit ihren wilden Mähnen hielten sich auf Distanz. Jean-Pierre diskutierte mit den Männern in einer Sprache, die ich nicht verstand. Zu mir gewandt sagte er nur: »schau dich rum, aber trage deine Wertsachen auf dir!« Meine Wertsachen bestanden aus etwas Geld und meinem Pass.

Durch wilde Landschaft fuhren wir bald weiter südlich, bis wir bei Dodos Eltern eintrafen. Diese waren unglaublich bürgerlich, im krassen Gegensatz zu Dodo, aber sehr offen und gastfreundlich. Endlich konnte ich mich wieder richtig waschen, essen und in einem Bett schlafen! Mit dem Schlafen kam ich allerdings nie weit; Jean-Pierre war ein unersättlicher Störenfried. Ja, ich hätte oft lieber meine Ruhe gehabt um mich vom Reisen und all den neuen Eindrücken zu erholen. Unsere Beziehung war ja auch nicht, was ich mir unter einer Liebesbeziehung vorgestellt hatte, obwohl er mich immer respektvoll behandelte. Wir blieben höchstens zwei Tage bei Dodos Eltern, die übrigens sehr enttäuscht waren, dass ich nicht Dodos Freundin war. Dodo blieb bei seinen Eltern, während J.-P. und ich Richtung Atlantischer Ozean fuhren. Wir hielten vor einem abgelegenen großen Landhaus. Eine Frau kam uns entgegen, Jean-

Pierre stellte sie mir als seine Mutter vor, Madame Lefour. Sie war sehr freundlich, ich durfte mich bei ihr wie eine Tochter fühlen. J.-P. zeigte mir die ganze Anlage. Da gab es Ställe von nicht mehr vorhandenem Gestüt und sogar ein privates Theater mit samtenen Vorhängen seitlich der Bühne und viel Land im Umschwung. Jean-Pierre erzählte mir, dass seine Familie früher sehr wohlhabend war. Doch sein Vater war schon lange tot, seine Mutter lebte dort ganz alleine, und seine Schwester Thérèse lebte in Bordeaux. Jean-Pierre hielt es leider nicht lange bei seiner Mutter aus, er musste unter die Leute. Ich hingegen wäre zu gerne noch länger dort geblieben; die wilde Natur ringsum, eine lebendige Stille, die süßen Beeren in den Büschen, das Gezirpe der Grillen, die träge machende Hitze und diese Zeitlosigkeit gefielen mir sehr. Da könnte ich leben, träumen und schreiben! Jean-Pierre hingegen kannte keine Ruhe. Nach einem kurzen Besuch bei seiner Schwester fuhren wir nach Saint-Tropez.

Kapitel 4

Ich versuche nachzudenken, meine Gedanken und Gefühle zu sortieren. Es fällt mir alles so schwer. Was ist das? Leben? Ein Lebensabend? Oder ist der Vorhang schon gefallen? Ich verstehe nichts mehr. Will auch nichts mehr verstehen. Ich rufe Andreas an, wir treffen uns zu einer »Abschiedswanderung«. Ich glaube jedoch, dass weder er noch ich an einen Abschied denken. Es wird eine lange Wanderung, zumindest kommt sie mir endlos vor. Eigentlich will ich auch nicht, dass sie endet. Die mir unbekannten Wege scheinen irr und wirr. Plötzlich stehen wir vor einem Wegschild, sein Name ist: *Ewigkeitsweg.* ›Das ist's, wir sind drauf, da hilft alles Sträuben nichts‹, geht es mir durch den Kopf, ›wenigstens eine Antwort.‹ Wir stehen da so eng umschlungen, dass unsere langgezogenen Schatten zu einer riesigen Figur zusammenschmelzen. Ein langer breiter Schattenkörper mit noch längeren Beinen wirft sich schwarz über das goldige Herbstlaub am Waldrand vor uns. »Bleib so«, sage ich und mache von unserem Gebilde eine Foto. Da ich gern fotografiere, habe ich meine Kamera meist bei mir in der Jackentasche. Als wir nach Hause gehen, erfolgt kein Abschied, eigentlich wurde uns eine Antwort vororakelt, wir reden nicht darüber.

***

Plötzlich war Dodo wieder bei uns. Wie er uns fand, war mir etwas schleierhaft, denn damals gab es noch keine

Mobiltelefone und so, wie wir lebten, höchstens Rauchzeichen! Nun, Jean-Pierre und Dodo machten sich auf zum Markt, mich alleine beim Wagen zurücklassend. Bei ihrer Rückkehr waren beide ziemlich ausgelassen und erzählten mir, dass sie einer Gräfin begegnet seien, die offensichtlich Gefallen an ihnen gefunden hatte. »Sie sagte, dass wir mit ihr kommen sollen, du musst sie unbedingt kennenlernen!« ›Jean-Pierres Charme und Dodos Unbeholfenheit‹, dachte ich bei mir. Meine Neugierde nahm überhand.

Paula war auch von mir begeistert, was Etliches vereinfachte. Sie war sehr hübsch, mit blondem gewelltem Haar, perlweißen Zähnen und strahlenden Augen. Etwa so um die vierzig, sehr lebhaft und gesprächig. »Du kommst mir grad recht!«, meinte sie, »ich muss hier noch etwas erledigen, bevor wir zu mir nach Hause fahren.« Fast gleichzeitig drapierte sie einen riesigen weißen Schal mit langen Fransen um meine kleine Gestalt, als wolle sie mich verzaubern. J.-P. Und Dodo fanden keine Worte mehr, auch mir wurde keine Zeit für Fragen eingeräumt.

»Du kommst jetzt mit mir, du sagst nichts, zu niemandem! Sollte dich jemand etwas fragen, dann nicke nur mit dem Kopf, du kannst nicht reden, du bist stumm! Warte, wo ich dich stehen lasse, bis ich dir ein Zeichen gebe!«

»Wow! Du siehst toll aus!«, meinten J.-P. und Dodo, ihre Augen glänzten vor Begeisterung. Auf meinem Rücken prangte ein riesiges jüdisches Zeichen, in diesem großen Umhang waren nur mein Kopf und meine Füße in Sandalen sichtbar, meine Kleider waren gänzlich verdeckt. Paula führte mich zu einer riesigen Villa mit Swimmingpools in angelegten Etagen. Prominente und Filmstars nippten in kleinen Gruppen an farbigen Cocktails, es war eine Riesenparty, wie ich sie nur aus Filmen kannte. Paula stürmte die Treppen hoch, mich hinter sich her ziehend. In einem offenen Raum ließ sie mich stehen und rannte schreiend nach draußen. Sie schien einen Mann zu beschuldigen, aber ich verstand kein einziges Wort. Sie schrie und warf ihm etwas vor die Füße. Dann konnte ich sie nicht mehr sehen, zu viele Menschen versammelten sich um die tobende Gräfin. Mir näherten sich einzelne Partygäste, mich in einer abschätzigen Art ansprechend, fast so, als wollten sie mich nächstens anspucken. Ich verstand immer noch kein Wort, es wurde mir langsam etwas mulmig zumute, meine Augen suchten Paula. Endlich kam sie, schon wieder im Laufschritt. Wieder nahm sie mich an der Hand und riss mich förmlich vom Boden.

»Renn!«, schrie sie, mit mir über die Treppen fliegend, unsere Füße berührten kaum die Erde. Erst als wir komplett außer Sichtweite waren, hielt sie an.

»Das hast du gut gemacht!«, lobte sie mich, nahm den Umhang von mir und lachte. Was und warum, das erfuhr ich nie. Paula hatte schon einen nächsten Plan. Sie quetschte sich in unserem »Wohnmobil« vorne auf dem Zweiersitz zwischen J.-P. und Dodo und dirigierte uns zu einer Garage.

»Wir brauchen ein anderes Auto«, meinte sie, und an Jean-Pierre gerichtet: »Such dir eins aus!«

J.-P. sah sich etwas belustigt und dennoch geschmeichelt um. Ein beflissener Verkäufer kam händereibend auf uns zu. J.-P's Augen blieben an einem gelben *Lotus* hängen.

»*Pas mal*«, träumte er halblaut vor sich hin.

Der Verkäufer war sich seines Verkaufs schon so sicher, dass er anfing, uns die Vorteile schmackhaft zu machen, stets mit einem maskenhaften Lächeln. Praktisch denkend, wie ich trotz meiner stark ausgeprägt romantischen Seite nun mal bin, raunte ich in Paulas Ohr:»Das ist nicht gut, in einem Lotus finden nur zwei Personen Platz, im schlimmsten Falle kann sich ein Dritter hinter den Vordersitz drücken – aber nicht ich!« Nein, ich lag schon lange genug auf der Tür unseres fahrenden Heims, Gräfin hin oder her, hier war ich die Königin! Das waren nur meine Gedanken, Paula wog inzwischen Vor- und Nachteile für sich selber ab.

»Das geht nicht, dieses Auto ist zu klein!«, schrie sie jetzt, aber nicht etwa gegen Jean-Pierre, nein, sie begann den total verdutzten Verkäufer zu beschuldigen, dass er ihr etwas gänzlich Ungeeignetes andrehen wolle.

Der Verkäufer versuchte sich erst noch zu verteidigen, doch Paula steigerte sich in ihrer aufkommenden Wut dermaßen, sie griff in ihre Handtasche und begann den armen Mann mit vollen Pillenschachteln zu bewerfen. Das wächserne Lächeln des erst siegesgewissen Verkäufers verwandelte sich sehr rasch in verschiedene Grimassen und er hüpfte, den Geschossen ausweichend, in Deckung. Dodo kam vor lauter Lachen beängstigend außer Atem und J.-P. hielt sich auch schon die Seiten, als Paula noch einen draufgab:»Werfen Sie gefälligst die Schachteln zurück! Ich brauche die Pillen für meine Nerven!« Nun endlich konnte der Verkäufer seinerseits seine Wut entladen; die Pillenschachteln kamen gezielt zurück, jedoch nicht, um in Paulas Tasche zu verschwinden, nein, es entwickelte sich ein spannendes »Tennismatch«. Das ging so lange, bis Jean-Pierre die Schachteln einfing und wir uns alle noch rechtzeitig aus dem Staube machten; im Hintergrund nahte schon Verstärkung des Verkäufers zu Hilfe und ich brauchte dringend eine Toilette. Anschließend fuhren wir nach Nice, wo Paula wohnte. Sie lebte in einer schönen Wohnung, die Atmosphäre war typisch für den Süden Frankreichs, die kühle Eingangshalle, die schräg gestellten Fensterläden, die große Küche, das ganze Flair.

»Da sind nicht genug Betten«, meinte Paula, kaum waren wir im Inneren der Wohnung, »einer muss bei mir im Bett schlafen.«

J.-P. und Dodo schauten sich an, jedoch bevor sie antworten konnten, sagte ich: »*Ich* werde in ihrem Bett schlafen!«

Eine total verrückte Situation. In der ersten Nacht blieben wir dort, wohl auch weil wir alle ziemlich müde waren. Am nächsten Morgen überredete Dodo seinen Freund J.-P., mit ihm weiterzuziehen. Ich war etwas enttäuscht und traurig, doch Jean-Pierre versprach mir zurückzukommen.

Paula versuchte mich zu trösten: »Nimm ein paar von diesen kleinen Pillchen, die machen dich gleich wieder fröhlich!« Sie streckte mir ihre hohle Hand hin, ein paar kleine Kügelchen rollten darin herum, sie sahen so harmlos aus wie winzige Pfefferminzbonbons. Ich nahm sie, schüttete sie in meinen Mund und trank darauf brav aus dem Glas Wasser, das sie mir hinhielt.

Bald darauf wurde ich sehr müde und verkroch mich in ihrem Bett. Ich fiel in einen tiefen Schlaf, nur hin und wieder erwachte ich kurz, hatte jedoch keine Kraft aufzustehen. Wilde Szenen huschten an mir vorbei, es war sehr unheimlich, ich konnte mich nicht äußern und war bald wieder weg.

Eines Morgens saß Paula neben dem Bett. »Bist du endlich wach, kleine *Cherie*?« Sie hielt mir ein Glas mit Orangensaft hin. Ich trank es gierig und stand langsam auf. Dem Datum nach waren fünf Tage vergangen! Die kleinen Pillen hießen *Librium*. Es war schön, weg von diesen unheimlichen Albträumen und wieder am Leben zu sein!

Paula nahm mich mit zum Einkauf. Sie kaufte mir präsentable Kleidung und Schuhe. Der Blumenmarkt gefiel mir besonders, dort konnte man sogar Blumenköpfe und Blütenblätter für Partydekorationen kaufen. Ich bekam frische Mandelmilch zu trinken. Paula nahm mich auch mit zum Kaffeetrinken ins *Negresco*, ein wunderschönes, palastähnliches Hotel. Dort stellte sie mich ihren Freundinnen als ihre wiedergefundene Tochter vor. Die Damen reagierten genervt und unfreundlich.

»Mach dir nichts draus, die sind nur neidisch«, beschwichtigte mich Paula.

Mir war so ziemlich alles egal, ich war so weit weg von zu Hause und ohne sie ganz alleine. Sie taufte mich um in *Leila*. Ich wohnte bei Paula die immer noch ihr Bett mit mir teilte, obwohl ich seit J.-P.'s und Dodos Auszug ein freies Gästebett hätte haben können. Paulas Bett war glücklicherweise sehr groß. Paula schlief unruhig, im Schlaf stöhnte sie oft: »Olaf … Olaf …« Als ich sie darauf ansprach, sagte sie mir, dass Olaf ein norwegischer Prinz und sie in ihn verliebt sei. Irgendwie war das beruhigend für mich.

Paula brachte mir jeden Morgen einen frisch gepressten Orangensaft ans Bett: »*Reveille toi petite Fille*«, raunte sie zärtlich und kraulte mich dabei im Nacken. Eigentlich ganz nett, so geweckt zu werden.

Als sie von einem Einkauf zurückkam, hatte sie zwei spanische Wandervögel im Schlepptau. Diese entpuppten sich als gute Köche, sie gaben mir Tipps und ich hatte Spaß mit ihnen. Paula erzählte mir auch voller Begeisterung, sie hätte einen sehr sympathischen Mann aus der Schweiz getroffen und ihn zu uns eingeladen. Irgendwie kam ihr die Idee, der Mann könne doch mein Vater sein, den sie seit ihrer Jugendzeit aus den Augen verloren hatte. Was dazu noch besser erklären würde, dass sie mich, ihre lang vermisste Tochter, wiedergefunden hatte. Ich sei eben mit meinem Vater auf einer Durchreise in Südfrankreich gewesen, wo es der Zufall wollte, dass Paula uns begegnete: So lautete die verrückte Geschichte und mit viel Fantasie war sie fast glaubwürdig! Ich war voll mit dabei.

Paula organisierte eine Wiedersehensparty. Sie lud ein paar ihrer Freunde ein, da waren Künstler, Coiffeure, und reiche Söhne dabei, für die Arbeit ein vollkommenes Fremdwort war. Ich kannte natürlich niemanden, außer den zwei Spaniern, die ein paar Tage bei uns wohnten und kräftig mithalfen. Mit den anderen Anwesenden machte ich komischerweise auch keine nähere Bekanntschaft. Wir lebten ja auch in ganz verschiedenen Welten. Ich war gespannt auf meinen »Vater«, den ich ja noch nie gesehen hatte, jedoch so tun sollte, als wäre ich bei ihm aufgewachsen!

Die Party war schon in vollem Gange, als es an der Tür klingelte. Paula war dabei, die festgefrorenen Eiswürfel aus einem Behälter zu schütteln: »Leila, geh, öffne die Tür! Das muss Rolf sein!« (Mein Vater!)

Ich öffnete und vor mir stand ein sympathischer Mann

mit graumeliertem Haar, im besten Alter sozusagen. Einen riesigen Strauß Rosen mit beiden Händen haltend, hatte er nur Augen für Paula. Diese indessen hastete herbei und warf, weil sich die Eiswürfel noch nicht gelöst hatten, mit voller Wucht den Behälter vor Rolfs Füße. Die Eiswürfel hüpften in alle Richtungen, wir sprangen unwillkürlich in die Höhe und Rolf drückte den wunderschönen Strauß an Paulas Busen, während ich die Eiswürfel einzusammeln begann. Was für eine Begrüßung!

Rolf kam aus Zürich. Natürlich verstand niemand Schweizerdeutsch, und so war es einfach für uns, ohne das Mitverstehen der anderen miteinander zu reden. Auch machte dies unsere Zusammengehörigkeit glaubhaft. Ich schöpfte Rolf einen Drink aus der Bowle und informierte ihn über unser Schicksal.

Rolf schien die Story zu gefallen, er umarmte mich: »Schön, dich zu treffen, süße Tochter!«

Es wurde eine gelungene Party. Wir waren uns bald einig, dass Paula leicht verrückt war.

»Doch ich liebe ihr Temperament und sie ist voller Überraschungen!«, meinte Rolf.

Nun, das wusste ich schon. Rolf schlug mir vor, zu ihm in sein Hotel zu ziehen. »Es könnte bei Paula eventuell gefährlich für dich werden.«

Als sorgender Vater war es sein Recht, dies zu sagen, ich jedoch war schon zu sehr erwachsen, um ihm recht zu geben. Ebenso hätte ich nicht sagen können, *wo* es für mich gefährlicher gewesen wäre. Alles passierte wie in einem Film, wer würde mir je glauben?

Doch es war echt!

Die Turbulenzen nahmen kein Ende. Es war wirklich

wie auf einer Achterbahn, wo einem der Magen zuweilen in der Luft hängen bleibt. Bald konnte ich Traum und Wirklichkeit nicht mehr unterscheiden – konnte ich das überhaupt jemals in meinem bewegten Leben? Paula beschloss, mich *ihrem* Vater vorzustellen. Bislang wusste ich nicht einmal, dass sie einen Vater hatte! Ich musste mich schön adrett einkleiden, und los ging's. Wir kamen vor ein schlossartiges Gebäude, ich glaube, es *war* ein Schloss. In der kühlen Halle mit breiten Marmorstufen gebot uns ein Diener zu warten. Bald hörte ich Schritte – ein etwas kleinwüchsiger Mann kam erhobenen Hauptes die lange Treppe hinunter.

»Papa!« Paula umarmte ihn. »*J'te presente ma fille Leila.*«
Der alte Papa musste sich erst vergewissern, dass er richtig gehört hatte. Aber dann brach ein solches Donnerwetter aus, dass mir sofort klar wurde, woher Paula ihr Temperament hatte. Zeit um darüber nachzudenken blieb mir keine.

»Raus! Raauusss! Ich werde dich enterben! Du musst zurück in die Klinik, du verrückte Schande! Raus!«
Aus dem erwarteten Händeschütteln wurde nichts, aus der großväterlichen Umarmung noch weniger. Paula riss mich weg, wie damals in St. Tropez, aber nicht ohne ihrem Vater noch hässliche Verwünschungen an den Kopf zu werfen.

»Mach dir nichts draus«, versuchte sie mich zu beschwichtigen, »er ist ein alter Dickkopf.«
Ich machte mir überhaupt nichts draus. Trotzdem verließ mich Paula bald danach, um sich für einige Tage in einer »Klinik« zu erholen.

»Du bleibst weiterhin in meiner Wohnung, und öffne niemandem!« So verabschiedete sie sich von mir. Gleichzeitig schob sie einen Geldschein unter die Wäsche im Schrank: »Für den Notfall – aber ich bin bald zurück« – und weg war sie.

Nun war ich ganz alleine in der Wohnung; die netten Spanier waren weg, Rolf wartete nur, bis ich zu ihm ins Hotel ziehen würde. Ich schlief allein in Paulas großem Bett. Jetzt begann ich sogar *sie* zu vermissen; alles war so traurig, ich bin nicht gerne allein.

Am nächsten Tag klingelte es an der Tür, ich ging, um nachzusehen, und öffnete. »Mein« grimmiger alter Großvater stand vor der Tür.

»Bitte kommen sie rein!«, sagte ich höflich. Doch er fing an zu zetern, dass er keinen Fuß über diese Schwelle setzen würde und ich mich nicht so verhalten solle, als wäre dies mein Heim! Ich solle meine Sachen packen und verschwinden! Falls ich bis morgen Abend noch da sei, lasse er mich Schmarotzer von der Polizei holen! Ich habe mich darauf bei ihm entschuldigt und betont, dass es nie meine Absicht war, jemanden zu beleidigen und ich *nicht* wegen des Geldes hier sei. Es half alles nichts. Sturr und eisern drehte er sich auf seinem kleinen Absatz um und verschwand.

Mein Gott! Was soll ich jetzt tun?

Etwas später klingelte es wieder – ich ging zur Tür, schon etwas ängstlich, als eine mir bekannte Stimme rief: »Mach auf!« Zu meinem größten Erstaunen war es Jean-Pierre! Mit offenem Mund, ohne etwas herauszubringen, ließ ich ihn ein.

»Hat sie dir Geld hinterlassen?«

»Waaas?«

»Ja! Du hast richtig gehört, zeig mir, wo es ist, pack deine Sachen und komm!« Zum Nachdenken blieb mir keine Zeit, das war zu schnell für mich, ich zeigte ihm mit schlechtem Gewissen, wo sich die Geldnote befand, aber nehmen musste er sie selber, ich kam mir vor wie eine Verräterin.

»Paula sagte: nur im Notfall!«

»Dies *ist* ein Notfall!«, sagte J.-P. mit fester Stimme, »bist du bereit?«, und los ging's. Zu packen hatte ich eh nicht viel. Wieder auf der Flucht.

»Warum bist du gerade jetzt gekommen?«, wollte ich wissen.

»Ich habe meine Verbindungen.«

Aha, ja natürlich, ein Lebenskünstler wie Jean-Pierre, dazu familiär mit den Zigeunern – den Rest kann man sich ausmalen. Als Erstes kaufte J.-P. einen kleinen billigen Gebrauchtwagen; das alte Wohnmobil war irgendwann auf der Strecke geblieben.

Nachdem wir etwas essen gegangen waren, kündigte er an: »Jetzt fahren wir zurück in die Schweiz, ich brauche Geld.« Ich wusste nur zu gut, was das hieß; J.P. ließ sich von seinen Umschwärmerinnen Geld geben und lebte dann wieder seinen gewohnt »hohen« Lebensstandard. Er trug übrigens nie Unterwäsche und nur weiße Socken!

»Wenn du einen höheren Lebensstandard erreicht hast«, belehrte er mich, »dann lebe nie mehr darunter!«

Es wurde eine mühsame Fahrt. Als eine Katze die Straße überquerte, meinte ich, es sei eine Maus. Bei einem entgegenkommenden Lastwagen glaubte ich, dass sich ein Haus von der Straße gelöst hätte und auf uns zurollte. Ich schrie: »Achtung!« In meinem Kopf wirbelte Etliches durcheinander, ganz zu schweigen von meinem Herzen! Wohin sollte ich jetzt gehen? Was war als Nächstes zu er-

warten? Ich konnte überhaupt nicht mehr klar denken.
Was sollte ich tun? Ich war heimatlos!
J.-P. fuhr, ohne anzuhalten. Kurz vor der Schweizer
Grenze bat ich ihn: »Bitte lass uns anhalten, eine Nacht
in einem Hotel, ich bin zu kaputt!« Der Gedanke, über
die Grenze zu fahren, war für mich unerträglich. ›Was
habe ich mit meinem Leben gemacht? Wo gehöre ich
hin?‹
Jean-Pierre gab meinem Wunsch nach, doch es war kein
Zimmer frei, und so mussten wir weiter. J.-P. brachte
mich zu Gerry, dieser war inzwischen bei Edith eingezo-
gen, seit ihr eigener Mann ausgezogen war. Somit wurde ich vor Ediths Haus abgeladen. Viel davon weiß ich
nicht mehr, nur dass ich meine Kinder an mich drückte
und immer wieder weinte. Edith schlug vor, dass ich mit
den Kindern zu Hause bleiben sollte, während sie servie-
ren ging. Mir war das recht, ich war lieber im Haushalt
und mit den Kindern beschäftigt, als dass ich auswärts
arbeiten ging.
Lange hielt auch dies nicht; ich kam mir vor wie das
fünfte Rad am Wagen. Gerry schlug vor, dass wir es
noch einmal zusammen »versuchen« sollten, er und ich,
den Kindern zuliebe. Fast gleichzeitig machte er mir jedoch klar, dass er mit mir schlafen wolle und ich auch
arbeiten gehen soll wie Edith, sodass er nicht mehr alleine den Unterhalt bestreiten müsse. Mir gefiel weder
das eine noch das andere. So schnell konnte ich nicht
mit meinem angetrauten und doch entfremdeten Mann
einfach wieder »ins Bett«, als sei nichts geschehen, und
auswärts arbeiten, die Kinder in Obhut geben, nein!
Edith bekam Wind von der ganzen Sache, was alles noch
unangenehmer machte. Ich beschwichtigte sie: »Ich wer-

de euch aus dem Wege gehen, keine Angst.«

Nur wusste ich nicht, wohin. War ich überhaupt lebenswürdig? So suchte ich meine Mutter auf, es war am Tag, denn mein Stiefvater hatte mir bei ihm Hausverbot gegeben. Ich kam mir vor, als hätte ich in mir anstelle von Eingeweiden, ein Drahtgitter mit Löchern, alles in mir schmerzte, nichts hielt zusammen; durch die Löcher ging alles verloren. Ich wollte nicht mehr leben; wer brauchte mich schon? Im Wohnzimmer ging ich auf und ab.

Mama verfolgte mich mit ihren sorgenvollen Blicken.

»Du kannst doch nicht sterben oder dir etwas antun?«

Eben nicht! Dazu war ich ja zu feige! Ich konnte mich selbst nicht mehr ausstehen, aber aus meinem Körper zu fliehen, war auch nicht möglich.

»Ruf die psychiatrische Klinik an! Ich will mich behandeln lassen.« Auch das war mir zuwider, aber ich sah keine andere Möglichkeit; jemand musste mir helfen, obwohl ich auch daran nicht glauben konnte.

Mama telefonierte mit der entsprechenden Klinik. Wir sollten ein Taxi nehmen und zu einer Unterredung mit einem Psychiater kommen. Viel weiß ich nicht mehr, nur dass ich betonte, keinen Ausweg zu sehen und nicht mehr leben zu wollen. Hatte ich Hilfe erwartet? Oder dass man mich gleich umbringt? Das wäre sicher eine Lösung gewesen. Ich wurde sofort in die Klinik eingewiesen und kam mir vor, wie in ein Gefängnis aufgenommen zu werden. Alles wurde mir abgenommen, ich kam sprichwörtlich »hinter Gitter«, die Fenster hatten dicke Eisenstäbe an der äußeren Seite, und die Türen wurden verriegelt. Ich wäre auch ohne diese Vorkehrungen nicht davongelaufen, wohin denn?

Es wurde mir eine vierzehntägige Schlaf-Kur angeordnet. Mein Bett stand in einem großen Saal von etwa zwanzig Betten an beiden Wänden entlang. Ich lag glücklicherweise beim Fenster, so konnte ich dem ganzen Saal den Rücken drehen. Man gab mir Spritzen in die Oberschenkel, etwa zweimal täglich, genau weiß ich es nicht mehr. Ich verlor jegliches körperliche Gefühl, ich spürte weder Schmerz noch Kummer; mein ganzes Denken löste sich auf, und bald glitt ich in einen traumlosen Schlaf. Ich wurde ein Niemand in einem Niemandsland; weg im Nirgendwo. Zu einem Essen am Tag wurde ich wachgeschüttelt, so musste man mich nicht an Schläuche hängen, dann glitt ich wieder weg. Das ging so zwei Wochen lang. Mein Körper wurde weich und schwammig. Nach den zwei Wochen sollte ich wieder »anfangen zu leben«. Täglich nahm ich etwas mehr aus meiner Umgebung wahr; schreiende Patientinnen, eine, die immer wieder aus ihrem Bett sprang, als würde sie ins Wasser springen, andere, die rauswollten, eine, die sich immer wieder die Kleider verkehrt herum anzog, und ich, staunend, gefühllos und unbeteiligt. Mama besuchte mich mit meinen zwei Kindern wöchentlich, sonst besuchte mich niemand. Ich musste mich wieder langsam an einen einigermaßen normalen Tagesablauf gewöhnen. Es war nicht einfach, vor allem weil alle meine Probleme erneut auf mich zukamen. Ich hatte Maltherapie, Tanztherapie, formte Hände aus Ton, nebst den Gesprächstherapien beim Psychiater. Doch nichts konnte mir wirklich helfen, auch war ich ziemlich gleichgültig.
Eines Tages deklarierte ich: »Dies ist jetzt mein Zuhause, hier wohne und bleibe ich!« Zum Glück war das auch nur eine Phase. Bald wollte ich nichts wie weg,

weit weg von der Klinik. Doch die Erlaubnis dazu bekam ich noch nicht. Wie im Zwang begann ich kleine silberne Kaffeelöffel zu stehlen, und zwar absichtlich in äußerst gewagten Situationen. Nämlich wenn ich nicht alleine war, aber trotzdem von niemandem bemerkt werden durfte. Diese Konditionen hatte ich mir selber gestellt. Ich konnte zum Beispiel mit einem Gegenüber im Gespräch sein, den Augenkontakt behalten, gleichzeitig langsam einen auf dem Tisch liegenden Löffel unbemerkt in meinen Ärmel schiebend. Dies musste mir zwölfmal gelingen. Es gelang mir und befriedigte mich in gewisser Weise. Mein Leben schien ja so inhaltslos! Dann durfte ich an Wochenenden zu Besuch nach Hause, jedoch nur tagsüber. Als das gut ging, musste ich am Tage zu den verschiedenen Therapien und durfte bei meiner Mutter übernachten. Mein Stiefvater hatte mir inzwischen wieder erlaubt, nach Hause zu kommen. Ich legte silberne Schmuckkettchen, die mir gehörten, um meinen Hals, und entfernte die Verschlüsse davon. In anderen Worten, ich legte sie so an, dass ich sie nicht mehr abnehmen konnte, irgendwie aus einem Besitzdrang. Auch trug ich zu jener Zeit sehr viele Ringe. Ringe hatten immer eine spezielle Bedeutung für mich. Inzwischen starb Gerrys Mutter. An deren Beerdigung war ich immer etwas abseits von den anderen Familienmitgliedern. Als ich mich nach der Zeremonie entfernte, war Gerry an meiner Seite.

»Gut, dass Mutter es nicht mehr mitbekommen hat, dass wir getrennt sind«, meinte er.

»Wenn ich mal sterbe, legst du mir dann auch so einen schönen Kranz mit blauen Hortensien auf mein Grab?« Das war alles, was ich unter Tränen hervorbrachte.

Gerry sah mich traurig an.

»Ja«, antwortete er, wofür ich ihm dankbar war.

Mein Psychiater riet mir, mich scheiden zu lassen, jedoch nicht mehr bei meiner Mutter zu wohnen, sondern eine Wohnung und Arbeit zu finden.

Ich fand wieder Arbeit in einem zahntechnischen Labor, wo ich mich auf Keramik weiterbilden ließ, und wohnte in einer kleinen billigen Altwohnung. Der Scheidungstag verlief komplett demütigend für mich. Es war eine richtige Gerichtsverhandlung, in welcher ich, alleine vor dem Richter stehend, »verurteilt« wurde. Meine Kinder wurden Gerry zugesprochen, weil ich so oder so zur Arbeit musste und er mindestens finanziell besser für sie sorgen konnte. Hätte ich die Kinder bei mir gehabt, so hätte ich sie in ein Heim geben müssen, was ich nach meinen eigenen Kindheitserfahrungen auf keinen Fall tun konnte. Auch wurden die Kinder auf diese Weise nicht aus ihrem gewohnten Umfeld und Tagesablauf gerissen. Allerdings hatte ich schon vor der Verhandlung darauf gedrungen, dass, sollte Gerry etwas zustoßen, ich die Kinder sofort zu mir nehmen könnte, was mir auch zugesichert wurde. Nie hatte ich mich so weit weg und unverstanden gefühlt, als ich schließlich das Gerichtsgebäude verließ.

Gerry folgte mir nach, seine Stimme war ruhig, als er sagte: »Nun sind wir geschieden, aber weißt du, ich denke, dass, wenn wir etwa sechzig sind, wieder zusammenkommen.«

Das konnte ich mir irgendwie auch vorstellen, doch für den Moment hatten wir separat ein anderes Leben zu leben. Warum, wusste ich nicht.

Kapitel 5

Andreas und ich treffen uns immer wieder. Irgendeinen Grund dazu finden wir stets, obwohl wir wissen, dass es so nicht weitergehen kann.
»Aber Sex hast du nicht mehr mit der anderen, oder? Das würde ich nicht ertragen!« Eigentlich ertrage ich das Ganze schon so nicht mehr, aber mich von Andreas zu lösen? Unmöglich! »Du musst es ihr sagen, wegen mir, wegen uns, anders geht nichts mehr!«
»Jaaa.« Diese Ja's kommen so gequält und mühsam daher gezogen, dass die Antwort schon klar ist für mich, aber wahr haben will ich sie nicht. Unser Zusammensein wird mehr und mehr getrübt von meinem Leiden. Besonders an den Sonntagen wenn Andreas mit der anderen zum Essen ausgeht, glaube ich zu Hause durch zu drehen. Obwohl er sich immer sehr bald und liebevoll bei mir zurück meldet, zerreißt es mich fast während diesen Stunden. Meine ältere Schwägerin Elfi, Gerrys Schwester, rät mir, doch einfach das Zusammensein, Wandern und so, zu genießen, einfach als eine schöne Bekanntschaft. Nein! Darin könnte ich überhaupt keinen Genuss finden! Nie und nimmer! Elfi denkt da anders, sie hat auch nicht dieselben Ansprüche wie ich, und, sie ist eben wahrscheinlich weiser. Alles oder nichts, ich bin weder ein Lückenbüßer, noch ein Vergnügungsobjekt.
»Andreas, du musst es ihr sagen! Ordnung und Klarheit schaffen! Für alle Beteiligten!«
»Jaaa …«
»Finde raus, was du wirklich willst, und dann tu es! Alles

andere ist verachtenswert.« Andreas geht gerne Schwierigkeiten aus dem Wege, wie wohl die meisten Männer, alles soll einfach gut und problemlos weitergehen. Nein, so nicht! »Denke darüber nach, was wir alles zusammen tun, was uns miteinander verbindet. Du musst dich entscheiden, so oder so, aber so wie jetzt, nein, so geht's nicht weiter!« Dies derart zu formulieren ist für mich nicht einfach, doch ich will nicht mehr leiden; aber Andreas aufgeben, das will ich auch nicht. Es ist mir aus seinen Erzählungen bekannt, dass es in jener Beziehung wirklich nichts mehr gibt, das sie zusammen erleben oder in gemeinschaftlichem Interesse teilen, nicht einmal die Feiertage feiern sie gemeinsam!

Wenige Tage später kommt Andreas zu mir, nimmt mich fest in die Arme und sagt: »Jetzt hast du mich! Ich hab's ihr gesagt, jetzt gehör ich zu dir!« Die Wärme seiner Arme geht in meinen Körper über, ich empfinde ein wunderschönes Glücksgefühl, gehalten und geliebt zu sein.

***

Ich gab meine Stelle im zahntechnischen Labor auf und verreiste für ein Wochenende mit Gabi nach Paris. Dies war als Bruch und Zerstreuung, auch als Beginn eines neuen Lebensabschnittes gedacht. Nun wollte ich Gabi das alte Pariser Hotel im Quartier Latin, wo ich mal mit Jean-Pierre gewohnt hatte, zeigen. Wir nahmen auch gleich ein Zweierzimmer. In der Nacht rief ich im Dunkeln rüber zu Gabi: »Wer ist der König in deinem Bett?« »Ich«, kam es fest und sicher zurück, »und bei dir?«

64

»Ich natürlich!«, antwortete ich selbstsicher und irgendwie befreit. Doch nach einer Weile hörte ich, wie Gabi sich vermehrt in ihrem Bett drehte und ich fragte:»Was nestelst du denn da unaufhörlich herum?«

»Etwas kitzelt mich! Ich muss das Licht anschalten.« Der Lichtschalter war bei der Tür, wir hasteten gleichzeitig dorthin. Nachdem Gabi den Lichtschalter betätigt hatte, drehten wir unsere Blicke in Richtung der beiden Betten und begannen gleichzeitig lauthals zu schreien. Es sah so aus, als hätten sich unsere Decken selbstständig gemacht, alles bewegte sich! Wanzen! Die Kopfkissen waren schwarz davon! So viele kann man sich gar nicht vorstellen! Wenn ich das nicht selber gesehen hätte, ich hätte es nicht glauben können. Beide sprangen wir auf den einzigen Stuhl im Zimmer und hielten uns aneinander fest; ein kleinerer Kunstakt. Dann sahen wir uns an und lachten, dass der Stuhl zu kippen drohte.

»Mein Gott! Was machen wir jetzt?«, rief Gabi.

»Weg! Nur weg!«, schrie ich.

Wir grapschten unsere Taschen und rannten aus dem Zimmer. Im Stock unter uns brannte Licht, wir klopften an. Ein junges Paar öffnete und wusste gleich Bescheid: »Ja, bei uns auch! Man muss die Fenster öffnen und das Licht anlassen, Wanzen sind lichtscheu und hassen die Kälte!«, wurden wir belehrt.

Wir nahmen allen Mut zusammen und gingen zurück in unser Zimmer. Dort rissen wir die Laken von unseren Betten und hängten sie aus dem Fenster, in der Hoffnung, die klebrigen, linsenförmigen Tierchen abschütteln zu können. Bald zogen zwei männliche Hotelgäste vom Fenster unter uns an unseren Leintüchern:»Oh, là, là, schöne Mademoiselles!« Wir rissen mit aller Kraft die Tücher zurück, schmissen sie auf unsere Betten und rannten aus dem Zimmer, die Treppe runter, auf die Straße.

Nachdem wir stundenlang durch die nächtlichen Gassen gestreift waren, setzten wir uns beim Morgengrauen in ein Café und bestellten Kaffee mit Croissant. Etwas gestärkt, aber hundemüde gingen wir wieder zum Hotel. Mutig verlangten wir unser Geld zurück. Die Patronin gab uns sehr bestimmt zu verstehen, dass wir kein Geld zurückbekämen, und drückte uns eine Dose Giftspray gegen Wanzen in die Hand; ohne unsere Reaktion abzuwarten, entfernte sie sich resoluten Schrittes. Uns blieb nichts anderes übrig, als es mit dem Spray zu versuchen. Ein junger Mann half uns bei unseren Bemühungen. Er war gut aussehend, ein typischer Franzose, sein Name war Claude. Zum ersten Mal in meinem Leben verspürte ich pure Lust auf Sex. Sex war und ist etwas, das ich sonst nur mit Liebe verbinden kann. Irgendwie war ich total ausgehungert. Es kam so weit, dass Gabi alleine zurück nach Hause fuhr. Ich plante höchstens ein paar Tage länger zu bleiben. Das konnte ich mir erlauben, weil ich meine Stelle schon aufgegeben, und bei meiner Rückkehr eine neue Arbeit suchen wollte. Da ich kein Geld hatte, stellte mich »la Patrone« ohne Umschweife als Zimmermädchen ein. Claude erzählte mir, dass diese früher ein Bordell geleitet habe. Natürlich gab es keinen Vertrag für meine Arbeit. Das Bett teilte ich mit Claude. Wir wohnten in einem Zimmer im fünften Stock. Wenn es regnete und wir im Ausgang waren, mussten wir zurück ins Hotel, um unser Bett zu verschieben. Der Hotelbau war ja so uralt! Ich kochte für uns beide auf einem einflammigen Butan-Gaskocher,

was ich schon von meinen Reisen mit Jean-Pierre und Dodo her kannte. Claude zeigte mir, wie man die Zimmer und Betten herrichtete. Ich war immer sehr anpassungsfähig und was ich noch nicht erlebt hatte, weckte mein Interesse. Da staunte ich jedoch nicht schlecht, als ich hinter die Kulissen dieser Hotellerie sah! Gebrauchte Leintücher wurden gekehrt und dermaßen straff gezogen, dass die Betten wie frisch bezogen schienen. Eklig! Doch wollte ich nicht meinen eigenen Körper verkaufen, musste ich wohl oder übel diese Arbeit verrichten, um mich durchzuschlagen. Denn das Geld für meine Heimfahrt hatte ich für Essenszwecke schon verbraucht. Die Zimmer mit den Wanzen wurden von uns nach fachmännischer Anleitung ausgeräuchert und die leblosen Krabbler von mir am nächsten Tag zusammengewischt. Das sah dann aus wie ein Haufen getrockneter Linsen. Das alles sollte ja nur für kurze Zeit sein. Doch die Zeit verging, aus Tagen wurden unmerklich Wochen. Für ausländische Gäste wurde ich jeweils als Übersetzerin gerufen; »Lilianne!«, schrie die Patronin durch die schmalen Treppengänge hinauf. Aus *Liliane* machte sie *Lilianne*, mit Betonung auf dem zweiten Teil meines Namens. Von Worten, die ich kannte, mischte ich Sprachen zusammen mit den passenden Gebärden dazu.
Wenn die »Patrons« fürs Wochenende wegfuhren, durfte ich deren Küche benutzen.
Da war auch ein brotloser Künstler, der gewöhnlich um mich herumstrich, wenn ich kochte. Immer fehlte wieder etwas. Einmal schälte ich ein hart gekochtes Ei für die Zubereitung des *Salade-Nicoise*. Als ich mich kurz umdrehte, war das Ei weg. »Da hab ich doch ein Ei hingelegt?«, meinte ich fragend und sah dabei den Künst-

ler an. Dieser stand mit hochrotem Kopf und einer ungewöhnlich dicken Backe in der Küche, unfähig, den Mund zu öffnen. Mein Lachen konnte ich gerade noch verkneifen, eigentlich tat mir der arme Typ ja leid. So drehte ich mich, vor mich hin murmelnd, wieder um: »So sei's denn; heute ohne Ei …«

Ein anderer setzte sich großartig an das Rezeptions-Pult der Patronin, Zeitung lesend, die Füße lässig auf das Pult hochgelagert, als mit einem plötzlichen Knacken und Krachen ein Stück des alten Plafonds herunterkam. Welches Bild! Der Gips streifte gerade noch die Zeitung, bevor er neben die Füße des Mannes klatschte. Am Telefon schien auch nichts mehr zu gehen, wir holten einen Fachmann. Nachdem sich dieser davon überzeugt hatte, dass die Gespräche nicht mehr durchkamen, schraubte er gelassen den Hörer auf. »Schriiieck!« Aus dem offenen Teil krabbelten dicht gedrängt und ihrerseits gestörte Küchenschaben! Das Hotel war eben älter als antik.

Auch die Treppe zu unserem Zimmer im fünften Stock bröckelte bei jeder Benutzung. Ich gewöhnte mir schnell an, mit großen Sprüngen die gefährlichsten Teile auszulassen. Ein waghalsiges Unterfangen. Toiletten gab es nur deren drei, auf den Zwischenböden der Treppen. Um sein Geschäft zu erledigen, musste man stehen, Sitze gab es nicht.

Claude stellte mich seinen Eltern vor, welche hell begeistert von mir waren. Seine Schwester Claire war auch sehr liebenswürdig. Der Vater war Pariser, die Mutter kam aus der Bretagne.

Claudes Idee für eine Weile in die Schweiz zu kommen, wurde von seinen Eltern sehr begrüßt und unterstützt.

Eigentlich hatte ich mir das nicht so vorgestellt, aber vielleicht würde Claude eine gute Arbeit finden und wir könnten sogar ein irgendwie geregeltes Leben führen? Zurück in der Schweiz, fand ich in der Tageszeitung sofort eine kleine Altwohnung, ohne Badezimmer und ohne Warmwasser, aber mit einem Balkon an der Hinterseite, von welchem ich direkt in den Schulhof meiner alten Schule sehen konnte, wo dann auch Joël und Karin zur Schule gingen. Auch eine Arbeit fand ich sofort wieder, ich begann als Löterin in der Telefonzentrale der Post zu arbeiten. Da musste ich auf Leitern steigen und nach Plänen der Ingenieure Verbindungen löten oder umändern. Dies war, wie bei der Zahntechnik, eine ins Detail genaue Feinarbeit, wozu es gute Augen und eine ruhige Hand brauchte.

Ich befreundete mich sehr schnell mit meiner etwas jüngeren Vorarbeiterin Mäggie. Wir verstanden uns sehr gut und hatten viel Spaß zusammen. Das war auch gut so, denn zu Hause mit Claude wurde es immer ungemütlicher. Claude fand zwar eine Anstellung im Geschäft, wo auch mein Stiefvater arbeitete, doch er hatte große Schwierigkeiten mit der Sprache.

Claude schien sich mehr und mehr in eine unheimliche Bestie zu verwandeln, aber nur wenn wir alleine waren. Er begann mich für jede Kleinigkeit zu schlagen. Immer wieder musste ich ihm versichern, dass ich es niemandem erzähle, sonst würde mir noch Schlimmeres drohen. Ich hatte furchtbare Angst, hätte es jedoch ohnehin vor meiner Mutter geheim gehalten; ich wollte nicht, dass sie sich um mich Sorgen machte. Mein Körper war bald von blauen Flecken übersät. Zu meiner Arbeit trug ich ohnehin lange Jeans-Hosen, und um die Flecken auf meinen Armen zu verstecken, trug ich stets langärmelige Tops. Mein Gesicht wurde verschont. Es war nicht einfach, im Sommer langärmlig zu tragen, aber ich tat immer so, als würde es mich frösteln, obwohl ich schwitzte. Meine Mutter durfte ich nur noch selten besuchen, und wenn, dann nur in Claudes Begleitung, wo er dann den charmanten Franzosen spielte. Alle meine Freundschaften musste ich aufgeben. Meine Kinder durfte ich hin und wieder zu mir holen, aber auch dann ließ uns Claude kaum aus den Augen. In unbeobachteten Augenblicken drückte ich Joël und Karin kurz an mich. Ich lebte wirklich nur noch am Arbeitsplatz. Da entwickelte ich mich zu einer regelrechten Spaßmacherin. Wo es etwas zu lachen gab, war ich sicher dabei. Ich brauchte diesen Ausgleich zu meinem anderen Leben zu Hause. Aus mir wurden mehr und mehr zwei komplett verschiedene Persönlichkeiten. Immer öfter dachte ich daran, bei der Arbeit über mein anderes Leben von zu Hause zu erzählen. Doch eine unheimliche Angst hinderte mich immer wieder daran. Geliebt hatte ich Claude nie. Er beobachtete und verfolgte mich, wo er konnte. Seine Eifersucht war krankhaft. Auch holte er mich wenn immer möglich von der Arbeit ab.

Vom Tierheim holte ich mir schließlich eine Katze, um einen Verbündeten zu haben. Als Claude auch die Katze zu schlagen begann, brachte ich sie wieder zurück. In der Zeitung war ein schwarzer Labrador ausgeschrieben, den holte ich mir als Verstärkung. Ich dachte mir aus, dass ich den Hund Claude als Geschenk geben würde, um ihm eine neue Aufgabe und ein anderes Interesse in ihm zu wecken. Ich liebte den Hund mit seinem glänzend schwarzen Fell, ich war ja so ausgehungert nach Liebe! Aber Claude begann auch ihn zu schlagen, mein Herz war zerrissen. Ich gab ihn der Familie zurück, wo ich ihn herhatte. Ich wurde depressiv, immer wieder kamen mir die Worte meiner Mutter in den Sinn, Worte, mit denen ich aufwuchs: »Gott straft die Menschen, die nicht recht tun im Leben!« Meine Angst vor Gott wuchs; ich hatte doch schon so vieles falsch gemacht! Also gab es nur noch das Leiden für mich, sühnen, um wieder von Gott geliebt zu werden. Das war mein Los. Ich litt immer mehr. Bei der Arbeit blieb ich die Lustige, so hatte man mich gern.

Claude sollte zurück nach Frankreich, da seine Aufenthaltsbewilligung für die Schweiz abgelaufen war. Meine Rettung!, jubelte es in mir. »Wir heiraten, dann kann ich bleiben!«, eröffnete mir Claude mit einer Bestimmtheit, die absolut keinen Widerspruch duldete. Ich versuchte es trotzdem: »Ich will nicht mehr heiraten«, brachte ich mit schwacher Stimme hervor.

»Das ist wohl nicht dein Ernst?« Claude stand vor mir, sein Gesichtsausdruck verzerrte sich, während sein langer Arm zum Schlag ausholte.

Ich duckte mich. »Lass uns darüber reden!«, schrie ich und rannte ins Zimmer. Er holte mich ein, riss mich am Arm und sagte mir, was ich zu tun hätte; mit den Papieren, Standesamt, Anmeldung etc.

›Das ist der Höhepunkt! Wenn ich das schaffe, nimmt mich Gott wieder auf, so büße ich für alle meine Sünden, ich gebe mein eigenes Leben auf.‹ Ich erledigte alles wie in Trance.

Der Tag der standesamtlichen Trauung kam. Als wir uns zum Standesamt auf den Weg machen sollten, brach ich zusammen. Sonntäglich gekleidet kniete ich in der Küche zitternd vor Claude nieder.

»Claude, ich kann nicht, ich kann dich nicht heiraten, töte mich, es ist mir egal, ich will nicht mehr leben.«

Ich schloss die Augen und wartete auf einen tödlichen Schlag oder einen Messerstich ins Herz, meine Arme flogen kraftlos zur Seite, es sollte schnell gehen, ich wollte nicht mehr und konnte nicht mehr.

»Ha! Das wäre nun zu einfach! Ich will mein Recht, in der Schweiz zu arbeiten und bleiben zu dürfen! Nein, damit kommst du mir nicht weg! Wenn du jetzt nicht mitmachst, dann räche ich mich an deinen Kindern! Ich weiß, wo und wann sie zur Schule gehen, dann mach ich alles kaputt!«

Mir wurde schlecht. »Nein, keine Rache an meinen Kindern! *Nein!* Meine süßen unschuldigen Kinder, die noch ein ganzes Leben vor sich haben und keine Ahnung von diesen abscheulichen Gewalttätigkeiten! NEIN!«

Ich stand auf, ich funktionierte wie eine seelenlose Puppe.

Meine Mutter und Heidi, meine Halbschwester, waren Trauzeugen. Als ich »Ja« sagen musste, schrie es innerlich in mir: ›Gott, vergib mir! Dies ist die größte Lüge meines Lebens! Aber jetzt büße ich für alles und dann hast du mich wieder lieb.‹

Wir mussten unterschreiben und gingen wieder nach Hause, es war abgemacht, dass wir zu Claudes Eltern nach Paris fahren würden, mit dem Zug, ein Auto hatten wir nie und ein Flug wäre zu teuer gewesen. Ich fügte mich in alles und lebte wie ein Roboter, seelenlos. Bald war ich selber davon überzeugt, dass ich gar keine Seele hatte. Die erste Nacht als verheiratetes Paar verbrachten wir in einem Hotel in Paris.

»Dieses billige Metall kannst du wieder haben!« Claude riss seinen Ehering vom Finger und warf ihn durchs Zimmer. Ich hob ihn auf, denn am nächsten Tag sollten wir zu den Eltern fahren.

Claudes Eltern nahmen mich herzlich auf wie eine eigene Tochter; ich solle sie jetzt *Maman* und *Papa* nennen, was mir weiter nicht schwerfiel. Diese Betitelung gab mir ein wenig das Gefühl von Geborgenheit. Eigentlich war ich total verstört und konnte weder normal denken noch fühlen, aber dies war mir damals schon nicht mehr bewusst. Ich musste einfach funktionieren.

Zurück in der Schweiz, brach ich immer öfter zusammen. Dann meldete ich mich krank und schlich nach Hause, aber erst, nachdem Claude zur Arbeit und außer Haus war.

Eines Tages klingelte es an der Tür. Es war Mäggie, meine Vorgesetzte und »Arbeitsfreundin«, denn privat hatte ich keine Freunde mehr. Gabi schrieb mein Fernbleiben einer verrückten Liebe zu und war beleidigt. Ich hatte weder die Kraft noch den Mut, ihr zu erzählen, wie es wirklich war. Mäggie war schon oben an der Wohnungstür. Mein Versuch, sie abzuwimmeln, scheiterte, sie glaubte mir nicht richtig, dass mir nur schlecht sei, sie bestand darauf hereinzukommen.

Der Eindruck des Wohnungsinnern war düster und lieblos. Ich stand in der Küche, eine klägliche Gestalt, verloren und hilflos, so hatte mich Mäggie noch nie gesehen. Dieses Schreckensbild sehe ich heute noch vor Augen.

Was dann geschah, weiß ich nicht mehr genau, aber von da an verband mich echte Freundschaft mit Mäggie. Sie redete mit niemandem über mein »anderes« Leben, behielt jedoch ein Auge auf mich wie ein Schutzengel.

Wir zogen um, ins nahe Elsass, wo sich Claude besser zurechtfand und ich mehr glaubwürdigen Abstand zu meiner Familie pflegen konnte. Zu dieser Zeit wurde ich zur Spezialistin ausgebildet. Wir arbeiteten nach Plänen mit den Ingenieuren zusammen, auch um auf Montage zu gehen. Mäggie, Erika und ich waren die ersten weiblichen Telefontechnik-Spezialistinnen. Heutzutage wird wohl auch diese Arbeit von Computern erledigt. Bald wurden wir als Spezialisten für ein Jahr nach Zürich geschickt. Drei Monate davon bestanden aus Nachtarbeit. Es war ein hartes Jahr für mich; ich musste jeden Tag um vier Uhr früh aufstehen, um den Sechs-Uhr-Zug nach Zürich in Basel zu besteigen. Abends war ich dann erst um acht zu Hause, dann fing für mich die Hausarbeit an. Claude lag derweilen auf dem Sofa und schrie mich an, wenn er mich kochen hörte und ich somit seine Fernsehsendungen störte. Wir hatten nur zwei Zimmer; das Schlafzimmer und eine sogenannte »Schrank- Küche«, welche sich direkt ins Wohnzimmer öffnete, wo der Fernseher stand. Das Kochen durfte ich auch nicht weglassen, denn Claude wollte essen. Ich brachte Unmögliches zustande, dabei dachte ich immer: ›Das ist Sühne, ich sühne meine Schuld und werde bald erlöst.‹ Meine Kraft, mich zu wehren, war schon lange aufgebraucht, mein Wille gebrochen.

Nach dem »Zürcherjahr« arbeiteten wir erneut in Basel. Bald darauf wurden Mäggie und Erika, eben als erste weibliche Spezialistinnen auf diesem Gebiet, für drei

Monate nach Israel auf Montage geschickt. Sie waren beide noch unverheiratet. Natürlich vermisste ich Mäggie.

Sie war sehr begeistert, als sie zurückkam. »Ich gehe wieder! Diesmal für ein ganzes Jahr! Ohne Erika, aber *du* musst mitkommen!«, betonte sie.

Natürlich wäre ich sofort mit dabei gewesen, aber ich hatte furchtbare Angst, Claude um dessen Erlaubnis zu fragen. Ich tat es trotzdem.

»Kommt nicht in Frage, dass du fortgehst!« Und basta.

Ich wurde den Gedanken an ein Fortgehen nicht mehr los; weg! Weit weg von meinem Peiniger und Tyrannen! Mäggie sowie unser Chef drängten auf eine Entscheidung. Plötzlich wusste ich, wie: Geld! Mich konnte man nie kaufen – aber Claude!

Wiederum brach ich das Thema an: »Wenn ich gehe, erhalte ich den doppelten Lohn! Meinen üblichen Monats-lohn in Schweizerfranken auf die Bank einbezahlt und denselben Lohn in Dollars in Israel, direkt in die Hand.«

Lügen konnte ich nicht, doch dies entsprach wirklich der Tatsache. Claude rechnete in seinem Kopf.

»Ein Jahr vergeht schnell! Weißt du, wie viel Geld das ist?«, fuhr ich fort, die Pause zu nutzen.

»Ein ganzes Jahr bist du weg?«

»Ich habe bezahlten Urlaub und komme dann zu Besuch!«

»Gut, für ein Jahr, aber nicht länger!«

Ich hatte größte Mühe, meine Freude und Erregung nicht zu zeigen. Am nächsten Tag gab ich an der Arbeit sofort meine Zustimmung, um alles fest und sicher zu machen.

Bald reiste ich mit Mäggie nach Israel. Noch nie war mir ein Abschied so leicht gefallen!

Kapitel 6

Meine Familie, meine Kinder, kennen Andreas schon, mit Vorbehalten, leider. Denn irgendetwas ist noch nicht ganz klar. Da erhalte ich von Lucy, meiner jüngsten Tochter, die Nachricht, dass sie mit Graeme, ihrem Angetrauten, für zwei Wochen nach Japan fliegen wolle und sie mich dazu als Oma und Betreuerin für die kleine Cloe möchten. Graeme spricht perfekt japanisch, besitzt etliche japanische DVDs und ist irgendwie oder irgendwo sehr japanisch, obwohl ich, auf sein Aussehen und seine rötlichen Haare schließend, immer behaupte, er sei schottisch. Die Zeit scheint gut, Cloe geht noch nicht zur Schule, und ich bin mit siebzig noch fit genug. Aber mich jetzt von Andreas trennen? Seine Entscheidung für mich ist noch so frisch. Lucy möchte, dass ich drei Wochen bleibe, damit auch Zeit ist, um mich für Cloe-Mai, und mich selbst, als Elternersatz einzugewöhnen. Ich freue mich riesig, doch meine Freude wird leicht getrübt von etwas Unsicherheit, Andreas gerade jetzt für drei Wochen zu verlassen. Klar ist, dass ich Lucy zusage und für drei Wochen nach London fliege.

Andreas bringt mich zum Flughafen und wir versichern einander, dass drei Wochen ja keine Ewigkeit sind.

***

Mit Mäggies Volkswagen namens *Herbie* fuhren wir bis nach Venedig, wo wir *Herbie* einluden und das griechische Schiff *Appolonia* bestiegen. Wow! Ein neues

Abenteuer hatte begonnen und ich fühlte mich so befreit und lebendig wie schon Ewigkeiten nicht mehr! Während vier Tagen auf dem Schiff! Natürlich mussten wir alles auskundschaften; da war der Essraum, eine Bar, ein Swimmingpool auf dem Deck, die vielen Kabinen, das charmante Personal, die vielen uns fremden Mitpassagiere und und und. Unsere Kabine war sehr klein, ohne Fenster und mit einem Kajütenbett ausgestattet. Mäggie ließ mich oben schlafen. Am ersten Morgen wurden wir von einem so starken Schaukeln geweckt, dass wir glaubten, in einen Sturm geraten zu sein. Wir entschieden uns, warme Kleidung und Jacken anzuziehen. Doch als wir etwas zögernd die Kabinentür öffneten, brachen wir alsobald in erleichtertes Gelächter aus; wärmender Sonnenschein und ein veilchenblauer Himmel begrüßten uns, umrahmt vom Rauschen des endlosen Meeres. Es war heiß! Flugs gingen wir in die Kabine zurück und wechselten unsere Kleider. Hui! Herrlich! So war's angenehm! Nach dem Frühstück und der Feststellung, dass unsere Kabine *sehr* klein war, suchten wir ganz oben den Kapitän auf. Der hatte nicht schlecht gestaunt über unseren Besuch und sich anscheinend mächtig gefreut. Nun, er war ja schließlich ein Grieche. Ob man solche Besuche machen durfte oder nicht, darum hatten wir uns nicht geschert, aber die Gelegenheit erfasst, uns nach Rühmen des Schiffes auch um unsere ach so kleine Kabine zu beklagen.

»Kein Problem!«, meinte der faszinierte Kapitän, »nehmt euch eine größere!«

Ohne Preisaufschlag, versteht sich! So konnten wir in Begleitung eines Matrosen unsere Kabine wechseln. Nun bewohnten wir eine 4er Kabine mit Fenster und zweimal Kajütenbetten, somit konnten wir beide oben schlafen.

Wir sprühten beide nur so voller Leben und Abenteuerlust nach unseren unglücklichen Beziehungsverhältnissen zu Hause; ich mit einem Monster verheiratet und Mäggie in einer Beziehung mit einem verheirateten Mann, der ihr nichts anderes als Lügen auftischte. All das ließen wir zurück, jetzt lebten wir! Kein Wunder, dass wir abends beim Tanz in der Bar neue Bekanntschaften geschlossen haben. Da mich das Neue und Fremdartige immer anzog, lernte ich eine israelische Familie kennen. Ja, eigentlich lernte ich zuerst den achtzehnjährigen Sohn kennen – dann seine jüngere Schwester und dann die Eltern. Der Junge hieß *Gabi*, wie meine beste Jugendfreundin. Natürlich war sein voller Name *Gabriel*. Er war fasziniert von meiner Weiblichkeit und hatte keine Ahnung, dass ich schon dreißig Jahre alt war. Wir hatten viel Spaß zusammen und seine Eltern bestanden darauf, dass ich sie in ihrem Heim in Haifa besuchen müsse. Sie gaben mir ihre Adresse. Mäggie und ich fuhren nach der Ankunft im Hafen von Haifa mit *Herbie* weiter nach Tel Aviv, wo wir arbeiten und wohnen würden.

Zuerst mussten wir zusammen in einem vorbestellten Hotel einchecken, uns bei unseren Vorgesetzen melden und dann auf Wohnungssuche gehen. Glücklicherweise sprachen die älteren Generationen fast alle neben dem Jiddisch auch Deutsch, wogegen die jungen Israelis fast ausnehmend Amerikanisch redeten. Amerikanisch ist nicht gleich Englisch, vor allem in der Aussprache, auch im Humor und der Mentalität, aber das wusste ich da ja noch nicht.

Mäggie wollte, dass ich mit ihr zur Sprachenlehre in den amerikanischen Unterricht käme. Doch typisch ich, ich *musste* ich ins Hebräische, denn Amerikanisch oder Englisch würde ich auch woanders noch lernen können. Dazu fand ich es interessanter, alleine neue Leute kennenzulernen, da man zu zweit eher nur aneinander »hängen« bleibt. Dies waren meine Begründungen, von denen Mäggie überhaupt nicht begeistert war.

Mäggie kam bald mit einem breiten Amerikaner-Akzent daher, während ich fasziniert war, im Hebräisch-Unterricht so viele verschiedene Menschen wie nie kennenzulernen. Wie? Die kamen eben aus den verschiedensten Teilen der Erde, es wurde nichts übersetzt und man durfte nur Hebräisch reden. Man kann sich vorstellen, wie lustig das war, nur anhand von Bildern und Gebärden eine Fremdsprache zu lernen. Bald war ich umschwärmt von einem charmanten Italiener und einem geheimnisvollen Russen. Ehrlich, ich suhlte mich in so vielen Komplimenten und Bemühungen, aber ich ließ mich mit keinem ein. (Leider, und heute noch zu meinem Bedauern.)

Mäggie und ich teilten dann eine geräumige Wohnung. Erst kam man in einen Gang. Nach rechts ging's in eine große Wohn-Küche mit einem Kühlschrank, der größer war als ich, nun, ich war auch nie größer als einsfünfundfünfzig. Geradeaus eröffnete sich ein riesiges Wohnzimmer mit Ausgang rechts herum zu einem schönen Balkon. Doch durch dieses, unser größtes Zimmer rannten wir nur, um in einen anschließend kleineren Gang zu gelangen, der auch Zugang zu WC und Bad war, und nach links und rechts zu unseren Zimmern führte. Jedes Mal, wenn wir durch das große Zimmer rannten, drehte sich eine immer größer werdende Staubwolke auf der linken Gerade, weil wir uns für ein unbewohntes Zimmer nicht mit Putzen abmühten. Mäggie bewohnte nach Absprache das größere Zimmer links mit Doppelbett, ich das kleinere mit nur einem Singlebett. Damit waren wir beide zufrieden. Beide Zimmer hatten eine Eingangstür und dann noch eine zweite Tür, welche auf einen gemeinsamen Balkon führte. Also insgesamt hatten wir zwei Balkone. Auf unserem Verbindungsbalkon hängten wir immer unsere Wäsche auf. Leider wies diese meist beim Einsammeln schwarze Rußränder auf, weil der Straßenverkehr mit Diesel vorbeifuhr. Uns kümmerte es nicht, wir waren so glücklich, diese Freiheit genießen zu können!

Und die Arbeit? Wir fühlten uns schon fast wie V.I.P.s! Als einzig weibliche Spezialistinnen für diese feine Arbeit wurden wir entsprechend behandelt. Am Morgen durften wir nie sofort mit Arbeiten beginnen, oh nein! Die Israelis wären beleidigt gewesen. Jeden Morgen wurde uns zuerst der »Türki« serviert, ein starker Kaffee mit zur Hälfte Satz und Zucker, ohne Umrühren!

Dann begann erst einer, dann bald zwei, dann drei der Israelis zu tanzen, natürlich zu passender Musik. Von hinten sah das ganz komisch aus, denn die Hosen der Männer fingen immer erst in der Mitte der Pobacken an – gerade so, wie dies nach etlichen Jahren und für mich total unverständlich auch bei uns Mode wurde. Nee! Überhaupt nicht sexy! Aber lustig war's, obwohl wir wegsehen mussten.

Unsere anderen Arbeitskollegen waren aus der Schweiz und aus Deutschland. Wir arbeiteten ja für die Firma Siemens, die ihren Hauptsitz in Deutschland hatte.

Auch die Arbeitszeit war anders; um drei Uhr nachmittags war Feierabend. Danach gingen meist alle ans Meer, so auch wir. Was für ein Leben! Mittagessen nahmen wir in der Kantine ein, Abendessen kochten wir selber in Abwechslung. Auch unten beim Müllentsorgen wechselten wir einander ab. Wir gingen zwar zusammen zu den Mülltonnen, aber beim Deckelheben lösten wir uns ab. Warum? Jedes Mal, wenn der Deckel hochgehoben wurde, sprangen fauchend verwilderte Katzen raus. Obwohl wir nach dem ersten Mal darauf vorbereitet waren, kreischten wir stets von Neuem, und zwar laut! Eine unvermeidliche Reaktion.

Unsere Arbeit geschah meist nach Plänen der Ingenieure. Das waren feine Lötarbeiten wozu es genaues Hinsehen und eine ruhige Hand brauchte. Als weibliche Arbeitskräfte waren wir die einzigen Ausländerinnen, außer dass etwa drei der Männer ihre Partnerinnen dabei hatten. Hin und wieder wurde eine Party geschmissen. Heimweh hatten wir nie, Liebeskummer schon. Mäggie war noch am Verdauen ihrer unglücklichen Liebschaft, und ich litt noch mehr als unglücklich Verheiratete. Am liebsten wollte ich nie mehr nach Hause zurück. Jede Woche schrieb ich meinen Kindern eine Karte und genoss die neue Freiheit, auch wenn sie nicht ewig dauern sollte.

Frühmorgens, vor Arbeitsbeginn bei Tagesanbruch, zog ich durch die Straßen. Fast täglich entdeckte ich neue Blumen, die von winzigen bunten Vögelchen umschwärmt wurden. Das war wunderschön zu beobachten. Mehr und mehr lernten wir Land und Leute kennen. In unserer Freizeit besuchten wir staunend all die geschichtsträchtigen biblischen Städte wie Jerusalem mit der Klagemauer, die Geburtsstätte Jesu in Bethlehem, Nazareth, wo Maria die Geburt Jesu angekündigt wurde, und vieles mehr. Wir aßen auch in einem Kloster bei christlichen Mönchen und tranken von ihrem eigenen Wein. Auf den kunterbunten Märkten kauften wir Felle, Messing- und Kupferteller sowie geschnitzte Kamele aus Olivenholz. Für alles musste verhandelt und gefeilscht werden, das war so üblich und wurde erwartet. Zu jeder Verhandlung wurde uns in kleinen Kännchen wiederum »Türki«, der starke Kaffee, serviert. Mäggie befreundete sich enger mit einem Arbeitskollegen, den wir schon von Basel her kannten. Allerdings kam uns Robert in der neuen Gegend zu seinen Gunsten verändert vor. Robert war Österreicher. Während Mäggie und Robert die Wochenenden immer öfter zusammen verbrachten, reiste ich nach Haifa, wo ich von der israelischen Familie, die ich vom Schiff her kannte, sehr gastfreundlich empfangen und beherbergt wurde. Gabriel stellte mich bald seinen Schulkameraden vor, die mich ebenso freundlich aufnahmen und dachten, dass ich Gabriels neue Freundin sei. Ein etwas komisches Gefühl hatte ich dabei schon, aber niemand fragte je nach meinem Alter. Ein reizender, etwas belustigender Gedanke! Da ich »Ausländerin« war, stellte mir auch niemand Fragen. Ich übernachtete nun regelmäßig bei der Familie, doch ich schlief mit Gabriels jüngerer Schwester in deren Zimmer. Gabriel versuchte vermehrt mit mir alleine zu sein, sein Bemühen rief echt komische Situationen hervor. Er wartete oft, bis seine Schwester schlief, und schlich sich dann zu mir unter die Decke. Doch das war mir zu riskant; zu seiner Enttäuschung schubste ich ihn immer wieder weg.

Einmal saßen wir mit seinen Eltern und Bekannten vor einer Bar. Gabriel lieh sich zwei Fahrräder für uns aus und wir fuhren hinunter ans Meer. Es war schon dunkel und keine menschliche Seele in Sicht.

»Komm!«, sagte er, »wir gehen schwimmen!« Gleichzeitig entledigte er sich seiner Kleider. Obschon ich das mit meinen dreißig Lenzen noch nie gemacht hatte, tat ich es ihm gleich. Eine wohltuende Unbefangenheit erfüllte mein Gemüt. Wir lachten, planschten und haschten nacheinander.

Das Meer war schwarz, in seinem Kommen und Gehen schien es zu atmen. Die weiße Gischt schimmerte perlenartig im Mondlicht. Dann lagen wir im noch warmen Sand und pressten unsere Körper eng aneinander. Wir kleideten uns wieder an und fuhren zurück zu den anderen. Niemand stellte uns eine Frage, die Leute diskutierten in Hebräisch, die Stimmung war entspannt und angenehm. Etwa drei Mal während unserer Bekanntschaft gelang es Gabriel, mit mir zu schlafen. Seine Fantasie, mit welcher er dies zuwege brachte, faszinierte mich so sehr, dass es auch für mich atemberaubende Situationen waren.

Nein, ein schlechtes Gewissen hatte ich gegenüber meinem damaligen Ehemann nicht, er hatte mich schon mehrere Male betrogen und in meinem Herzen war ich nie mit ihm verheiratet gewesen. Das Ganze hier war für mich Spielerei, und ich wusste, dass ich für Gabriel auch nur so etwas wie eine neue Erfahrung war. Manchmal fragte ich mich, ob seine Eltern dies alles realisierten und mich eventuell als willkommenes Lernobjekt für Gabriel sahen. Auf jeden Fall wurde ich stets erwartet, herzlich aufgenommen und ohne Fragen überallhin mitgenommen.

So auch an eine Barmitzwa, was mir erneut Einsicht ins jüdische Leben gab. Mit dreizehn Jahren wird die Männlichkeit eines Jungen gefeiert; Kerzen werden angezündet und, von seinen männlichen Vorfahren umringt, liest der Junge aus der Thora vor, anschließend wird mit einem Gläschen Wein angestoßen, wonach er bejubelt und gebührend als Mann gefeiert wird.

Verstanden hatte ich nicht viel, aber feiern, das konnten die! Da waren Tische mit verschiedenen Speisen, Getränke, Musik und Tanz. Der Tanz hatte etwas Wildes an sich. Gabriels Vater Leon bat mich zum Tanz, wobei ich bald zum taktischen Rhythmus etwas ungestüm über den Boden gewirbelt wurde. Seine Hände waren heiß, so fühlte sich auch sein Körper an, den ich bei den Drehungen immer wieder zu spüren bekam. Gabriel tanzte nicht.

Auch mit Mäggie kam ich mal zufällig zu einem jüdischen Fest. Es war eine Hochzeit. Mäggie und ich spazierten an einem riesigen eingezäunten Hof vorbei, das Tor stand offen, laute Musik, von rhythmischem Händeklatschen begleitet, machte uns neugierig. Wir steckten unsere Köpfe durch das offene Tor und wurden sofort hineingebeten. Man drückte uns je einen Becher in die Hand und führte uns zu einem Weinfass mit Dreh-Hahn, um unsere Becher zu füllen. Dann wurden wir eingeladen, uns an den langen, mit Speisen belegten Tischen selber zu bedienen. Das Fest war in vollem Gange, ein junges Brautpaar wirbelte durch den Hof, viele tanzten, alles war in Bewegung und sehr fröhlich. Wir blieben nicht allzu lange, da wir nicht richtig wussten, was von uns erwartet wurde. Die Leute waren uns ja alle fremd, und die schweizerische Reserviertheit machte sich in uns geltend. Alles war neu und so anders in Israel, das Klima für unsere Begriffe oft unerträglich heiß. In den Straßen ging man Kühle suchend ganz nahe den Gebäuden entlang. Oder auch mal ins Kino, weil es dort Airconditioning, also gekühlte Luft, gab. Punkt sechs Uhr, jeden Abend, wurde es Nacht, so als würde ein Lichtschalter zugedreht. Abends gingen wir eher selten aus; wir bekochten uns gegenseitig und erzählten einander unsere Eindrücke und von unseren Erlebnissen. Tel Aviv liegt ja direkt am Meer, und da wir immer schon um kurz nach 15 Uhr Feierabend hatten, blieb uns viel Zeit zum Erkunden und Baden. Wir gingen sehr oft zusammen auf den Markt, wo mit lauten Stimmen neben Ladungen von Früchte, auch Unterwäsche und viel Krimskrams verkauft wurde. Leider auch lebende Tiere, als Ware angeboten; so wie Hühner in viel zu engen Käfigen oder frisch geschlachtete Geißen und Schafe, wobei man die Bezeichnung *geschlachtet* durch *aufgeschlitzt* ersetzen kann. Denn nach jüdischem Gesetz werden die Tiere so zum Ausbluten aufgehängt, mit den Eingeweiden aus dem offenen Bauch hinunterhängend. Ein trauriger Anblick und nichts für zarte Seelen. *Koscher* nennt man das. So wie beim Abwasch alles, was mit Fleisch in Berührung kam, vom für Milch Benutztes streng getrennt wurde. Irgendwie machte dies auch Sinn.

Die Andersartigkeit hatte durchaus ihre Faszination. Auch das Einkaufen im Supermarkt machte Spaß. In den Straßen konnte man frisch gepressten Orangen-, Grapefruit- oder Karottensaft trinken. Wir aßen Fallafel, eine Mischung von zerstampften Kichererbsen und Gewürzen, zu kleinen Kugeln geformt, mit verschiedenen

Salaten in Pittabrot-Taschen gefüllt und nach Wahl mit scharfer Sauce. Dies wurde so an den kleinen Stehbuden serviert. Wir begossen die vegetarischen Kugeln ausgiebig mit der scharfen Sauce; bis uns die Lippen brannten; anstelle von Küssen, wie wir sagten. Es gab immer was zu lachen. Zwischendurch knabberten wir an frisch gerösteten süßen Maiskolben, die in Palmblättern dargeboten wurden. An keiner Bäckerei konnten wir nur vorbeigehen, da duftete es immer so verheißungsvoll und die Apfelstrudel schmeckten wirklich traumhaft gut! Es schien Jahre her, seit ich so unbeschwert leben konnte! Im toten Meer, dessen Salzgehalt so hoch ist, dass man sich hineinlegen kann, ohne zu schwimmen, hatten wir auch viel Spaß. Mäggies *Herbie* (ihr Volkswagen) ermöglichte uns, neben der Bahn und den billigen Taxis das Land so zu erkunden, wie es uns passte. Oft waren wir ganz alleine in der israelischen Wüste unterwegs. Das war auch ein Grund, dass mich Mäggie hin und wieder ans Steuer ließ. Wir sahen Wüstenmäuse, oder Ratten, die an winzige Kängurus erinnerten. Auch Wüstenfüchse musterten uns. Der Wasserfall von En-Gedi war paradiesisch in smaragdfarbenen Grüntönen.

An einem Wochenende Anfang Oktober fuhr ich wieder nach Haifa zu Besuch bei Gabriel und seiner Familie. Mäggie hatte ein Date mit Robert. In der zweiten Hälfte des Nachmittags gab es einen Alarm, den ich noch nicht kannte. Draußen wurde es schlagartig dunkel; es musste schon 18 Uhr sein.

Leon kam aufgeregt:»Da! Kriegsalarm! Lichter aus und alles verdunkeln! Ich muss los!«

Nachdem er sich übers Telefon klarer informiert hatte

und während Gabriel ein paar Kerzen anzündete, packte Leon seine nötigsten Sachen ein.

»Sie sind in den Golanhöhen!« Da waren wir noch vor Kurzem einen Kibbuz besuchen gewesen, ich kannte den Ort, es war oberhalb von Haifa. Ich wusste nicht recht, was ich jetzt denken oder tun sollte. »Du kommst mit mir, ich lade dich beim Bahnhof ab!«, wandte sich Leon an mich. Es war *Jom Kippur*, der heiligste Tag im jüdischen Jahreskalender. An diesem Tag fasten und beten die Juden. Erst nachträglich erfuhren wir vom Kalkül der Palästinenser, welche diesen Tag der durch Fasten geschwächten und unvorbereiteten Juden zu einem Angriff nutzten. Natürlich waren die Gegner in großer Überzahl.

Mit Mäggie konnte ich mich nicht in Verbindung setzen, Mobiltelefone gab es ja noch nicht. Es blieb mir nur zu hoffen, dass sie in Sicherheit zu Hause in Tel Aviv war. Leon führte mich mit seinem Wagen in der Dunkelheit zum Bahnhof und verabschiedete sich von mir. Im Dunkel näherte sich der Zug wie ein gewaltiges Ungeheuer. Erst als er vollkommen die Station erreicht hatte, gingen die Lichter des Bahnhofs an. Doch nur gerade so lange, wie es brauchte, um rasch einzusteigen. Ich fand mich als einzige Frau in einem Zugwagen voller israelischer Soldaten. Nein, Angst hatte ich nicht, diese Soldaten respektierten die Frauen auf eine Art, der ich nie mehr in meinem Leben begegnet bin. Andere Länder könnten sich daran ein Beispiel nehmen. Wahrscheinlich kam dieser Respekt auch daher, dass Frauen und Männer oft Seite an Seite gemeinsam gegen den Feind kämpften. In pechschwarzer Dunkelheit, ohne jegliches Orientierungslicht, fand ich etwas mühsam den Weg vom Bahnhof zurück zu unserer Wohnung in Tel Aviv. Mäggie öffnete mir zu meiner großen Erleichterung die Tür.

»Wir sind im Krieg«, sagte sie mit leiser Stimme.

»Ich weiß«, wisperte ich zurück. »Wir müssen alles verdunkeln! Komm, hilf mir!« Mäggies Worte waren leise, aber bestimmt. Die Lichter in der Wohnung waren gelöscht. Mit einer Taschenlampe, deren Licht nach unten zeigte, nagelten wir Wolldecken an die Fenster. Kein einfaches Unterfangen, doch wir schafften es. So konnten wir die Lichtschalter wieder andrehen.

Es gab nur eine kurze Verschnaufpause, dann polterte es an der Tür: »Aufmachen!«

Zaghaft öffneten wir, in Gedanken sahen wir uns schon in Feindes Händen. Ein uniformierter Soldat stand draußen: »Durch einen Spalt sieht man Licht! Ihr müsst besser verdunkeln!«

Zum Glück wurden wir fast immer auf Deutsch angesprochen, aber auch ohne Übersetzung und mit Gesten, verstanden wir schnell, was zu tun war. Der Soldat half uns den Mangel zu beheben. Seufzend schlossen wir die Tür hinter ihm.

»Wir müssen uns überlegen, was wir bei einem Alarm mitnehmen!«, sagte Mäggie und ihre lustigen Augen wurden noch runder. Mir ging alles Mögliche und noch mehr Unmögliches durch den Kopf. »Unsere Papiere« – Mäggies Kopf dachte richtig – oder? Nun, so könnten wir uns wenigstens ausweisen.

»Eine Decke!«, fügte ich hinzu. Man konnte ja nicht wissen, wie lange wir dort unten verharren müssten – im Notfall. Wir einigten uns, dass wir auch etwas zu trinken bereitstellen sollten. So warteten wir, ins Dunkel horchend, falls die Sirenen losgehen sollten. Hin und wieder hörten wir aus der Ferne dumpfen Lärm, wie von einem entfernten Feuerwerk. Von Schlaf war keine Rede, wir waren selten so froh, als es draußen wieder hell und Tag wurde. Natürlich gingen wir zur Arbeit, schon alleine deswegen, dass wir unsere Kollegen treffen konnten und um zu beraten, wie alles weitergehen sollte. Auf den Straßen rollten dicke Panzer, unter dem Himmel lärmten Flugzeuge vorbei. Die Atmosphäre in der Telefonzentrale war bedrückt, die Musik und die Fröhlichkeit fehlten, aber alle verhielten sich ruhig und gefasst. Unsere Arbeit für die telefonischen Verbindungen war wichtiger denn je. Auch die Fenster der Kantine waren verdunkelt. Angst hatten wir keine, für uns war es wie in einem spannenden Film, in dem wir eine nicht unwichtige Nebenrolle besetzten.

Beim Essen setzte sich ein Ingenieur aus Deutschland zu uns an den Tisch. Mäggie und ich redeten unbefangen über die neuesten Ereignisse. Plötzlich fing der Ingenieur an zu weinen. Verlegen schauten wir ihn an.

»Ich möchte, dass ich so dumm wäre wie ihr und nichts von Politik verstehen würde! Aber ich weiß, was passieren kann!«

»Nicht doch, Herr Tschippa, es wird schon wieder gut.« Wir versuchten beide, den armen Mann zu beschwichtigen; ich tätschelte seinen Arm, er tat mir so leid; ein erwachsener weinender Mann war eher eine Seltenheit für mich. Vornübergebeugt, etwas übergewichtig, mit Schweißringen unter den Armen seines weißen Hemdes, war er ein bedauerlicher Anblick. Ja, ein klein wenig schämten wir uns schon, dass wir so dumm waren.

Zum Abend war eine wichtige Versammlung angesagt. Alle Gastarbeiter, darunter wir zwei Spezialistinnen, trafen uns in einem großen Hotelsaal. Die höchsten Chefs aus Deutschland und der Schweiz kamen zu einer Besprechung angereist. Es wurde ernsthaft diskutiert, dann Stille, worauf die Ansage folgte: »Es wird angeraten, Israel zu verlassen, obschon wir hier noch Leute brauchen und dankbar sind für diejenigen die bleiben. Wer zurückfliegen will, muss dies bis morgen entscheiden; danach wird der Flugplatz geschlossen. – Bitte Hand hochhalten, wer hierbleibt!«

Mäggie und ich warfen uns einen kurzen Blick zu und schnellten unsere Hände in die Höhe. Ungläubige Blicke trafen uns. Nein, wir waren keine Heldinnen, nur, hierzubleiben war für uns viel besser, als zurückzufliegen; speziell für mich.

Nach der Besprechung gingen wir einkaufen und richteten uns so ein, dass wir notfalls ein paar Tage ohne Hilfe von der Außenwelt überleben konnten. Wir gingen weiterhin zur Arbeit. Mit jeder Busfahrt riskierten wir, von Terroristen in die Luft gesprengt zu werden. Robert und wenige männliche Angestellte blieben ebenso und verrichteten weiterhin ihre Arbeit. Diese Verbliebenen durften einmal täglich von der Zentrale aus nach Hause anrufen. Das geschah immer zur selben Zeit. Wir standen in Reih und Glied, unsere Gespräche mussten kurz gehalten werden, Zweck war es, unsere Angehörigen zu Hause zu beruhigen.

Außer dass ich mit Mutter reden konnte, waren mir diese Telefonate zuwider, weil Claude meistens auch dort war.

Es war etwa am dritten Tag des Krieges, als wir die Stadt in geschäftiger Unruhe fanden. Wir wollten von unserer Arbeit nach Hause, wir durften zur Kriegszeit ja nicht an den Strand, um schwimmen zu gehen. Vor uns war plötzlich eine Menschenmasse, neugierig folgten wir der Meute, bis alle vor einem leicht erhöhten Podest anhielten. Fernsehkameras waren auf das Podium und die Leute der ersten Reihe gerichtet.

»Kissinger kommt!«, raunte uns Robert zu. Schon stand der Gesandte der USA auf der Bühne. Und los ging's: »*Achat, staim, shalosch!*«, und alle fingen vor laufender Kamera an zu singen: »*Jerushalaiiim* ...« Da Mäggie und ich zuvorderst standen, mussten wir wohl oder übel so tun, als würden wir mitsingen. Das war überhaupt nicht einfach, zumal die Fernsehkamera auf uns gerichtet war! Fast unmerklich drehte ich meine Augen in Mäggies Richtung, um mich zu vergewissern, ob sie das Singen auch nachahmte. Dann ist es passiert; wie ich ihre runden Augen und ihren kleinen Mund sah, den sie in Anstrengung zu den Tönen passend rundete und spreizte, da konnte ich nicht mehr und prustete los. Mir wurde unheimlich und heiß, aber ich konnte mich des Lachens nicht mehr zurückhalten. Langsam trat ich drängend rückwärts, wobei ich gleichzeitig an Mäggies Jacke zog: »Komm!«, meinte ich eindrücklich. Zum Glück verstand sie rasch. Wir drängten uns durch die dichte Menschenmenge und wollten wegrennen.

»Warum lachen Sie?« Ein Journalist hielt mir sein Mikrofon vor die Nase.

»Ich, ich la-ache nicht!«, prustete ich hilflos. Die Situation war doch ernst! Wir rannten, was unsere Beine hergaben. Robert rannte mit uns.

Ein eigenartiges Bild, wir waren alle in khakifarbene Hosen gekleidet, um in der Kriegszeit weniger aufzufallen, und ja, auch weil uns die Farbe gefiel.

Es ging uns besser denn je; wir wurden zu feinen Essen eingeladen und geehrt, obwohl wir uns in diesem Maße nicht ehrbar fühlten. Doch man war uns sehr dankbar für unser Durchhalten und unsere Arbeit.

Der Jom-Kippur-Krieg dauerte an. Viele junge Menschen mussten an den Fronten ihr Leben lassen. Wir Unbeteiligten hatten Glück. Die Unruhen gingen auch nach dem offiziellen Kriegsende weiter, wir konnten nicht mehr wahlweise alle Orte besuchen. Trotz allem hatte ich dieses Land irgendwie lieb gewonnen, vor allem diese mutigen Menschen, die sich nie beklagten und sich an jedem friedlichen Tag des Lebens freuten. Ach, könnte ich's doch auch so tun! Leider waren meine Gedanken zu oft in der schlimmen Vergangenheit, die auch schon neue Angst für die ungewisse Zukunft vorausschickte.

Kapitel 7

Wie immer fühle ich mich bei Lucy und mit ihrer Familie zu Hause. Nach etwa drei Tagen verabschieden sich Graeme und Lucy, um für zwei Wochen nach Japan zu fliegen. Ich halte Cloe im Arm und wir winken ihren Eltern von der Haustür aus. Ich bin echt überrascht, wie problemlos Cloe sich verhält.

Nun, die Probleme kommen erst am Abend.

»Ich will meine Mami!« Cloe steht vor mir, etwas unsicher und doch bestimmt. Liebevoll erkläre ich Klein Cloe, wo ihre Eltern sind, dass sie es schön haben zusammen und Daddy der Mami einen Teil von Japan zeigt, dass sie zusammen Freunde besuchen und dann wieder zurückkommen.

Nicht heute, aber bald. Für kleine Kinder hat kurz oder lang, eine Stunde oder eine Woche keine unterschiedliche Bedeutung, eine Zeitspanne ist immer jetzt, da oder nicht da. Vielleicht können Kinder auch deshalb so authentisch sein und im Moment leben. Etwas, was wir leider mit dem Aufwachsen verlernen und viel später wieder erlernen wollen. Cloe ist ein sehr vernünftiges Kind, sie kann ausgelassen, wissbegierig und auch nachdenklich sein. Es ist immer eine Bereicherung für mich, Zeit mit Cloe zu verbringen. Ich kann vieles wieder neu durch ihre Kinderaugen sehen und lernen. Doch Cloe will ihre Mami jetzt und sofort, sie beginnt herzzerreißend zu weinen, immer lauter, alles liebevolle Trösten hilft nicht. Von Ablenken ist nicht die Rede. Dann schleicht sie weg von mir, nach oben, kauert neben Ma-

mis Bett und wimmert weiter: »Ich will mein Mami …«
Am liebsten möchte ich mich neben sie auf den Boden
legen, um mit ihr zu weinen, doch ich muss stark bleiben und reiße mich zusammen.

Cloe beruhigt sich nach einer unendlichen Ewigkeit, sie
darf mit mir im Elternbett schlafen. Wir spielen und
haushalten zusammen, unternehmen dies und jenes, besuchen Bekannte und so vergeht die Zeit. Es ist schön,
dass uns Josella, Lucys um zwei Jahre ältere Schwester,
besucht. Josie ist meine Zweitjüngste und lebt im süd-
lichen Teil von England. Ja, Josie ist Cloes Tante. Auch
Graham, mein Exmann, fragt nach, besucht uns und
kocht mal für uns. Einmal beim Einkaufen höre ich,
wie Cloe zu einem kleinen Mädchen sagt: »Meine Mami
hat mich verlassen, jetzt ist Omi meine Mami!« Ich gehe
nicht zu Erklärungen über; jetzt ist jetzt, und zum Glück
kommen Lucy und Graeme bald zurück.

Andreas meldet sich etwa alle drei Tage. Zwischendurch
senden wir einander SMS-Texte. Auch da bin ich froh,
keine Zeit zum Grübeln zu haben.

Endlich ist es so weit. Lucy und Graeme kommen zurück! Mit gutem Gewissen fiebere ich mit Cloe deren
Heimkehr entgegen. Cloe ist überglücklich, von ihren
Eltern in die Arme geschlossen zu werden, und das bin
auch ich. Nach drei weiteren Tagen mit allen zusammen
heißt es für mich wieder Abschied nehmen. Jedes Mal
fühlt es sich an wie ein innerliches Zerreißen, wenn ich
von meinen Töchtern wegfahre. Aber jetzt wartet Andreas auf mich – und ich hoffe, dass er mich auch vermisst
hat.

***

Kriegsbeginn war am 6. Oktober 1973. Am 24. Oktober wurde Waffenstillstand verkündet. Was danach kam, war alles andere als Friede. Doch man konnte sich draußen wieder normal bewegen. Auch die Verdunkelungen an den Fenstern durften entfernt werden. Bald wagten wir es auch wieder, an den Strand zu gehen, Soldaten waren immer noch überall gegenwärtig. Das gab eine gewisse Sicherheit, zudem hatten wir uns schon längst an deren Präsenz gewöhnt. Allmählich wurde uns bei Gesprächen mit Arbeitskollegen klar, wie schrecklich sich dieser ganze Krieg abspielte. Durch den unerwarteten Angriff der Syrer und Ägypter am Jom Kippur hatte der Feind anfänglich leichtes Spiel. Mit diesem Vorgehen verloren die Israeliten auch ihr Vertrauen in die eigene Macht, denn wie konnte ein solcher Überraschungs-Angriff überhaupt stattfinden? Doch nach diesem feindlichen Anfangserfolg wendete sich bald das geschichtliche Blatt. Es gelang den Israeliten, den Feind über die Golanhöhen zurückzudrängen und nach Syrien einzudringen. Israelische Truppen überquerten den Suez-Kanal und besetzten bald weite Gebiete.

Doch nebst dem verloren gegangenen Vertrauen in die eigene Regierung war der Schaden immens; mehr als 2500 der israelitischen Soldaten mussten ihr Leben lassen, 7500 wurden verletzt, und 300 gerieten in Gefangenschaft. Der Krieg endete ziemlich unentschieden, beide Seiten hielten feindliche Gebiete besetzt. Wird dieser Krieg jemals ein Ende finden? Sosehr dieser Gedanke erwünscht ist, so unmöglich scheint er.

Das gab viel zu denken. Auch an meine eigene Situation bei mir zu Hause.

Kapitel 8

Wir sind im Jahr 2012. Mein Nach-Hause-Kommen ist schön. Andreas holt mich am Flughafen ab und wir fahren zu mir. Trotzdem habe ich ein leicht unangenehmes Gefühl der Unsicherheit – Misstrauen? Ein süßes Blumenarrangement ziert den Esstisch meiner kleinen Wohnung.

Andreas umarmt mich und wir setzen uns auf den Balkon. »Ich muss dir noch was sagen …«

Jetzt wird's mir etwas mehr als nur leicht unangenehm. »Ja?«

»Es ist da ein Brief an dich gekommen – von meiner Ex …«

»Wozu das denn?«

»Weiß ich auch nicht – ich hätte dir den Brief ja auch verheimlichen können, aber so was mach ich nicht – da, ungeöffnet.«

Andreas streckt mir den besagten Brief entgegen. Er ist von seiner Exfreundin, mit seiner Exfrau hat er ja eh keinen Kontakt. Ich wusste, dass Andreas nochmals mit ihr zum Essen aus war, dies hatte er mir noch vor meinem Rückflug telefonisch gesagt. Als ich am Telefon meine Empörung kundtat, versuchte er mir zu erklären, dass sie ihn eingeladen habe, um sich für eine Reparatur an ihrem Balkon zu bedanken. »Was soll das?«, frage ich nochmals und: »Solltest du die Idee haben, ihr noch was anderes zu reparieren, dann komm ich mit! Noch besser: *Ich* reparier's!«

»Hm, sie wollte noch, dass ich ihr den Gartenhag

97

streiche – hatte's ihr halt versprochen.«

»Wie bitte?!« Ich begutachte noch einmal das ärmliche Gekritzel auf dem Umschlag; mein Name ist falsch geschrieben und die Schrift scheußlich, charakterlos, würde ich sagen. Ich reiße den Umschlag auf und lese. Mir wird leicht übel. »Willst du es lesen?«

»Nein.«

Ich lese den Brief vor, worauf Andreas derselben Meinung ist wie ich: Rache! So dumm formuliert! Sie versucht Andreas in meinen Augen schlecht zu machen, damit ich die Finger von ihm lasse und sie ihn zurückhaben kann. Sie will mich persönlich treffen! Solche Leute treffe *ich* nicht! Zeitverschwendung! So was hirnverbrannt Kindisches! Nachdem ich nochmals meine Meinung gesagt habe, will ich nicht mehr darüber reden und wir haben trotzdem einen schönen Abend, auch wenn er für mich schöner hätte sein können.

Nach zwei Tagen kommt ein zweiter Brief, noch viel schlimmer als der erste und wirklich zum Kotzen. Auch Andreas findet das Ganze magenumdrehend. Damit hat sie sich grad jegliche Kommunikation vermasselt. Nein, auf solche Briefe zu antworten, wäre mir auch so nie in den Sinn gekommen.

Als dann nach ein paar Tagen ein dritter Brief kommt, sage ich: »Weißt du was? Diesen Brief werd' ich nicht einmal lesen, das ist mir zu eklig.« Dann meine ich etwas leiser: »Ich lege ihn weg und werde ihn nur dann lesen, wenn ich bei dir mal nicht mehr drauskommen sollte.« Solche Briefe behalte ich nur als Beweismaterial, falls mir mal jemand nicht glauben will. Nicht gerade schön, aber ich mache das aus Erfahrung.

Uff! Thema erledigt! Nun können wir uns wieder besser auf unsere neue Beziehung konzentrieren. Wir unternehmen fast täglich etwas zusammen; Wandern, Radfahren, Kochen, unsere Beziehung ist jetzt total öffentlich und wir lachen sehr viel zusammen.

Andreas nimmt mich jetzt auch mit, wenn er seine Geschwister im Bernbiet besucht. Für mich ist sehr schön, wie gut ich ankomme, und so fühle ich mich auch bald zur Familie gehörend.

***

Wir schrieben das Jahr 1974. Israel. Wohl oder übel mussten wir an unsere Rückreise denken. Unsere Gefühle waren durcheinander. Wie sollte alles zurück in der Heimat weitergehen? Meine eigene Flucht schien ein Ende gefunden zu haben, wie weiter? Es erfüllte mich bald eine Angst, die ich während des ganzen Krieges nie kannte. Mein eigener Krieg sollte erst beginnen. In mir selber beschloss ich, dass ich Claude, falls er mich in Bezug auf Arbeit etc. angelogen hätte, verlassen würde. So hätte ich ja einen offensichtlichen Grund, den niemand bestreiten konnte. Doch die Angst in mir wuchs.

Die Heimfahrt auf dem Schiff war von Anfang an gereizt. Abends gingen wir in die Bar, wo wir tranken und uns zum Tanzen auffordern ließen. Ein schöner Grieche zeigte Gefallen an mir. Er war groß und schlank, hatte schwarze Haare, trug Brille und einen dunkelbraunen Anzug mit feinen Nadelstreifen. Eine eher elegante Erscheinung. Sein Name war Antony, kurz *Tony* genannt. Unser beider English war praktisch nicht vorhanden, was zu lustigen Missverständnissen führte. Ich verstand, dass er vierunddreißig Jahre alt sei und Taxifahrer in London.

Er kam von der Insel Zypern, war griechischer Zypriot (da gibt es auch türkische). Tony wohnte und lebte aber in London. Er erklärte mir mit einzelnen Worten und Zeichen, dass er in Scheidung lebe. Ich sandte mein schlechtes Gewissen in die Ferien und genoss das Flirten. Es fiel mir leicht, daran zu denken, dass mich Claude sowieso schon betrogen hatte und eventuell mehr belogen, als ich es erwartete.

Die Situation wurde heiß. Beim Tanzen konnte ich Tonys wunderschönen Körper spüren. Als er mich in seine Kabine einlud, hoffte ich sehr, dass Mäggie keine Notiz davon nähme. Natürlich hatte sie alles mitbekommen. Peinlich! Ich kam mir vor, als würde ich Mäggie betrügen! Tony war so heiß und unersättlich, dass ich eher froh war, seine Kabine wieder zu verlassen. Mit schlechtem Gewissen (welches flugs und unerholt aus seinen Ferien zurückkam) und mulmigem Gefühl ging ich zu Mäggie zurück in unsere Kabine.

Mäggie kochte.»Weißt du noch, dass du verheiratet bist?«

Eine solche Reaktion hatte ich trotz allem nicht erwartet, wusste sie doch, wie beschissen es mir ging. Nun, alles konnte sie auch nicht wissen, da ich selbst stets am Verdrängen und Schönreden war. Selber schuld.

Die Stimmung zwischen Mäggie und mir war mies. An einem Hafen stiegen wir aus und erkundeten mit Tony zu dritt die Gegend. Bevor wir endgültig das Schiff verließen, machte mir Tony klar, dass ich mit ihm in seinem hellblauen Mercedes fahren könne. Das lehnte ich wohlweislich ab. So gab er mir seine Adresse und Telefonnummer. Ich fuhr mit Mäggie in ihrem *Herbie* zurück. Die Atmosphäre war sehr schlecht, die ganze Stimmung dahin; ich fühlte mich schuldig. Unser Abschied voneinander war kühl. Das schmerzte sehr.

Kapitel 9

Vor Kurzem erst bin ich von Pratteln nach Frenkendorf umgezogen, ein bisschen mehr ländlich und ein wenig näher zu Liestal, wo Res (Andreas) wohnt. Ohne Res hätte ich den Umzug nie geschafft; ich war drauf und dran, alles fallen zu lassen, ja, meinen Geist aufzugeben. Klingt schlimm, und es war auch schlimm. Aber jetzt, wo ich mich ein wenig eingelebt habe, möchte ich Res für seine selbstlose Hilfeleistung danken. Da ich am liebsten mit ihm wegfahren möchte, weg vom ganzen Trubel der letzten Zeit, lade ich ihn für zehn Ferientage nach Djerba ein. Es ist mir wichtig, an einen Ort zu gehen, wo wir beide keine Bekannten haben, also deswegen aufeinander angewiesen sind. Es ist aufregend, aber diesmal auf die andere Art. Die Gegend, vor allem der Sandstrand, das Meer, der Himmel, das Andere, Neue sind herrlich. Drei Tage entdecken und genießen wir gemeinsam, dann werde ich krank. Nein, so was! Res war noch nie auf Djerba, ich schon etwa sechs Mal. In keinem meiner vergangenen Aufenthalte war ich krank, und dies ausgerechnet jetzt! Djerba hatte ich gewählt, weil Res noch nie da war, und für mich sollte es mein letzter Besuch auf dieser Insel sein. Natürlich spielte auch der Kostenpunkt seine Rolle. Spanien wollte ich nicht, weil ich wusste, dass Res mit seinen zwei »Exfrauen« schon dort war.

Nun, da sind wir also im Hotelzimmer auf Djerba und mir ist sterbenselend. Ich schleppe mich vom Bett zur Toilette und wieder zurück, bleich wie eine Wand. Alle

Träume romantischer Liebestage fallen ins Meer. Andreas streichelt mich und fragt, wie er mir helfen kann. »Ich weiß es nicht, mir ist so elend, tut mir leid – nun, vielleicht könntest du mir einen Tee bringen?« Res macht sich auf den Weg; erst seit dem Vortag wissen wir, wo es durchgeht bis zum Hauptgebäude – ja, die Hotelanlage ist riesig, das Hotel viel zu groß. Wir hatten trotzdem viel gelacht zusammen, vorher, und gerade deshalb. Res kommt tatsächlich mit einer Tasse Tee zurück. »Kleine, du bist ja so bleich.« Liebevoll hält er mir die Tasse hin. Ich versuch's mit kleinen Schlucken und lasse mich gleich wieder matt in die Kissen zurückfallen. »Geh du nur ans Meer, du musst nicht wegen mir drinnen bleiben, das bringt auch nichts«, meine ich schwach. »Ist schon gut, ich kann ja lesen.« Diese Geste beeindruckt mich sehr. Besonders weil der Himmel so blau ist und das Raunen vom Meer so nah. Nachdem ich die Tasse leer getrunken habe, bringt mir Res mehr Tee, diesmal gleich drei Tassen aufs Mal. Die praktische Anweisung, drei Tassen auf einem großen flachen Teller zu bringen, kommt von mir. Sogar in krankem Zustand denke ich praktisch. Dazu ist im riesigen Esssaal Selbstbedienung. Zum Mittagessen geht Res wieder ins Hauptgebäude, kommt aber nach dem Essen sofort wieder zurück. Vieles ist mir peinlich und Res tut mir leid, andererseits empfinde ich sein stilles »Beimirsein« als wohltuenden Liebesbeweis. Gegen Abend verspüre ich doch ein wenig Hunger. »Bitte bring mir doch etwas ganz Einfaches, eher Fades wie Nudeln ohne Sauce oder so.«

»Das ist ein gutes Zeichen, dass du etwas zu essen willst!«
Res' Stimme klingt hoffnungsvoll, als er sich erneut auf
den Weg macht. Ich esse nur ganz wenig vom Mitgebrachten, aber schlafe dann die ganze Nacht durch.
Am Morgen fühle ich mich noch sehr schwach, aber ich
raffe mich auf, ich will unbedingt wieder teilhaben an
unseren gemeinsamen Ferien - am Leben! Gut fühle ich
mich nicht sofort, aber ich schaff's! Wir schreiben uns
für zwei Ausflüge in die Wüste ein und es gibt wieder
viel zu staunen und zu lachen durch Begebenheiten,
die uns fremd und nahezu unmöglich erscheinen. Lachen macht gesund – lachen verbindet, das Leben ist
manchmal unbequem, aber das Leben ist schön! Jeweils
am Abend, bevor wir uns zur Ruhe begeben, gehen wir
auf Mückenjagd. An den Wänden zeigen sich vermehrt
winzige rote Pünktchen.
»Das ist dein Blut, armer Res.« Die Stechmücken haben
es auf Res abgesehen. Dreimal stehen wir extra früh auf,
für mich ein kleiner Gewaltakt, bin ich doch ein Mor-
genmuffel, doch als Belohnung gibt es die unvergessli-
chen Sonnenaufgänge.

***

Mäggie fuhr mich zu meiner Mutter nach Basel, bevor sie sich auf ihren eigenen Heimweg machte. Nein,
rauf kam sie nicht mehr. Mir war mehr als bange, eher
zum Kotzen. Claude wartete oben bei meiner Mutter
auf mich. Geheuchelte Freude des Wiedersehens seinerseits. Kühle Vorsicht meinerseits. Meine gute Mutter
hatte eine »kalte Platte« wie zu alten Weihnachtszeiten
vorbereitet. »Kommt Mäggie nicht rauf?«

»Nein, sie hat noch einen weiten Nachhauseweg«, gab ich müde zurück. Zum Glück gab's auch Wein zu trinken, was bei Mama zur Gastfreundschaft gehörte. Heidi, meine Halbschwester, saß auch am Stubentisch; sie schien bedrückt, eher komisch:»Gut, dass du wieder da bist! Die Sonntage mit Claude waren schwer auszuhalten.«
Sie tat mir leid, das hatte ich nicht gewollt. Offenbar wurden Heidi und Mama von Claude in verschiedenen Sachen ausgenutzt. Als er mir noch dazu eröffnete, dass er, in meiner ganzen Abwesenheit von knapp einem Jahr, nicht einen einzigen Job ausgeführt hatte, fror meine letzte Sympathie zu ewigem Eis.
»Ich bin müde und möchte jetzt lieber nach Hause«, meinte ich, was überhaupt nicht stimmte, aber glaubwürdig und verständlich schien. Ich kochte innerlich, wollte aber Mama und Schwesterchen nicht noch mehr zumuten.
In unserer Parterrewohnung über der Grenze in St. Louis angekommen, fing ich an, meine Koffer auszupacken. Claude meinte, das Geld auf meinem Bankkonto habe er zum»Überleben« gebraucht. Ich hatte rund zwanzigtausend Schweizerfranken erarbeitet und gespart! Fort! Futsch! Das Geld hatte er nicht etwa zur Reparatur seiner Zähne gebraucht, was offensichtlich war. Er hatte damit »gelebt«! Nein! Ach, könnte ich mich doch einfach so aus dem Staub machen, oder schlimmstenfalls zu Staub werden! Ich sah keine Rettung mehr. Doch es kam noch schlimmer. ›Jetzt‹, so dachte ich, ›ist der Moment gekommen.‹
»Ich habe dich betrogen.« Noch fühlte ich mich ziemlich sicher, Claude auf diese Weise abzuschrecken und

einen Albtraum damit beenden zu können. »Ich werde dich verlassen«, sagte ich ruhig und bestimmt.

So viel Mut musste bereut werden.

»*Was?*«, schrie Claude, »*du?* Ich werd's dir zeigen! Jetzt mach ich dir ein Kind! Dann bist du für immer an mich gekettet!«

Als Claude auf mich zukam, sagte ich ruhig: »Ich nehme die Pille.« Worauf er wutentbrannt meine Handtasche aufriss und die Pillen an sich nahm: »Die bekommst du nicht mehr!«

Ich saß immer noch auf unserem teuren Sofa, während er versuchte, mich zu vergewaltigen. »Du gehörst mir!« Mich ekelte seine Stimme, sein Körper, sein ungelenker Vergewaltigungsversuch so sehr, dass ich dachte: ›*Nein! Für das habe ich nicht gelebt!*‹ Ich entwickelte eine ungeahnte Kraft, welche mir half, Claude mit meinen Füßen immer wieder von mir wegzustoßen, bis er selber eine Pause brauchte.

Wir waren hungrig und vom Kämpfen geschwächt, aber an Essen war nicht zu denken. Claude legte sich im angrenzenden Schlafzimmer aufs Bett. »Du sitzt hier, aber liegen darfst du nicht!« Er wollte mich im Auge behalten, während er sich ausruhte. Ich saß zitternd auf der Bettkante und wünschte, dass dies alles nicht wahr und nur ein böser Albtraum wäre, obwohl ich die ganze Realität als bedrohlich wahrnahm.

Es schienen Stunden zu verstreichen. Mein Körper war so müde. Wenn ich mich nur kurz räusperte, riss Claude seine halb geschlossenen Augen wieder auf: »Still sitzen!« Ich litt immer mehr, immer tiefer, mein ganzes Leben schien so wertlos, verpfuscht und unwürdig.

Plötzlich schien Claude zu schlafen. Meine Schläfen

pochten in Angst, als ich mich im Zeitlupentempo sachte erhob, meine Tasche nahm und geräuschlos das Haus verließ. Inzwischen war es Tag geworden. Ich weiß nicht mehr, wie lange ich auf der Bettkante gesessen hatte, ich war wie ein Roboter, gefühllos und innerlich wie tot. Immer wieder schaute ich zurück, als ich mich der Grenze näherte. Ich wurde nicht verfolgt. Den ganzen Weg zu meiner Mutter ging ich zu Fuß; wo ich die Kraft hernahm, ist mir ein Rätsel.

Mama erschrak, als sie mir die Tür öffnete:»Lili! Was ist los?! Wie siehst du denn aus?!«

»Ich kann nicht mehr, ich brauche Hilfe«, brachte ich mit schwacher Stimme hervor.

Sie brachte mir etwas zu trinken, als es wie wild läutete.

»Mach nicht auf, Mama! Mach ja nicht auf!«

Offenbar hatte Claude noch bei anderen Hausbewohnern um Einlass geläutet, denn bald hieb er mit gewaltigen Faustschlägen auf die geschlossene Wohnungstür ein.

»Ruf die Polizei! Sofort! Bitte, Mama!«

Obwohl es nur ein Flüstern war, verstand meine Mutter sofort.

»Claude, hör auf! Die Polizei kommt!«, sagte sie hinter der Tür, die zu bersten drohte.

Erleichtert hörten wir, wie er nach unten ging. Dann kamen zwei Polizisten rauf, denen Mutter öffnete. Wir versuchten zu erklären, doch ein Polizist meinte:»Das Übliche, Beziehungskrach am Sonntag, der ist harmlos, er ist unten und will seine Frau zurück, der tut Ihnen nichts!«

»Er will mich umbringen! Helfen Sie mir!«

»Seien Sie nicht hysterisch! Keiner schlachtet eine goldene Henne! Gehen Sie jetzt runter, er ist ganz ruhig, er will Sie nur zurück.«

Mein Kopf und mein Herz drohten zu zersprengen, ein unbeschreibliches Gefühl, so als wäre ich mit Steinen gefüllt. Ich wurde nicht ernst genommen.

»Bitte sehen Sie zu – und bleiben Sie dabei«, kam es aus mir fast schon wie ein Todesröcheln. Die Angst schien mich zu ersticken.

»Kommen Sie! Wir behalten Sie im Auge – sollte etwas verdächtig sein, schreiten wir ein.«

Man nahm mich überhaupt nicht ernst, das machte mich so wertlos, als sei ich Wegwerfmaterial. Die Polizisten geleiteten mich nach unten. Ich war wie eine leblose Puppe, als mich Claude »entgegennahm«. Noch einmal warf ich einen flehenden Blick zu den Polizisten, bevor ich mich mit Claude Richtung französische Grenze entfernte. Immer wieder drehte ich mich um, um mich zu vergewissern, ob die zwei Gesetzeshüter uns im Auge behielten. Wir mussten die kleine Parkanlage durchqueren, um über die Brücke zu kommen. Somit entschwanden wir dem Blickfeld der Polizei.

Da ging es erneut los, Claude ohrfeigte mich und schlug mir auf den Kopf. »Du Hure! Ich werde dir's zeigen! Marsch, nach Hause! Du gehörst mir!«

Ich war schon so etwas wie willenlos, als ich drei Erwachsene mit einem Kind durch den Park spazieren sah. Meine Rettung!

»Hallo! Hilfe! Bitte helfen Sie mir!«, schrie ich so laut ich konnte. »Hiiilfeee!«

Was dann passierte, verstehe ich bis heute nicht: Als die Erwachsenen gewahr wurden, was da ablief, drehte einer das Kind rum und sagte: »Nicht hinsehen – komm!«, und sie machten sich allesamt schnellstmöglich aus dem Staub.

Ich hielt mich mit letzter Kraft an einer Parkbank fest und schrie nach Hilfe. »Bitte, bitte, helfen Sie mir! Hiilfee!«

Es half nichts mehr, die Leute waren verschwunden.

Claude riss mich von der Parkbank weg und schleifte mich an meinen langen Haaren den Boden entlang. Unter reißenden Schmerzen rappelte ich mich wieder auf. Um nicht mehr Haare zu verlieren, musste ich wohl mitgehen. Ein Zombie wäre lebendiger gewesen als ich, langsam verließ mich jegliches Gefühl. Wie ich es schaffte, neben Claude über die Grenze zu kommen, weiß ich nicht mehr, ich war ja wie tot.

In der Wohnung ging es erneut los; Claude drehte den Fernseher auf das volle Volumen, dann ging es weiter mit Schlägen und Tritten, dass ich nur noch so in der Wohnung herumtaumelte. Plötzlich nahm Claude eine volle Schnapsflasche, öffnete sie und sprühte den ganzen Inhalt an den Wänden entlang: »Wenn du nicht tust, was ich sage, werde ich ein Streichholz werfen – und dein liebliches Gesicht kommt am Schluss dran, ich werde dich so entstellen, dass nicht mal mehr der ärmste Clochard mit dir schlafen möchte!« Er sah aus wie ein Ungeheuer mit einer so grässlichen Fratze, dass ich wegsehen musste.

Beide waren wir schon so verbraucht und übermüdet, dass Claude sich wieder aufs Bett legte. Ich »durfte« wieder auf der Kante sitzen. »Vergiss nicht! Keine Bewegung! Wage es nicht aufzustehen!« Er stand nochmals auf und nahm alle Messer und Scheren zu sich neben das Bett.

Ganz tief in meinem Innern spürte ich plötzlich etwas Festes, wie ein warmer Punkt, in dem sich mein ganzes kleines Ich zu konzentrieren schien, kompakt, sicher, leuchtend und warm. Ich versuchte mich auf diesen Punkt zu konzentrieren. Außer meinem Bemühen, still zu sitzen, nahm ich nichts mehr richtig wahr. Hin und wieder sauste ein Messer an mir vorbei, wenn ich leicht einzuknicken schien. Mein ganzes Sein war nur noch in diesem kleinen warmen Fleck in mir, an welchem ich mich innerlich festhielt.

Kapitel 10

Mit so viel zusammen Erlebtem sind wir einander schon recht nahe gekommen. Andreas bleibt meist drei bis vier Tage bei mir, ich vielleicht für zwei Tage bei ihm zu Hause. Oder wir machen eine zweitägige Pause dazwischen, wo jeder für sich seinen eigenen Sachen nachgeht. Unterdessen habe ich mich sehr gut in Frenkendorf eingelebt. Das Leben ist etwas ruhiger, verglichen mit dem eher hektischen Stadtleben, die Leute grüßen sich auf der Straße, man kennt sich bald vom Sehen. Ich bewerbe mich um einen kleinen Schrebergarten. Mit Andreas' Unterstützung, wähle ich schlussendlich den richtigen. Es gibt viel zu tun und zu planen, vieles wird einfach ausprobiert. Ich genieße diese Zusammenarbeit sehr, die Verbundenheit in der Natur, mit der Natur, auf unserem kleinen Fleckchen Erde. Der Garten beinhaltet sechs kleine Beete zur Bepflanzung und zwei längere Blumenbeete an der vorderen und einer seitlichen Länge. Da ist auch ein kleines Holzhaus mit Gaskocher und allen nötigen Kochutensilien. Auf der einen Seite neben uns sind nette Gartennachbarn, auf der anderen Seite die Enten. Und all dies nur zehn Gehminuten von meiner Wohnung entfernt! Im Frühling erleben wir die reinsten Überraschungen; es grünt und blüht an oft unerwarteten Stellen, sogar unsere drei kleinen Bäumchen sind voller Blüten, es ist wunderschön!
Meine drei Töchter – Karin mit ihren zwei Teenagern, wohnhaft in der Schweiz, Josella, noch Single, aus England, und Lucinda samt Töchterchen, manchmal auch

mit Ehemann, ebenfalls aus England – besuchen mich regelmäßig. Joël, meinen Sohn, auch wohnhaft in der Schweiz, sehe ich am wenigsten; er und seine junge Familie, seine Frau und deren zwei Kleinen, finden seltener Zeit, mich zu sehen. Ist es wirklich nur die Vielbeschäftigtheit? Oder auch noch etwas anderes? Manchmal tut es mir weh, dann denke ich wieder, dass ich weniger denken soll, oder eben eine Aussprache mit Joël herbeiführen müsse.

Wieder ist Sommer, Res und ich beschließen zwei Ferienwochen auf Kreta in Griechenland zu verbringen. In-zwischen haben wir uns mit dem Hausmeisterehepaar, da, wo ich wohne, so gut angefreundet, dass ich ihnen problemlos meine Wohnungsschlüssel anvertrauen kann. Sie sehen nach meinen geliebten Balkonpflanzen und leeren während meiner Abwesenheit meinen Briefkasten.

Kreta wirkt echt paradiesisch, verglichen mit Djerba. Wir genießen den Strand, das Hotel, das Essen, die Sauberkeit, die netten Leute, die ganze Vielfältigkeit und neue Überraschungen. Die größte Überraschung für mich ist, als wir an unserem zweiten Ferientag die Umgebung erkunden. Wir schlendern am Meer entlang, auf der einen Seite die wogenden Wellen, auf der anderen Seite wild bewachsene Felswände. »Sollte gleich um diesen Felsen rum ein kleiner Hafen sein, mit vielen romantischen Gaststätten – dann, ja dann ist es der Ort, dessen Name ich vergessen hatte! Zu dem ich aber unbedingt wieder herkommen wollte, nur nicht alleine.« Und – kann ich meinen Augen trauen? Es ist der Ort! Ich gerate vollkommen aus dem Häuschen. Ohne es im Geringsten geahnt oder gehofft zu haben, stehen wir in dieser kleinen Traumbucht am Hafen von Agia Galini! Da steht der Name! Wow! Fantastisch! Es ist wunderschön! Die ganze Szenerie, die Atmosphäre, die Boote, die Lichter, der bewachsene Hang rundum, dessen Laub wie entspannte Hände sich tiefer und tiefer dem sanft wogendem Meer entgegenstrecken – einfach paradiesisch! Ich erkläre Res, dass ich vor einigen Jahren ganz alleine hier war. In einer Zeit, wo meine damalige Beziehung am Zerbrechen war. Ich wollte immer wieder an diesen Ort zurück, aber nicht alleine, damals war es sehr traurig, dieses traumhafte kleine Paradies nicht teilen zu können. Trotz meiner Schüchternheit bin ich ein Teiler und Mitteiler, denn ohne teilen zu können ist für mich alles halb so schön. Und jetzt bin ich hier mit Res! Für mich hat dies eine ganz besondere Bedeutung.

Unser Hotel ist nur einen kurzen Spaziergang vom kleinen Hafen entfernt, wo wir öfter flanieren. An anderen Abenden sitzen wir bei einem Glas Wein am Hotelpool. Wir lernen ein nettes Ehepaar mit Töchterchen aus Berlin kennen, mit denen wir anregende Gespräche führen. Alles ist entspannt, interessant und könnte nicht schöner sein. Wir nehmen auch an zwei Exkursionen teil, bei denen wir Land, Leute und Sitten besser kennenlernen. Nach zwei Wochen gilt es Abschied zu nehmen, es fällt uns nicht leicht: »Hier könnte ich echt noch länger bleiben!«, meint Res. Da kann ich ihm nur beipflichten.

***

Es schien Ewigkeiten zu dauern, doch schlussendlich fiel Claude in einen tiefen Schlaf. Kein Wunder bei all dem, was geschehen war. Auch ich war sterbensmüde, doch mein Drang zum Überleben war stärker als Müdigkeit und Hunger. Zuerst wagte ich nur mich ganz langsam zu drehen, dann sachte aufzustehen – ein Schritt, zwei Schritte – Claude rührte sich nicht. Ich nahm erneut meine Tasche und verließ ganz leise das Haus. Noch jetzt spüre ich die Angst im Nacken, wenn ich an diese Szene denke. Ich ging, so schnell ich konnte, Richtung Grenze. Rennen konnte ich nicht mehr. Es war schwer, mich nicht der lähmenden Angst zu beugen und aufzugeben. Die Müdigkeit empfand ich nicht mehr. Schließlich schaffte ich es, nach mehrmaligem Zurückblicken; ich stand vor meinem Elternhaus. Es war sehr früh am Morgen. Leise lüfteten sich die dunklen Schleier am Himmel, während ich mich zu Mama die endlos scheinenden Treppen hinaufschleppte.

»Mama! Bitte ruf die Polizei! Sofort! Und verschließe die Tür! Bitte!« Es war ein atemloses Keuchen.

Schreckensbleich nahm Mama meinen Befehl entgegen. Es ging nicht lange, bis die Polizei da war. Endlich wurde ich auch ernst genommen, nun, so wie ich aussah und mit meinen Berichten.

»Viel können wir nicht tun, Ihr Mann ist Ausländer und wohnen tun Sie auch im Ausland … nun«, der Polizist wurde von stürmischem Läuten unterbrochen. Ich glaubte, ich müsse mich übergeben, als die zwei Polizisten den Knopf zur Öffnung der Haustür drückten.

»Nur ruhig – bleiben Sie ruhig.« Die Polizisten stürmten die Treppen hinunter und nahmen den ihnen entgegenkommenden Claude fest. Zum Glück brachten sie ihn nicht rauf, um zu verhandeln.

Nach einer Weile, in der ich zitternd im Gang stand,

kam einer der Polizisten wieder rauf, um mir zu eröffnen: »Wir haben ihn, behalten Sie jetzt einen kühlen Kopf, wir können ihn nicht länger als achtundvierzig Stunden in Gewahr nehmen, dann müssen wir ihn wieder frei lassen. Er wird dann auf der französischen Seite abgesetzt mit einem Einreiseverbot zur Schweiz. Zu Ihrer und Ihrer Kinder Sicherheit.« Besorgten Blickes räusperte er sich. »Ich rate Ihnen dringend, jetzt in die gemeinsame Wohnung zu gehen, das Allernötigste einzupacken – vergessen Sie Haushalt und Möbel – und gehen Sie, wenn immer möglich, selber auch weg von hier, denn bei einem verrückten Mann wie diesem müssen Sie vorsichtig sein – sicher ist sicher!«

»Ja, da-anke …« Ich konnte kaum mehr sprechen.

Die Hüter des Gesetzes entfernten sich, ich hörte noch das Zuschlagen der Autotüren und wie sie davonbrausten.

»Komm«, Mutter reichte mir ein Glas Wasser, »ich komm natürlich mit dir.«

Ich war sehr froh über Mamas Begleitung, denn ich war kaum noch fähig, klar zu denken oder zu handeln. Nein, viel konnten wir nicht einpacken, die teuren Möbel, alles, was ich bezahlt hatte, musste ich zurücklassen. Nur ein paar wenige Habseligkeiten, Kleider, meine Papiere und das war's dann schon. Wieder bei Mama, gab es endlich etwas zu essen und bald schlief ich erschöpft ein.

Früh am Morgen arbeitete mein Gehirn schon wieder auf Hochtouren. Ich wusste, dass es keine Zeit zu verlieren gab. Ich fühlte mich gestärkt und konnte rational denken und handeln, ohne irgendwelche Gefühle, aber mit einem kühlen Kopf. Ich kramte Tonys Telefonnummer aus meiner Tasche und rief ihn an. Mit so wenig Worten auf Englisch war es schon schwer, sich zu verständigen. Meine jüngere Halbschwester half mir aus, indem sie das Gespräch für mich zu Ende führte. Heidi war schon in England, um ihre Lieblingssprache zu erlernen; sie war ein totaler Beatles-Fan, was mir nun auch zugute kam. Sie vereinbarte mit Tony, dass wir ihn später nochmals anrufen würden, um ihm genauere Angaben über meine Ankunft in London zu geben. Mich in Sicherheit wiegend, ging ich nochmals zurück nach St. Louis (FR.), aber nicht zur Wohnung, sondern auf die Gemeinde, um mir einen französischen Pass ausstellen zu lassen und um bei einem mir empfohlenen Advokat die Scheidung einzureichen.

Als mein Bruder René von meinem Handeln erfuhr, war er sogar stolz auf mich. Meine Lieben waren in Sicherheit und bald trat ich eine Reise ins Unbekannte an.

Kapitel 11

Die Zeit vergeht. Res und ich sind in einer festen Beziehung miteinander. Die heißen Nächte sind seltener geworden, aber gemeinsame Interessen wachsen. Ich fühle mich wohl in Frenkendorf, ja, endlich so wie zu Hause. Meine Beziehung zu Res scheint irgendwie echt ernst zu werden; wir diskutieren oft und sind uns nicht immer einig. Aber das gehört wohl dazu und gibt mir auf diese Weise mehr Sicherheit im Ernstgenommenwerden. Denn wenn einem jemand egal ist, versucht man bestimmt nicht, sich dem anderen gegenüber überhaupt verständlich zu machen, geschweige denn, seine Ansichten abzuwägen, oder? Alte Sachen kommen hoch in mir, es ist nicht immer einfach, die Vergangenheit von der Gegenwart zu trennen. Es gibt Dinge, Worte, Szenen und Momente, die mich oft in eine vergangene Zeit zurückschleudern und mich somit falsch reagieren lassen. Das ist nicht gut. Auch plagen mich Albträume von immer noch nicht Verdautem. Dies ist auch ein wichtiger Grund, warum ich jetzt mal alles rauslassen muss. Beim Partner abladen geht nicht. Beim Psychiater alles von meiner Seele reden bringt noch weniger – einem grundsätzlich uninteressierten und bezahlten Menschen sein Herz ausschütten? Nein! Tabletten? Eindämmendes Gift! Weghoffen oder abtun kann man seine Vergangenheit auch nicht, also gibt's nur eines: alles offen auf den eigenen Seelentisch legen – und aufarbeiten = schreiben! Kein einfaches Unterfangen.
Ein zweiter, fast ebenso wichtiger Grund ist der, meinen

Kindern auf diese Weise etliche Fragen zu beantworten, um schlussendlich besser verstanden und akzeptiert zu werden. Mit meinen Töchtern darf ich glücklicherweise ein inniges Verhältnis pflegen – mit meinem Sohn scheint dies leider etwas schwieriger. Ob ihm klar ist, dass ich darunter leide? Oder grenzt sein Verhalten leicht an eine verspätete Bestrafung für mich? Nein, nur kein Selbstmitleid entwickeln! (Das sag' ich zu mir selber!)

***

Dies war erst der zweite Flug in meinem Leben. Es gab so vieles, worauf ich achten musste, dass ich keinen ängstlichen Gedanken nachhängen konnte. Tony holte mich ab, es war erleichternd, wie schnell er mich fand. Ich hatte ein Wörterbuch *Deutsch-Englisch, Englisch-Deutsch* bei mir. Mit einzelnen Worten und vielen Gesten machten wir uns einander verständlich. Wir sahen mit unserer Gebärdensprache fast aus wie ein gehörloses Paar. Ich verstand, dass Tony mich zu seiner Schwester bringen wollte. Von seinen Verhältnissen wusste ich ja noch nichts. Tony war *Taxidriver*, also Taxifahrer. Wir fuhren durch die Straßen Londons, ich war beeindruckt von den wunderschönen alten Bauten. Wir hielten vor einem typischen Londoner Haus aus roten Backsteinen im Norden Londons. Die Häuser sahen sich alle so ähnlich, die Straßen schienen endlos. Nachdem Tony den Türklopfer betätigt hatte, öffnete Tonys Schwester die mit bunten Glasfenstern verzierte Tür. Da stand sie, Tina, eine hübsche junge Frau, eher kurvig gebaut, trotzdem schlank, mit vollen Lippen und langen Haaren. Sie war sehr freundlich, eher

überschwänglich bei ihrer Begrüßung. Das Innere des
Hauses war etwas düster und geheimnisvoll, eben alles
andere als das, was ich bisher gesehen hatte.

Nachdem ich meine Sachen abgelegt hatte, machte sich
Tony erneut mit mir auf den Weg, um etwas zum Essen
zu holen. Es gab fertiges Kentucky-fryed-Chicken, dazu
Pommes, alles leicht fettig im Knuspermantel, aber le-
cker.

Ich verstand, dass Tony ein Zimmer in Tinas Haus bewohnte. Das Zimmer war groß, mit einem unbenutzten
Kamin an der einen Wand. Ein großes Bett war auch da,
sonst nicht viel, das Leben fand unten, in Tinas Gefil-
den, statt. Der neuen Eindrücke waren es zu viele, um
von mir eingeordnet zu werden. So fügte ich mich zu
allem, was da kam.

Tony blieb nur etwa drei Tage, dann musste er weg. Seine Arbeit als Taxifahrer beanspruchte ihn meist nachts.
Ich sah nicht viel von ihm. Tina machte mir verständlich, dass ich Arbeit und eine Bleibe finden müsse. Sie
hatte auch schon etwas in Aussicht für mich. Ich weiß
echt heute noch nicht genau, was es war, ich saß in einem kleinen Büro vor dem Fernseher, und wenn Kundschaft kam, musste ich dies jemandem melden. Das
Ganze hatte irgendwie mit Autos und Kleidern zu tun,
verstehen konnte ich eh nichts. Es kamen eigentlich nur
Männer vorbei, die offensichtlich Gefallen an mir hatten, aber keiner rührte mich an, sie waren alle höflich.
Als sie merkten, dass ich so gut wie nichts auf Englisch
verstand, waren sie sichtlich amüsiert. Schließlich verstand ich, dass ich nur eine andere Frau während ihrer
Krankenabsenz vertrat. Also musste ich mich bemühen,
eine andere Arbeit sowie eine Wohnung zu finden, wie

mir Tina klarmachte. Doch mit meinem Wissen und Kenntnissen?

Tina brachte mich in ein griechisch geführtes Hotel. Auch der vorherige Chef war Grieche gewesen, oder besser gesagt, allesamt waren sie Zyprioten. Der Hotelpatron schien freundlich, und ja, sicher hätte er Arbeit für mich! Problem gelöst?

Nun, fürs Erste war ich versorgt. Ich wurde engagiert als *Chambermaid* = Zimmermädchen. Das kannte ich ja schon von Paris. Meine Arbeit begann frühmorgens in der Küche als Hilfe beim Frühstückvorbereiten und Tischedecken. Dann gab's einen winzigen Imbiss, vor allem Kaffee, und ab ging's, um die Zimmer zu machen. Ein anderes Zimmermädchen zeigte mir, was erwünscht war, nebst all den Schlichen, wie Leintücher gekehrt und straff gezogen wurden, um solche zu sparen. Meine Schlafstelle befand sich in einem Kellerabteil, von den üblichen hölzernen Holzlatten umgeben, zwischen denen man frei durchsehen konnte. Neben meinem ausgerittenen Bett stand eine unbenutzbare staubige Kommode, deren halb geöffnete Schubladen mit Spinnweben überzogen waren. Es war wie in einem Gruselfilm, wo sich im nächsten Moment ein Zombie zwischen den Holzstäben durchquetschen würde.

Nein, ich war nicht die Einzige, die so hausen musste! Da waren noch andere Ausländerinnen, die eh kein Englisch verstanden, sich somit auch nicht wehren konnten. Deutsch sprach niemand, Französisch auch nicht, aber es gab eine sympathische junge Italienerin, Stella, mit der ich mich durch meine guten Französischkenntnisse verständigen konnte. Zusammen stark, ermutigten wir einander, vor den Patron zu treten und um eine bessere

Unterkunft zu bitten. Es gelang uns bis zu einem gewissen Grad tatsächlich, dies zu erreichen. Jetzt hatten wir das Privileg, hinter der Rezeption in einem tagsüber an der Wand klebenden Klappbett zu schlafen, welches wir jedoch teilen mussten. Und dazu hatten wir einen Fernseher. Allerdings war der schon lange nur noch ein totes Requisit, *not working*, unbrauchbar. Nun, wenigstens mussten wir nicht mehr im Keller schlafen. Wir störten einander überhaupt nicht beim Schlafen und ich fand es schön, eine Verbündete zu haben.

Nach zwei strengen Arbeitswochen ohne Freitage besprachen wir, was wir tun sollten; wir wurden immer wieder irgendwo hingeschickt, von einer Etage in die andere. Die einzigen Pausen hatten wir am Abend vor dem Abräumen im Essraum. Da saßen wir alle und unterhielten uns mittels Gebärden und freundlichem Zulächeln; ein einzig kleines Arbeitsvölklein von Ausländern. Stella und ich sprachen einander wieder Mut zu, wir stellten uns vor den Boss und verlangten *time-off*, Freizeit. Der Protzboss meinte erst nicht richtig verstanden zu haben, dann blies er sich sichtlich auf und schrie uns an, um uns einzuschüchtern. Stella als Italienerin ließ sich dies nicht lange gefallen, sie schrie einfach zurück, wobei sie eine Bewegung mit ihrer Handtasche machte, dass es aussah, als wolle sie gegen ihn schlagen. Mir wurde immer ungemütlicher, besonders als Protzboss an der Handtasche riss und sie wegschleuderte. Der Henkel war gerissen. »Weg! Finish! Finito!«, schrie er, und wir verstanden, dass wir entlassen waren.

Wir brauchten nicht lange, bis wir unsere Habseligkeiten zusammengerafft hatten.

»Komm«, meinte Stella, »wir haben noch Lohn zugute!«

Nun, auch das war ein totaler Fehlschlag. Protzboss reagierte darauf, als würde er wirklich in der nächsten Sekunde zerplatzen, was wir dann auch nicht sehen wollten, sodass wir schleunigst das Weite suchten. Um ein paar Hausecken entfernt setzten wir uns auf ein Mäuerchen und berieten. Stella brachte mich nach Lösungen suchend zu einem ihrer italienischen Freunde. »Du könntest hier schlafen, bis du was findest«, meinte sie. Der Freund, ein dicker Italiener, würde hinter dem Vorhang schlafen und ich auf dem Sofa. Nein! Für mich kam dies nicht in Frage, nicht vom Regen in die Traufe, nöö! Stella half mir Tina zu erreichen, wo ich dann auch wieder landete. Ich gab mir irrsinnige Mühe, Englisch zu verstehen und zu reden, denn mir war klar, dass ich sonst bald mal untergehen würde. Ich verstand endlich, wo Tony war: zurück bei seiner Frau, von der er sich scheiden lassen wollte – aber glauben tat ich nichts mehr, nun, das von wegen Scheidung.

Da Tonys Zimmer auch nicht mehr zu haben war, meinte Tina:»In dem Büro, wo du Vertretung gemacht hast, ist ein israelischer Wohnhausbesitzer, dem will ich dich vorstellen, und falls du etwas in Hebräisch sagen könntest, hast du große Chancen, eine Wohnung zu bekommen.«

Ich ließ mich darauf ein, was sollte ich sonst machen? Bald stand ich einem groß gewachsenen sympathischen Mann gegenüber. Er musterte mich wohlwollend und stellte mir eine Frage auf Hebräisch. Nein, ich erinnere mich nicht mehr, wie die Frage lautete, auch nicht mehr an meine Antwort, auf jeden Fall war sie richtig. Ich erhielt etwas weiter entfernt von Tinas Haus, aber immer

noch im Norden Londons eine Parterrewohnung mit zwei Zimmern, Küche und Bad/WC. Die Wohnung war sehr einfach möbliert. Eingerichtet war ich schnell: das süße Bildchen meiner zwei Kinder auf den Nachttisch, meine wenigen persönlichen Sachen und fertig.
Dann nichts wie los auf Arbeitssuche! Ich besorgte mir eine Zeitung mit Arbeitsstellen und einen *A-Z*, so hieß das Straßenverzeichnis, in ein Buch verfasst. Tina half mir auch, wenn's ums Verstehen und Suchen ging, aber vorstellen ging ich mich ohne sie. Ich versuchte es in einer Taschenfabrik; ich sei nicht der Typ, zu überqualifiziert, paff! Mein Versichern, dass ich gerne mal Taschen zusammennähen würde, half nichts. Ich solle eher was in meiner Sparte suchen, riet man mir.
Schließlich fand ich eine Stelle in einer Elektrofabrik, wo Fernseher und Radios hergestellt wurden. Da konnte ich wieder winzige Teilchen zusammenlöten wie bei Siemens in der Schweiz und in Israel. Ich folgte den anderen Mitarbeiterinnen zur Kantine zum Essen.
Eines Tages war Streik angesagt, für mich etwas Neues. »Komm mit uns! Wenn wir die Fäuste hochhalten, dann tu das auch!«, wurde ich aufgefordert. So schaute ich immer, was die anderen taten, und tat es ihnen gleich. Zum Glück hat mich niemand um meine Meinung gefragt! Reden musste ich generell nicht viel und arbeiten konnte ich. Obwohl; als Neue musste ich nebenher einen Kurs absolvieren, um etwas zu lernen, das ich längst konnte. In demselben Kurs lernte ich eine junge Schottin kennen, Helen. Wir verstanden uns auf Anhieb und hatten es oft lustig zusammen, waren wir doch beide zwei Exoten, die etwas lernen mussten, was wir schon kannten. Der Lehrer dieses Kurses fragte mich mal: »Warum

weinst du?«

»Ich weine nicht!«, war meine Antwort. Ich weinte ja auch nicht; aber traurig war ich schon.

Ich erzählte Helen davon. »Mich hat er auch gefragt!«, prustete sie heraus, »und ich hab ihm geantwortet: Nein! Das ist mein Gesicht!«

Darüber konnten wir uns halb tot lachen. Die zwei mit dem traurigen Blick.

Wir besuchten zusammen auch einen Barn-Dance Kurs. Das war so befreiend, mit Helen zu Countrymusik herumzuwirbeln, je atemloser wir verschnaufen mussten, umso mehr mussten wir lachen.

Doch mit mir alleine fiel ich oft in ein seelisches Loch, ich vermisste meine Kinder und erhielt von keiner Seite Liebe. Ich wurde depressiv. Tina empfahl mir einen Arzt. »Sie brauchen keine Pillen, Sie brauchen einen richtigen Freund! Gehen Sie aus!« Das war alles, was er sagte.

Ja, einen richtigen Freund. Durch Tina lernte ich verschiedene ihrer Freunde kennen. Da war Alan, der kein Heim hatte oder keines wollte; er aß oft bei Tina, schlief und »wohnte« aber in seinem Auto. Alan war wirklich nett und liebenswürdig, als Mann jedoch nicht mein Typ. Er kannte die Schweiz ein wenig, so hatten wir ein Gesprächsthema.

Eines Tages kam Tina mit ihren zwei Kindern, ein Mädchen und ein Junge, zu mir: »Bitte lass uns bleiben, wir können nicht zurück, mein Exmann verfolgt mich!« Sie sah mich flehend an, doch ich hätte auch sonst zugesagt, obwohl ich nicht noch mehr Probleme wollte.

»Er kennt diese Adresse nicht«, beruhigte mich Tina.

Wir teilten uns mein Bett zusammen: ich, Tina und ihre zwei Kinder, sechs- und achtjährig. Oft kochte Tina für uns alle.

Tony kam auch hin und wieder, jedoch selten. Inzwischen wusste ich, dass er mich nicht nur hinsichtlich seiner Situation angelogen hatte, sondern auch in Bezug auf sein Alter. Als ich ihn auf dem Schiff kennenlernte, sagte er, sein Alter sei vierunddreißig. Ich war da einunddreißig Jahre alt. Jetzt kam heraus, dass er erst vierundzwanzig Jahre alt war!

Ich litt in alle Richtungen, aber was konnte ich tun? ›Bin ich zu blöd um zu leben? Wo ist die Struktur? Der Rahmen? Die Richtlinien? Wo ist mein Platz?‹

Eines Abends, als ich von meiner Arbeit zurückkam, kam mir Tina ganz aufgeregt entgegen.

»Hey! Da oben wohnen zwei Guys! Der Kleinere ist furchtbar nett – so gute Manieren, ja halt andere Seite, weißt du.« Sie gab mir einen zweideutigen Blick – nein, ich verstand nichts.

Nun, typisch Tina, sie verstand es, Dinge zu sehen oder Geschichten zu erfinden, an die sie glaubte, welche aber nur sie verstand.

»Was meinst du?«

»Ja, ich brauchte ein Ei, um zu kochen, so klopfte ich an verschiedene Türen, alle waren offenbar bei der Arbeit, aber die zwei da oben«, Tina deutete nach oben, »die waren da!« Sie strahlte: »Musst du unbedingt treffen! Also falls du irgendwann mal was bräuchtest, geh nach oben!«

Nun, ich hatte nicht im Sinn, etwas zu brauchen von oben, außer Gottes Hilfe. Tina zog bald darauf in eine andere Wohnung, und ich konzentrierte mich auf mein eigenes Dasein.

Eines Nachts hörte ich ein eigenartiges Trippeln im Gang. Als ich nachsah, bot sich mir ein unheimlich komisches Bild: etliche Kakerlaken hatten in meinem langen Gang eine Straße gebildet und wanderten wie zu Stoßzeiten im Gegenverkehr. Erst glaubte ich meinen Augen nicht! Doch ich kannte diese Art von Haustierchen aus meiner Pariser Zeit, und ich hasste sie! Zuerst versuchte ich's mit meinem Haarspray – doch die reagierten überhaupt nicht. Mit Haarlackschichten auf ihren gepanzerten braunen Flügeln marschierten sie unbeirrt weiter, ein ganzes Bataillon, grauuuslig! Ich wollte sie weghaben, unbedingt und sofort! Schlussendlich schlüpfte ich in meine Ausgehschuhe, die mit den Absätzen, und stampfte wütend auf den Viechern rum, bis keines sich mehr rührte. Dann schämte ich mich ein wenig: »sorry, aber es musste sein«, murmelte ich und wischte das ganze Gemetzel mit Schaufel und Besen weg. Mein Leben war kein richtiges Leben mehr, ich vereinsamte irgendwie und lebte nur noch bei der Arbeit. Tina mit ihren Geschichten konnte mich auch nicht mehr ablenken. So begann ich abends zu trinken – das machte alles erträglicher. An einem anderen Abend ließ mich ein lauter Schlag gegen das ebenerdige Schlafzimmerfenster aufschrecken, ich versteckte mich sofort im Gang und lugte um die Ecke zum Fenster.

Da sah ich eine mir unbekannte männliche Gestalt, und wieder holte der Mann auf und preschte gegen das Fenster. Mein Atem stockte vor lauter Angst, aber ich griff zum Telefon, welches sich im Gang befand. Die Notnummer der Polizei kannte ich.

Als sich jemand meldete, stotterte ich: »Fenster! *Bang, bang!* Mann!«

Die Stimme am anderen Ende versuchte mich zu beruhigen: »Wo wohnen Sie? Ihre Adresse?«

Die konnte ich glücklicherweise sagen. Die Person redete nochmals beruhigend auf mich ein, als es nochmals knallte. Zum Glück hielt das Fenster stand! Ich rührte mich nicht mehr vom Fleck, bis die Polizei kam. Sie klopften an der Tür: »Polizei, bitte aufmachen«, ich verstand und öffnete erleichtert. Drei große Männer in Uniform stürmten eher schnell in meine Zwei-Zimmer-Wohnung und sahen sich genau um; hinter den Türen, unter dem Bett, unter dem Küchentisch. »Nein«, ich schüttelte den Kopf und deutete nach draußen: »Fenster, *bang, bang!*« Ich imitierte mit meiner Faust. Die drei Männer sahen mich belustigt an, aber ich blieb ernst, ich hatte Angst! Nachdem sie auch draußen nichts finden konnten, rissen sich die drei Polizisten zusammen und gaben mir zu verstehen, dass sie noch eine Weile draußen rumbleiben würden und ich solle keine Angst haben. Noch eine Weile sah ich das Aufleuchten ihrer Taschenlampen, bis ich schließlich einschlief.

Eine Parterrewohnung ist halt nicht gerade ideal für eine alleinstehende Frau. Am nächsten Morgen sah ich, dass einer der Polizisten seinen goldenen Kugelschreiber bei mir liegen gelassen hatte. Prompt kam er am nächsten Abend, um ihn zu holen. Bald merkte ich, dass dies nur ein Vorwand war. Er komme wieder, nach Dienstschluss, verstand ich. Was er auch tat; in Zivil, mit einem roten Sportwagen und zwei großen Hunden. Da sein Benehmen anständig war, ließ ich mich ausführen. Als er mir zeigen wollte, wo er wohne, stutzte ich erst ein wenig, ging aber dann doch mit. Er war ja Polizist! Seine Wohnung war typisch männlich eingerichtet, karg. Besonders lieblos erschien mir das halb gefüllte Aquarium, in dem sich zwei halb lebendige Fische zu Tode langweilten. Da wusste ich sofort: ›Nein, der kommt für mich nicht in Frage!‹ Auch oder erst recht nicht, als er seinen Arm um mich legte und mich zu küssen versuchte. Sanft stieß ich ihn von mir weg, stand auf und machte klar, dass ich nach Hause wollte. Ich hatte Glück, dass er so anständig war, ich kannte ja nicht mal die Gegend! Er führte mich heim. Etwa zweimal kam er noch vorbei. Da ich keinerlei Interessen zeigte mitzugehen, gab er seine Besuche auf.

Weihnachten kam näher. Es war die traurigste Weihnacht meines Lebens. Ich kannte ja niemanden; Tony war wieder bei seiner Frau, Tina mit ihren Kindern wer weiß wo, und Helen reiste zu ihrer Familie nach Schottland. Ich kaufte mir etwas Fertiges zu essen, trank Wein dazu und zündete eine dicke Kerze an. Die Kerze stellte ich auf die Kommode neben meinem Bett. Ich nahm das Bildchen meiner Kinder in die Hand und küsste es. »Schöne Weihnachten, meine zwei kleinen Schätzchen« – ach, es war alles so traurig, kaum auszuhalten, schlichtweg herzzerreißend. Ich trank Wein, um den Schmerz weniger krass zu empfinden. Ich weinte nicht mehr; ich heulte laut. Und ich jammerte und redete in die vom Kerzenlicht durchbrochene Dunkelheit. Diese Einsamkeit tat so weh! Schließlich weinte ich mich in den Schlaf.

Tief in der Nacht schreckte ich auf: das Zimmer war hell erleuchtet; auf der Kommode loderte wild die Kerze. Ihr Wachs war geschmolzen und breitete sich wie flüssige Marmelade über die hölzerne Oberfläche. Noch züngelte die Flamme, vom Docht gehalten, aber gierig nach mehr. Ich schoss auf und nahm geistesgegenwärtig ein Handtuch, um die Flamme zu ersticken. Ein unschönes Bild. Das Wachs verklebte sich mit meinem Handtuch, doch ich kam noch mal mit dem Schrecken davon.

So wollte ich nicht mehr leben, so nicht! Am Morgen hielt ich es nicht mehr aus, ich begann zu schreien, schrie und schrie, bis ich durch die Gardinen einen Mann sah. Er blieb stehen und schüttelte den Kopf. Ich hörte auf zu schreien und versteckte mich.

Die Feiertage dauerten an. Endlich bekam ich Besuch von Alan, Tinas Bekanntem, der in seinem Auto übernachtete. Es war Silvester, Alan wollte mich zum Essen in ein indisches Restaurant einladen. Indisch essen war seine Leibspeise. Ich war so dankbar! Das Essen war extrem scharf, aber ich genoss es, nicht alleine zu sein. »Bier passt am besten dazu«, meinte Alan, und so tranken wir Bier.

Als die Feiertage vorbei waren, fühlte ich mich auch wieder etwas besser, so konnte ich mich erneut in meine Arbeit vertiefen.

Helen heiratete einen Schotten und ging zurück in ihre Heimat. Ich freute mich für sie, war aber gleichzeitig traurig, sie zu verlieren. Ich machte Fortschritte mit meinem Englisch, bemühte mich auch immer sehr, zu verstehen und mich verständlich zu machen. Alan besuchte mich hin und wieder, wir verstanden uns gut und wurden so etwas wie Freunde.

Eines Tages streikte die Elektrizität in meiner Wohnung. Tina hatte mir die Telefonnummer der zwei »Guys« von »oben« da gelassen, so wählte ich die Nummer. Eine Männerstimme meldete sich, doch mein Englisch war offenbar noch nicht gut genug, um meine Situation zu erklären, so meinte ich nur: »Ist okay, es macht nichts«, und legte wieder auf. Als es langsam dunkel wurde, klopfte es an meiner Tür.

»Hey! Ich bin der Typ von oben, mein Freund hat gesagt, du bräuchtest Hilfe?« Ich war total überrascht, vor mir stand ein nicht sehr großer Mann mit auffallend gepflegtem Benehmen. Interessant! Ich ließ ihn eintreten. Er stellte sich als Graham vor.

»Liliane«, gab ich zurück.

Kapitel 12

Zusammen besuchen wir jetzt öfter Res' Geschwister im Bernbiet. Alle sind sehr nett zu mir und geben mir ein schönes Gefühl der Dazugehörigkeit. Auch bei zwei seiner Töchter sind wir willkommen. Eigentlich entwickelt sich alles sehr schön, bis Res mir klarmacht, dass er kleinere Jobs annehmen will, um sein gekürztes Rentengeld zu erhöhen. Plötzlich hat er nicht mehr so viel Zeit für mich. Anfangs zwei Mal die Woche muss er um fünf Uhr früh auf, durch den Sommer werden drei Mal daraus. Das heißt, dass er nicht mehr oft bei mir übernachtet, eben weil er so früh raus muss. Dazu kommen noch kleine Allrounderarbeiten, welche er für »Rentner helfen Rentnern« ausführt. Das klingt erst schön, doch er wird dafür bezahlt und das Schlimmste: diese Arbeiten können jederzeit anstehen, Schönwetter oder nicht. Das geht mir total gegen den Strich; das Schönste am Rentnerleben ist doch das Zeithaben, spontan nach Lust und Wetter entscheiden zu können! Auch das Übernachten bei mir begrenzt sich gezwungenermaßen nur noch auf eine Nacht in der Woche! Für mich nicht genug um eine echte Beziehung zu führen. Ich erlebe so etwas wie körperliche Entfremdung. Sex bleibt schlussendlich ganz aus, da ich mich nicht auf eine »vorgerechnete« Nacht stimulieren kann. Das alles wirkt sich sehr ungünstig auf unsere Beziehung aus, um nicht zu sagen: sehr schlecht! Ich leide darunter. Wir streiten viel und reden aneinander vorbei, was gar nicht schön ist. Es sieht so aus, als sei nur ich diejenige, die nicht versteht, aber ich möchte doch endlich eine richtige Beziehung, eine, die hält für den Rest des Lebens! Wir führen Partnergespräche ein, nur unter uns zwei, wo jeder reden kann, ohne unterbrochen zu werden. Wir machen uns Notizen dazu, um die richtigen Fragen bereitzuhaben. Eigentlich finde ich solche Maßnahmen beschämend, doch es scheint der einzige Ausweg. Es ist nicht einfach, jeder vertritt stur seinen Standpunkt, und doch hilft es irgendwie trotzdem; wir hören einander zu und geben uns mehr Mühe. Für mich irgendwie paradox; sich Mühe geben sollte man nicht müssen; Liebe ist oder ist *nicht*! Rücksicht? Aber dann beiderseits! Es gelingt uns auch so nur zweimal, diese Gespräche einzuhalten. Nun, wir erleben immer noch viel Schönes zusammen, und so ist es wertvoll. Und doch scheint es oft schwierig, das Zünglein der Waage zu halten. Ich komme nicht so klar damit, wie's gut wäre. Schließlich gehen wir, auf Anraten von Andrea, der mittleren Tochter von Res, zu einem von ihr empfohlenen Medium.

***

Wir setzten uns an den Küchentisch. Es wurde dunkler, Graham hatte eine Kerze mitgebracht; bei mir hatte ja die ganze Elektrizität schlapp gemacht. Der warme Kerzenschimmer verströmte unweigerlich Romantik.
»Ich kenne den Hauswart«, meinte Graham, »ein guter Freund von mir, er ist auch Elektriker und kann dir weiterhelfen.«
Das war ja gut!
»Bist du schon mal in einem Pub gewesen?«
Es brauchte einiges von Umschreibungen und Gesten,

bevor ich alles verstand.

»Nein!« Das stimmte.

»Ich nehm' dich gerne mal mit!«

Inzwischen hatte ich Tee gemacht. Wir verständigten uns noch ein wenig länger, dann ging Graham wieder zu sich ins obere Stockwerk.

Am nächsten Abend kam der Hauswart, ein aufgeschlossener junger Mann meines Alters. Sein Name war Alan W. Er brauchte nicht lange, um die Funktion der Elektrizität in meiner Wohnung wiederherzustellen. Graham kam auch mit und verabredete sich mit mir, um sein Versprechen eines Pub-Besuches mit mir einzulösen. Ich freute mich ein wenig, Angst hatte ich keine, da mir ja Tina erzählt hatte, dass die zwei da oben »schwul« wären. Also, passieren konnte mir da nichts.

Graham nahm mich am folgenden Freitagabend mit auf ein Bier im Pub. Ich war echt begeistert! Da war eine Live-Band mit Musik, die mir sehr gut gefiel. Es war ja zur Zeit der ausklingenden Hippie-Jahre. Nicht nur die Musik war schön, auch der ganze Pub, die Farben, die Menschen – schlussendlich gefiel mir auch Graham in seiner nobel reservierten Art mit den halblangen blonden Haaren, graublauen Augen, in Jeans gekleidet, die gegen den Saum leicht breiter wurden, in seinem Jeans-Hemd mit einer grünen Weste aus feinem Leder darüber. Auch trug er einen Silberring, sehr geschmackvoll. Ich liebe Ringe. Und ich liebe das Dezent-Spezielle. Klar, immer noch. Die richtige Erscheinung kann bei mir etwas auslösen, wobei Ausstrahlung und Umgang natürlich eine große Rolle spielen.

Graham stützte sich mit der Hand leicht an einen Balken hinter mir, es wirkte irgendwie beschützend, wie ein

Flügel. Dass ich alles so wahrnahm, zeigt, dass ich mich schon ein wenig verliebt hatte. Doch es war ja so oder so chancenlos, nach dem, was mir Tina gesagt hatte. Das reizte mich vielleicht noch mehr, es gab mir aber auch die Sicherheit, dass mir nichts geschehen könnte. Ich begann das alles sehr zu genießen. Ich war nicht mehr allein, wir wohnten ja im selben Block. Wir begannen uns mehr als öfter zu sehen, auch fand ich immer wieder einen Grund, Graham etwas zu fragen.

Eines Nachts konnte ich nicht schlafen, ich ging in meinem langen schwarzen Spitzennachthemd nach oben und klopfte an Grahams Tür.

»Ich kann nicht schlafen«, sagte ich leise mit einem vielsagenden Blick.

»Oh!«, meinte Graham erst etwas überrascht »willst du eine Schlaftablette?«

Seufzend nahm ich die Tablette entgegen und ging enttäuscht wieder nach unten. ›Mist!‹, dachte ich, ›dabei hab ich doch so verführerisch ausgesehen! Tina hat recht, der ist nicht auf Frauen eingestellt.‹

Trotzdem kam es sehr bald dazu, dass ich über Nacht »oben« blieb, immer öfter. Durch Graham lernte ich so viel Neues kennen; den Gebrauch der englischen Sprache, Grahams Freunde und Freundinnen, die Lehren des Yogananda (indischer Guru, Yogameister und Philosoph). Für mich damals noch vollkommen neu, genauso wie die beste Musik der Welt von Pop über Rock, Soul und Balladen; die Eagles, Brian Ferry, Eric Clapton, Sting, David Bowie, Jimmy Hendrix, Janis Joplin, um nur einige zu nennen, und ja, Haschisch. Oft kamen abends Freunde vorbei mit »Dope«. Sie redeten über die jeweilige Qualität, rollten Joints, welche dann in der Runde weitergereicht wurden. Ich staunte über die Selbstverständlichkeit im Umgang mit dem »Gras«, wollte aber nicht auffallen und machte mit. Ich merkte bald, dass mir Haschisch nicht besonders gut tat. Ich wurde so was wie immobil, dabei nahm ich meine Umgebung ganz anders wahr. Farben intensivierten sich, Stimmen klangen anders und Handlungen wirkten übertrieben und unwirklich. Wie es den anderen dabei erging, kann ich nicht sagen, aber ich hatte den Eindruck, dass jeder Einzelne in seiner eigenen Welt lebte; auf einem eigenen Planeten in seinen eigenen Fantasien. Graham sagte mal, dass mit dem Haschrauchen alles besser ginge; arbeiten, kochen, oder was auch immer. Doch ich fand genau das Gegenteil; ich redete nicht mehr, wollte mich nicht mehr bewegen und starrte, alles um mich herum »anders« aufnehmend. Ich erzählte dies einmal einer langjährigen Freundin Grahams, Dijana.

»Hör doch einfach auf zu rauchen und beobachte die anderen!«, meinte sie.

Erst dachte ich, dass ich dann nicht mehr »dazugehören« würde oder mich langweilen könnte, aber im Gegenteil, es war hochinteressant für mich, und ich lebte wieder! Ich wurde auch nie überredet zu rauchen oder schief angesehen, weil ich den Joint nur weiterreichte. Das ist Respekt, etwas Neues, das ich lernte, und es war gut so. Dijana, die aus dem damaligen Jugoslawien kam, backte hin und wieder einen Haschkuchen, den ich auch versuchte, der mir aber viel zu »potenziell« war. Also ließ ich auch da meine Finger davon.

Grahams Vater war Metzger und Geschäftsinhaber gewesen, lebte aber schon länger nicht mehr. Er hatte noch einen fünf Jahre älteren Bruder, John, und seine Mutter

Joyce, welche außerhalb von London in einem Einfamilienhaus lebte. Graham kochte für sich selber, es war immer dasselbe: Leber, Kartoffeln und Erbsen. Das war dann auch das Einzige, was er kochen konnte, aber es war nicht schlecht und sicher auch nicht ungesund. Wir kamen uns näher, was ja nicht zu vermeiden war, und so merkte ich auch bald, dass Graham keinesfalls »von der anderen Seite« war, wie Tina meinte. Allerdings hatte ich schon mindestens drei Wochen bei ihm übernachtet, bis wir nicht mehr nur »nebeneinander« schliefen. Aber auch das gefiel mir; ich fühlte mich somit nicht mehr als weiblicher Gebrauchsgegenstand. Graham arbeitete als Landesvermesser und konnte seine Arbeit größtenteils selber einteilen. Das war praktisch, so gut hatte ich es nicht. Doch sein Motto war, nur zu arbeiten, um zu leben, und nicht umgekehrt. Im Gegensatz zu den meisten Schweizern. Wir beschlossen für drei Monate wegzufahren, und zwar durch Frankreich, Spanien und Portugal nach Marokko. Dazu kaufte sich Graham einen VW-Bus, worin wir auch kochen und schlafen konnten. Natürlich war ich von der Idee voll begeistert! Inzwischen wohnte ich in einem anderen Block, etwa fünf Gehminuten von meiner ersten Wohnung entfernt. Keine Parterrewohnung mehr, etwas größer und schöner als vorher. Die Wohnung hatte ich durch Alan W. bekommen, und Alan (der bisher in seinem Auto übernachtete) wurde auf Grahams Anraten mein Untermieter. Das kam auch so, weil die größere Wohnung zu teuer für mich alleine war. Alan war ein sehr angenehmer Wohngenosse; wir lebten wie in einer kleinen WG, Küche und Bad teilten wir.
Meine Stelle hatte ich gekündigt, aber schon eine neue

Stelle in einem Zahntechnischen Labor in Aussicht, welche ich nach unserer Rückkehr antreten würde.

Unsere Reise war sehr interessant und vielseitig. Mein Französisch kam mir dabei sehr zugute. Graham sprach nur Englisch. Wir hielten, wo es uns gefiel, und nur dann auf einem Campingplatz, wenn wir Wasser brauchten oder uns und unsere Kleider waschen wollten. Wir lebten unkompliziert und das gefiel mir. Das Bett mussten wir jeden Abend zum Schlafen aufklappen, um es am Morgen wieder wegzuklappen, damit wir den Tisch benutzen konnten. Eine praktische kleine Wohnstube auf vier Rädern! Wir hatten sogar einen kleinen Kühlschrank.

Frankreich war toll. Durch Spanien kamen wir wieder an Orten vorbei, die ich schon mit Gerry per Autostopp erkundet hatte. Graham kannte meine Vorgeschichte, so musste ich nie etwas verheimlichen. Vieles hatte sich in Spanien verändert; wo damals noch wilde Prärie war, standen jetzt riesige Hotels. Zum Glück waren wir nicht auf solche angewiesen! Plötzlich verfolgte uns ein schwarzer Hund, er schien verloren, so gab ich ihm etwas zu essen. Doch überall, wo wir anhielten, holte uns der Hund wieder ein, er war hinter uns hergerannt! Seine Augen brachten unsere Herzen zum Schmelzen, aber wir konnten ihn doch nicht mitnehmen! Wir besprachen die Situation und einigten uns darauf, dass, sollte er beim nächsten Halt wieder vor uns stehen, wir unsere Reise abbrechen und mit ihm nach Hause fahren würden. Die Liebe hatte über Abenteuerlust gesiegt. Ich kletterte während der Fahrt im Bus nach hinten und richtete ein Bett für unseren neuen Kameraden ein. Doch als wir wieder anhielten war der Hund verschwunden. Jetzt riefen wir nach ihm und warteten, aber er kam nicht mehr. Etwas enttäuscht und traurig setzten wir unsere Reise fort. Nun, es hat nicht sollen sein. Der Hund hätte in England sowieso bei der Einfuhr für sechs Monate in Quarantäne gehen müssen, das hätte ihm sicher auch nicht gut getan. Wir hofften nur, dass ihm nichts zugestoßen war.

Portugal war eine angenehme Überraschung; viel sauberer als Spanien, auf eine eigene Art leuchtend, klar, das saubere Meer, diese Farben! Die frische Brise – wir verweilten etwas länger in der Algarve als ursprünglich geplant. Später fuhren wir ein Stück zurück dem Meer entlang und überquerten die Straße von Gibraltar nach Marokko. In Tanger rannten verwahrloste Kinder nach unserem Bus. Als wir anhielten, streckten sie sofort ihre Hände bettelnd ins Innere und versuchten etwas zu grabschen. Wir mussten die Fensterscheiben hochdrehen und wegfahren. Als die Kinder hinter dem Bus herrannten, fühlten wir uns nicht mehr ganz so sicher. Alles war auf einmal ganz anders. Wir mussten Städte hinter uns lassen, denn jedes Mal, wenn wir kurz anhielten, stürzten Kinder auf uns wie Fliegen auf rohes Fleisch. Sogar in der pyrenäenartigen Einsamkeit, wo weit und breit kein Haus mehr zu sehen war, kamen Kinder aus dem Nichts und boten uns Schildkröten und Vögel an. An ein Anhalten war nicht mehr zu denken! So ließen wir auch Tètouan hinter uns und fuhren nach Chetchaouen, ein Bergdorf. Lange blieben wir nicht, ein Mädchen gab uns seine Adresse, worauf wir ihr versichern mussten, dass wir nach unserer Rückkehr mit ihr Kontakt aufnehmen würden. Wir fühlten uns nicht mehr so richtig frei und fuhren Richtung Meer nach Rabat, der Hauptstadt

Marokkos, parkten, machten alles dicht und besuchten den Markt. Auch hier belästigten uns die Verkäufer, was zur Folge hatte, dass wir uns nichts richtig ansehen konnten. Um nicht bedrängt zu werden, musste man immer in Bewegung bleiben. Wir gingen trotzdem essen und kauften wenige Lebensmittel zum Selberkochen ein. Das Essen schmeckte uns sehr. Couscous kannte ich ja von Paris her, und das ist immer gut und gesund. Die Eier auf dem Markt wurden einzeln angeboten, gestreichelt und abgewogen vor ihrem Verkauf. Faszinierend! Ich erstand mir eine *Jelaba*, ein loses, sehr bequemes Gewand, das ich auch sofort überzog. So sah ich gar nicht mehr sooo fremd aus = weniger Belästigung!

Wir machten einen Abstecher nach Fes, märchenhaft! Dann nach Meknes, ähnlich wie Fes, und zurück, aber weiter unten nach Casablanca. Da musste ich immer an den gleichnamigen Film mit Ingrid Bergman und Humphrey Bogart denken – *Schau mir in die Augen, Kleines.*

Wir übernachteten zur eigenen Sicherheit nur noch auf Campingplätzen. Diese waren zwar alles andere als was wir bis anhin kannten, aber immerhin. Am Abend, wenn Graham sich einen Joint rollte, hielt ich auch wieder mit. Das machte alles noch unwirklicher für mich; mein Bewusstsein erweiterte sich immens. Wir schienen *hinter* die Dinge sehen zu können! Auch auf den Campingplätzen machten wir außergewöhnliche Bekanntschaften. Alle »rauchten«. Es wurde wieder Dope ausgetauscht und damit gedealt wie in London.

Eines Abends, als wir uns in unserem Camper einen Joint teilten und beide gleichzeitig durch die Scheibe des Fensters sahen, erblickten wir eine Gestalt, die genau wie Jesus aussah (nach biblischen Vorstellungen). Er winkte uns zu; wir sollten uns mit ihm um ein Lagerfeuer setzen! Wir sahen einander an.

»Jesus«, flüsterten wir gleichzeitig, aber wir gingen nicht nach draußen, das war zu aufregend und auf eine Art unheimlich; wir waren nicht darauf vorbereitet, auf so etwas zu reagieren.

Vergessen kann ich diese Begegnung nie. Auf einem anderen Campingplatz wurden wir von zwei Deutschen auf einen »Smoke« eingeladen. Auch das kann ich nie mehr vergessen. Das Zeug war so stark, dass wir bald schwankend unsere neuen Freunde verlassen mussten. Wir gingen wie in Zeitlupe schwebend zu unserem Bus zurück, aber oh! Dies brauchte eine endlose Ewigkeit. Unsere Füße zu heben war fast unmöglich; schließlich legten wir eine Pause ein.

»Willst du eine Banane?«, fragte mich Graham. Ich nahm die Banane wortlos an und begann sie zu schälen; dies schien Wochen zu dauern, ich beobachtete meine Bewegungen und die Art, wie die Banane ihr Fleisch freigab; eine pure Sensation! Als ich zur Seite schaute, sah ich Blumen im nicht vorhandenen Wind, wie sie sich bewegten und ihre Blüten öffneten, genauso langsam, wie ich die Banane aß. Am nächsten Tag mieden wir unsere neuen Freunde; verständlicherweise.

Dann fuhren wir zum Meer, nach Essaouira. Das Meer war schön zu sehen, nein, zu kühl, um zu baden. Wir fanden bald einen neuen Campingplatz und erhielten also bald Besuch, diesmal von einem Einheimischen in einem schwarzen Gewand. Er schien freundlich und gebildet. Er war sprachengewandt, wir konnten uns auf Englisch unterhalten. »Fremden wird in unserer Kultur Tee angeboten«, meinte er vielsagend. ›Genau wie in

England‹, dachte ich.

»Möchtest du einen Tee?«, fragte ich freundlich. Er akzeptierte. Doch dazu wischte er die bereitgestellte Tasse demonstrativ, aber wie beiläufig zu seiner Story mit seinem Gewand aus. Graham und ich schickten uns einen vielsagenden Blick: ›Wer uns nicht traut, dem trauen wir auch nicht.‹

Unser neuer Gast blieb nicht lange.

»Ich benutze mal die Toilette und putze meine Zähne«, meinte ich, etwas müde von all den neuen Eindrücken. Doch bald kam ich verstört zurück; als ich nämlich die Tür zum angeschriebenen WC öffnete, sprang mir eine riesige Ratte aus dem Loch entgegen! Als ich dann die nächste, wiederum angeschriebene Tür zur Dusche öffnete, hing dort eine aufgeschlitzte Ziege zum Ausbluten. Ich kam eiligst zurück mit den Worten: »Bitte dreh dich mal um, ich muss mein Geschäft im Freien erledigen.« Und so war's, und die Zähne putzte ich mit Wasser aus unserem Plastiktank. Uns war öfter als einmal nicht mehr geheuer.

Wir fuhren am nächsten Tag runter nach Agadir. Die Campingplätze wurden mehr oder weniger überall im gleichen Stil betrieben. Oft zeigte sich weit und breit kein Mensch. Wir gewöhnten uns daran. Dann fuhren wir zurück, landeinwärts nach Marrakesch mit seinem wirklich märchenhaft anmutenden riesigen Markt. Es war wie ein Ort aus *Tausend und eine Nacht*. Wir sahen Gestalten wie Ali mit seiner Wunderlampe. Da gab es echte Märchenerzähler, Wasserverkäufer und unzählige Marktstände in wunderschönen Farbtönen, wobei goldverzierte Gewänder dem ganzen Bild etwas Wunderbares gaben. Eine traumhafte Märchenwelt – solange man sie nicht ganz ernst nahm. Echt war sie sicher, aber vertraulich? Nicht für uns Fremde. Wir ließen uns trotzdem auf einen Fremdenführer ein; er schien uns vertrauenswürdig genug, uns durch die romantischen Gassen zu führen. Das ging auch ganz gut – zu Beginn. Wir besuchten zwei unumgängliche Teppichhändler, tranken mit ihnen süßen Pfefferminztee und hatten Mühe, sie zu versichern, dass wir keine Teppiche brauchen können. Das mussten wir den Märchenerzählern gleichtun. Der junge »Guide« führte uns anschließend durch viele enge Gassen, es war nicht einfach, mit ihm Schritt zu halten, er schien schneller und schneller zu gehen. Wo, in welcher Gegend wir waren, wussten wir längst nicht mehr. Plötzlich hielt er an und drehte sich gegen uns.

»So, her mit dem Geld, ihr glaubt wohl nicht, dass ich das gratis mache?«, sagte er böse und gereizt.

Er war kaum wiederzuerkennen. In der Gasse, in der wir uns befanden, kamen mehr und mehr Bewohner vor ihre Haustüren, hämisch dreinblickend und mit verschränkten Armen. Wir kramten nach ein paar Münzen: »Voilà!«

»Was soll ich damit? Ein Streichholz kaufen?« Seine Stimme klang gehässig und böse. Einige der umherstehenden Bewohner begannen Steine nach uns zu werfen, um uns einzuschüchtern. Bis dahin hatten wir nur Englisch gesprochen. Doch nun erfüllte mich eine solche Wut, von echter Angst getrieben, dass ich auf Französisch zu schreien begann: »Wie blöd ihr seid! Ich bin doch eine von euch! Hört sofort auf! So vergrault ihr jeden Touristen und bald kommen keine mehr!«

Hätte ich Zeit gehabt, ich hätte über mich selber gestaunt. Energischen Schrittes entfernten wir uns, obwohl wir nicht einmal wussten, in welche Richtung wir gehen sollten. Aus meinem Augenwinkel sah ich den erschrockenen Blick unseres Fremdenführers und wie seine Leute die Steine fallen ließen.

»Schnell!«, ermahnte ich Graham und dankte Gott, dass ich meine Sprachkenntnisse sogar zum Überleben einsetzen konnte.

Wir mussten uns nach dem Meer orientieren und endlich, bei unserem VW-Bus angekommen, beschlossen wir den Standort zu wechseln. Auf einem Campingplatz trafen wir auf Schweizer, mit welchen wir einige Erfahrungen austauschten. Doch es hielt uns nichts mehr richtig hier, es zog uns zurück nach Portugal mit den kleinen gemütlichen Frauen, die mit ihren abstehenden Röcken aussahen wie ausgestopfte Puppen in Lampenschirmen, rund und gemütlich. Wo es nach gegrilltem Fisch roch und alles so sauber und einladend war. Irgendwie war es aber auch da nicht mehr wie vorher, es entstand eine kleine Spannung zwischen uns.

Eines Morgens fand ich per Zufall unter Grahams Kopfkissen ein Messer. Ich erschrak; Ängste aus meiner Vergangenheit kamen hoch. »Willst du mich etwa töten?«

»Oh nein! Was denkst du nur? Ich habe das Messer unterm Kopfkissen, falls uns jemand in der Nacht überfallen sollte – hier ist man ja nicht sicher, und da wir oft ›wild‹ campen.«

Eigentlich war das ja logisch und vorsichtig, aber in mir drin war etwas, das mich nie richtig losließ; das volle Vertrauen zu Menschen war irgendwie zerstört. Ich brauchte mindestens zwei Tage, meine unbegründete Angst zu verarbeiten.

Graham entwickelte darauf einen Ausschlag, ich würde

das *Nesselfieber* nennen, weil es so aussah. Wir fragten in einer Apotheke, was man da machen könnte. Verstanden wurden wir nicht. Ich zeigte auf die Pünktchen auf Grahams Armen, worauf uns eine Salbe ausgehändigt wurde. Graham wurde sichtlich nervöser und ich wurde depressiv. So blieben wir auch da nicht länger, es zog uns irgendwie Richtung heimwärts.

Auf unserem Rückweg durch Spanien besuchten wir Granada und die Alhambra; eine wundervolle, immense Stadtburg in maurischem Stil, ein islamisches Kunstwerk. Darum herum Orangengärten und Palmen, sehr märchenhaft anmutend. Wir staunten, es war alles wie in einem Traum, irgendwie unwirklich. Wir fuhren weiter. Die drei Monate waren noch nicht zu Ende.

»Sollen wir einen Abstecher in die Schweiz machen? Dort warst du ja noch nie«, fragte ich Graham.

»Lass gut sein, ich hab jetzt keine Lust, ich möchte nur noch nach Hause – wir können uns ja etwas mehr Zeit durch Frankreich nehmen«, gab er zurück.

Wir hatten auf einmal genug vom Besichtigen, Bestaunen und daran, Neues zu entdecken, wir mussten auch mal verarbeiten und wieder etwas heimischer werden. So war's, und wir fuhren zurück nach Frankreich.

In Honfleur, Nordfrankreich, hatten wir eine unerwartete Begegnung mit Dodo, Jean-Pierres Freund. Er verkaufte selbstgefertigte Lederarmbänder mit eingravierten Namen. Dodo staunte nicht schlecht, ich nicht minder, einander so wiederzutreffen.

»Das Älterwerden steht dir gut«, meinte Dodo auf seine schlaksige Art mit französischem Charme. Ich lachte geschmeichelt. Graham kannte die Vorgeschichte und fand es auch lustig. Dodo schlug vor, dass wir uns später zu einem Drink treffen könnten. Nein, er erschien nicht, auch wieder typisch. Nun, mir war's egal. Die Atmosphäre entspannte sich, als wir auf dem Boot eincheckten und uns England näher und näher kam – oder eher umgekehrt.

Wieder auf festem Boden, genossen wir die englische Landschaft wie schon lange nicht mehr, so viel bewusster und dankbarer. Die Müdigkeit verflog größtenteils. Unser Gesichtsausdruck entspannte sich, die Vorfreude darauf, wieder an einem Ort richtig wohnen und zu Hause zu sein, nahm überhand.

Daheim angekommen, nach dem Ausräumen unseres Campers, trennten wir uns wieder. Graham ging in seine Wohnung, ich in die meinige. Ein wenig ungewohnt war es schon, nach den vielen Tagen und Nächten, in denen wir alles geteilt hatten, wieder alleine zu sein, aber da war ja auch noch Alan.

Alan hatte in der Zwischenzeit ein Kätzchen namens Sylvie adoptiert und es ging ans Erzählen.

Kapitel 13

Res besucht dieses Medium schon zum dritten Mal, für mich ist es das zweite Mal. Das Medium ist ein gepflegter, exotisch anmutender Mann mittleren Alters. Seine Kleider sind bunt, sein ganzes Haus ist bunt, auch der Garten. Alles ist so groß, dass man sich ohne Weiteres darin verlaufen könnte. An manchen Stellen sitzen größere oder kleinere Buddhas. Ich habe nichts gegen die buddhistische Lehre, im Gegenteil, Buddha und Zen sind für mich hochintelligente Vorbilder. So lese ich hin und wieder auch gerne in einem Buch von Dalai Lama. Der weitläufige Garten ist voll bepflanzt mit kleinen Bäumen, Büschen, blauen Hortensien, die ich so liebe, dazwischen kleine Stege und Torbögen. Alles ist bunt bemalt mit viel Rot, Blau und Gold. Es ist wie in einem Märchengarten. Mittendrin steht ein großes Haus, ebenso bunt, drinnen wie draußen. Je nachdem, an wem die Reihe zuerst ist, muss der andere im Warte-zimmer sitzen. Auf einem großen schweren Eichentisch liegen schon drei Bücher mit verschiedenen Themen. Ich wähle eine Biografie von Yogananda. Hochinteressant! Zwischendurch schweift mein Blick aus dem Fenster über den See und hinüber zu den entfernteren Bergen. Die Wände sind mit großen Bildern dekoriert mit der Unterschrift des Mediums: *R.R.* Kein einziges Fleckchen im ganzen Haus, und dessen bin ich sicher, ist ohne Farbe. Ich beginne in den Bildern zu lesen, die unkonventionelle schwungvolle Formen aufweisen. Komischerweise sehe ich in jedem Bild etwas Sexuelles. Das sage ich niemandem, weil ich weder ausgelacht werden noch unverstanden sein will, doch was ich sehe, ist für mich eben das, was ich drin erkenne. Eine Session dauert eine Stunde, für Fr. 100.- Es ist etwas ungewöhnlich, aber sehr interessant, ich fühle mich auch ernst genommen. R.R. schaut zuerst wie mit innerem Blick nach oben, während er gleichzeitig mit einem dreifarbigen Buntstift Figuren auf ein weißes Blatt malt, ohne auf das Blatt zu sehen, versteht sich. So wie als Eingabe von oben, er führt seine Hand nicht selber. Danach erklärt er das »Bild«. Alles erscheint glaubwürdig. Ich frage R.R. über das öfter kühle Verhalten meines Sohnes Joël, das mir wehtut und ich nur mir gegenüber beobachte. Ja, ich fühle mich schuldig und denke oft darüber nach. Die Zeit kann ich jedoch auch nicht zurückdrehen.

»Machen Sie sich nicht zu viele Gedanken darüber; diese Art ist Ihrem Sohn schon in die Wiege gelegt, das ist seine Art« und: »Er ist mit jeder Frau so; ein Mann ist mit jeder Frau so, wie er mit seiner eigenen Mutter umgeht.« ›Hm, könnte ja sein – ich weiß schließlich nicht alles, was sich in seiner Beziehung mit seiner Frau abspielt‹, geht es mir durch den Kopf. Ich sage nichts. Dann frage ich nach meiner eigenen Beziehung mit Res, meinem Partner, derzeit im bunten Wartezimmer.

R.R.'s Antwort ist erschreckend: »Oh, das vergeht so langsam zu nichts«, dazu macht er eine leicht wellende Handbewegung von sich weg gegen das Fenster, durch das ich auch von hier den See sehen kann. Ich folge seiner fließenden Handbewegung und schlucke leer. Das habe ich jetzt sicher nicht erwartet.

»Was kann ich tun, um die Beziehung zu verbessern?«, will ich wissen.

»Nichts! Sie gehen zurück nach London. Das nimmt alles seinen Lauf, es vergeht einfach so«, und wieder macht er diese Handbewegung, leicht und lächelnd.

Ich bin schockiert und lasse nicht locker: »*Was* kann ich denn tun dafür? Zu einer Verbesserung?«

»Nichts!«, meint er geduldig und lächelt dabei ein wenig mehr. »Sie können gar nichts dafür tun, das ist so vorprogrammiert!«

Ich rutsche unbequem auf meinem Stuhl hin und her.

»Ich, ich meine, ich möchte an der Beziehung arbeiten, ich will keine andere Beziehung, ich möchte es endlich mal richtig machen und eben auch endlich mal wo zu Hause sein.«

»Ankommen meinen Sie, ja. Nun, Sie finden sofort wieder einen Mann, keine Angst.«

»Ich will ja gar keinen anderen Mann! Dazu bleibt mir auch nicht ewig Zeit, ich will ja daran arbeiten, es kann doch endlich mal klappen!«

»Nein, vergessen Sie's, und Zeit haben Sie noch genug, Sie werden alt.« R.R. lächelt mich wissend an.

»Ich will nicht wissen, wie alt ich werde! Ich will an der Beziehung arbeiten!«

R.R. lächelt jetzt – mit leichtem Bedauern, aus seiner Kopfhaltung zu schließen.

»Fragen Sie mich etwas anderes«, sagt er in versöhnlichem Ton.

»Ich habe keine anderen Fragen, das ist alles, was ich wissen wollte, danke.«

R.R. wirft mir noch die Karten, eventuell um mich zu versöhnen, mit ihm oder mit meinem Schicksal. »Sie werden nie alleine sein, gute Menschen um sich haben. Geld kommt auch immer genügend rein, nicht gerade

Reichtum, aber genug, um zu leben. Nach London gehen Sie noch nicht – etwa bis in einem Jahr sollte es so weit sein, alles sieht gut aus, sorgen Sie sich nicht!« Dies liest er aus meinen Karten. Dann öffnet R.R. die Tür zum Wartezimmer, Res kommt raus, wir ziehen unsere Schuhe wieder an und verabschieden uns von R.R.

Res scheint eher gut gelaunt, während ich gesenkten Kopfes neben ihm hergehe.

»Was ist? War's nicht so gut? Wo gehen wir essen?«

›Oh Res! Wenn's zu essen gibt, stimmt für dich auch der Rest!‹

Dies sind nur meine Gedanken.

Das Wetter hat sich geändert, wir fahren weg und halten irgendwo an unserem Nachhauseweg. Beim Essen erzähle ich Res, was R.R. gesagt hat.

»Nimm doch nicht alles so wörtlich!«

»Wie soll ich es denn nehmen? Wir gehen doch zu R.R., um Rat zu holen, oder?«

»Er ist auch nur ein Mensch!«

»Nein, er ist ein Medium! Und wir bezahlen ihn dafür!«

Res will sich nicht sein Essen vermiesen lassen.

»Nun, sehen wir, wie's weitergeht«, sage ich und habe im Moment auch keine Lust mehr, darüber zu diskutieren.

Während der nächsten zwei Wochen fühle ich mich unsicher; es fällt mir schwer, das Gespräch mit R.R. so einfach auf der Seite zu lassen. Meine Unsicherheit hilft uns auch nicht weiter, im Gegenteil. Unsere kleinen Streitereien scheinen jetzt als Prognose Teil unserer Beziehung zu sein. Das gefällt mir nicht. Ich bemühe mich wieder mehr.

»Ich glaube nicht, dass ich nochmals dorthin gehe«, womit ich R.R. meine.

»Nein, denke ich auch nicht, außer eventuell gleichzeitig, zusammen – falls ein Bedürfnis dafür ist!«

Diese Antwort von Res gefällt mir, und so kann auch ich endlich das Ganze etwas von mir wegschieben.

***

Alan war froh, dass ich wieder zurück war. Schon öfter hatte ich den Eindruck, dass er mich etwas zu sehr mag. Aber falsche Gedanken gab's nie, so war er immer ein guter Freund zu mir.

»Ich mache einen Trip in die Schweiz; gib mir die Adresse deiner Mutter, dann kann ich sie besuchen!«

Alan war an keine regulären Zeiten gebunden, so konnte er nach Lust und Laune losfahren, wie's ihm gefiel. Während ich hingegen bald meine neue Stelle in einem zahntechnischen Labor anzutreten hatte.

»Oh, da wird sich meine Schwester bestimmt freuen! Die ist nämlich hin und weg von London!«

»Was? Du hast noch eine Schwester?« Alan's Augen begannen zu leuchten.

»Ja, Heidi ist meine Halbschwester, wir sind durch unsere Mutter verbunden, Heidi ist zehn Jahre jünger als ich – nein, wir sehen uns nicht ähnlich.« Eigentlich war Heidi somit etwa gleichalt wie Alan.

Es brauchte nicht lange, bis Alan in seinem grauen Auto losfuhr. »Du fütterst mir Sylvie? Streicheleinheiten inklusive? Ja?«

»*No problem!*« Sylvie war ja so süß und ich dann auch nicht ganz alleine in der Wohnung.

Meine neue Stelle war eine Herausforderung; sieben

Männer und ich. Ein wenig wie Schneewittchen und die sieben Zwerge, außer dass die Männer keine Zwerge waren und sich köstlich über mein *English* amüsierten. Erst brachten sie mir bei, wie man den Tee zubereitet, vorerst war dies das Wichtigste. Nicht nötig zu erwähnen, dass Engländer den Tee anders zubereiten als Schweizer, liebevoller, ritueller; Teekanne vorwärmen mit heißem Wasser, dann den Tee offen oder in Beuteln in die Kanne geben, mit dem kochenden Wasser übergießen, kurz ziehen lassen, Tee herausnehmen, Milch zuerst in die Tassen (nicht Vollmilch und etwa ja nicht Rahm!), Tee dazugießen, Zucker und umrühren. Zucker nahmen im Allgemeinen fast nur die Männer (viel!), Frauen tranken den Tee meist ohne Zucker, aber immer mit Milch. So, und wenn man bei sich zu Hause Freunde oder irgendwelche Besucher empfing, war das Erste, was nach dem »*Hi, how are you?*« oder dem »*How do you do?*« folgte: »*Would you like a cup of tea?*«, was praktisch immer mit »*Yes please!*« beantwortet wurde. Diese Regel hatte ich nicht im Labor, sondern in meinen täglichen Beobachtungen gelernt.

Eigentlich lebte ich mich erstaunlich rasch an meiner neuen Arbeitsstelle ein, und das war auch gut so. Eines Tages sagte ich zu Graham, dass ich in eine Schule gehen wolle, um besser Englisch zu lernen.

»Du brauchst keine Schule, lies Bücher, oder fang mit der Zeitung an, lesen, lesen, dann kommst du bald weiter!«

Ich tat's, und es stimmte. Ich kaufte in einem Secondhand-Laden Bücher mit Geschichten, die mich interessierten. Zuerst verstand ich nur einzelne Wörter, dann kleinere Zusammenhänge, las weiter, weil ich die Fortsetzung wissen wollte, und bald verstand ich den größten Teil eines Satzes. Meine Freude darüber war so groß, dass ich immer mehr und kompliziertere Sachen las. Für die richtige Aussprache war ich eine gute Zuhörerin und Beobachterin. Das *th* in der Sprache machte mir am meisten Mühe, auch weil ich Hemmungen hatte, meine Zunge so zwischen die Zähne zu legen, aber im Englischen ist das ja normal.

Sobald sich mein Leben normalisierte, begann ich meine Kinder wieder stärker zu vermissen. Durch meine Mutter wusste ich immer, wie es ihnen erging und dass dort alles in Ordnung war, auch glaubte ich immer noch, dass Edith in allem viel besser war als ich, auch wenn es weh tat.

»Möchtest du auch einmal Kinder?«, fragte ich Graham.

»Nein«, war seine kurze Antwort.

»Aber *wenn* du mal ein Kind haben möchtest, möchtest du es dann mit mir?« Ich ließ nicht locker.

»Ja.«

Nun, das musste mir für den Moment genügen.

Wir sahen uns praktisch jeden Tag, entweder in meiner Wohnung oder bei Graham. Wenn er von seinen Freunden besucht wurde und nicht zu Hause war, kamen einfach alle zu mir. Wir kochten in Abwechslung. Einmal brachte einer seiner Freunde Kokain. Die anderen waren ziemlich aufgeregt darüber; mit Rasierklingen auf kleinen Spiegeln zerhäckselten sie das weiße Pulver und strichen es wiederum mit den Rasierklingen zu langen dünnen Linien. Dann rollten sie eine Zehnpfundnote zu einem Röhrchen und sogen das Pulver durch ein Nasenloch ein, während sie das andere zuhielten. Alle schauten selig drein.

»Komm! Das musst du auch probieren!«, meinten sie in meine Richtung. Ich versuchte es – puh! Grauslich! Ich schüttelte den Kopf. Auch wurde mir leicht schlecht dabei.

»Das ist normal, wenn du es das erste Mal nimmst, aber dann wird's immer besser!«, sagte der junge Mann, der das »Koke« gebracht hatte. ›Nein danke‹, dachte ich zu mir selber, ›bei mir bleibt's bei einem ersten Mal, das brauch ich nicht!‹ Da das Pulver sowieso sehr teuer war, wurde ich auch nicht überredet, mehr zu konsumieren. Ich verzog mich in die Küche und kochte eine feine Suppe.

Eines Tages meinte Graham geheimnisvoll: »Ich hab was Besonderes.« Er schien etwas zwischen Daumen und Zeigefinger zu halten, aber ich konnte nichts sehen.

»Was meinst du? Was ist es? Ich sehe nichts!«

Es war ein winziges Plättchen LSD, durchsichtig, etwa fünf mal fünf Millimeter klein.

»Ich habe noch nie LSD genommen«, sagte Graham, »und da ich großen Respekt vor so etwas habe, will ich diese Portion halbieren und sie mit dir teilen, so sollte es auch nicht zu stark wirken.«

Graham holte eine kleine Schere. »Wir sagen niemandem etwas – bist du einverstanden?«

Natürlich war ich nervös, aber auch neugierig. Graham hielt das Plättchen mit einer Pinzette mit der linken Hand, mit der rechten hielt er die Schere und: schnipp! Wir sahen uns mit großen Augen an, denn die abgeschnittene Hälfte spickte in hohem Bogen davon, während die andere Hälfte mit der Pinzette festgehalten wurde.

»Neein!«, rief Graham verzweifelt, um dann den ganzen Teppich systematisch abzusuchen. Ich half ihm dabei, aber es war unmöglich, so ein winziges durchsichtiges Splitterchen auf dem gemusterten Teppich auszumachen.

»Nun«, Graham seufzte, »dann schneide ich eben die andere Hälfte in zwei und so kriegt jeder ein Viertel.«

So etwas super Winziges in zwei Teile zu schneiden glich schon eher einer Kunst. Doch mit übergroßer Vorsicht, nach allen Seiten abgeschirmt, über einem kleinen Teller, gelang es schließlich.

»Vielleicht wirkt es so gar nicht mehr, oder ist viel zu schwach, aber wir probieren's – netze deinen Finger«, Graham machte es vor und führte seinen Finger mit dem daran klebenden Teilchen zum Mund. Ich tat es ihm gleich, wir sahen einander an – nichts geschah. Schließlich setzten wir uns; immer noch nichts.

»Wahrscheinlich braucht es eine Weile – oder es wirkt überhaupt nicht.« Ich spürte auch nicht das Geringste.

»Komm, wir gehen raus und denken nicht mehr daran, entweder es passiert was oder eben nichts.«

Wir schlenderten die Straße hinunter und statteten unserem Hauswart Alan W. einen Besuch ab. Alan W. zeigte uns ein Zimmer, das voll bepflanzt war mit Cannabis. Die Fenster waren verdunkelt, die Wände mit Silberfolie ausgestattet, starkes Licht reflektierte von den glänzenden Wänden und warf seinen Schein auf unzählige grüne Hanfpflanzen. Ich staunte, so was hatte ich noch nie gesehen!

»Nicht weitersagen!«, meinte Alan W. zu mir gerichtet.

»Keine Angst, Lili plaudert nicht«, sagte Graham an meiner Stelle.

Danach folgten wir Alan W. in sein Wohnzimmer. Seine hübsche junge Frau Jill saß auf dem Sofa. Plötzlich sah ich sie ganz anders, sie war in Seide gekleidet und hatte Perlen um den Hals, lächelnd wie eine Prinzessin saß sie da. Nein, vor ein paar Minuten war sie in einfachen Kleidern gewesen, ohne Seide und Schmuck. Alles war auf einmal so komisch, ich fing an zu kichern. Als ich meinen Blick zu Graham drehte, kicherte er auch. In der Zwischenzeit hatte er Alan W. über unsere LSD-Einnahme informiert.

»Es wirkt!«, meinte er, »geht raus, ihr braucht Raum und Luft!«

Wir stolperten die Treppe runter und gingen zum nahe gelegenen Park. Das Gehen wurde mehr zu einem Fliegen, unsere Körper waren so leicht!

Kapitel 14

Das Leben geht weiter, es bleibt nicht stehen, bis wir uns zurechtgefunden haben. Schade, ein bisschen mehr Zeit wäre mir willkommen. Jeder geht seinen Dingen nach, das ist ja gut, aber ich frage mich, ob unsere Beziehung bald auf der Strecke bleibt? Was verbindet uns? Der Garten, in gewissem Sinne auch unsere Familien, unsere Lebensphilosophie im großen Ganzen, das Wandern, und sonst? Die Liebe? Manchmal frage ich mich, wo sie ist. Sex? Was ist damit? Sind wir »sexlos« geworden? Oder ist das nur eine Phase? Doch, wir sind noch füreinander da, helfen einander, wenn nötig, entscheiden wichtigere Dinge zusammen und – streiten weiter. Das Einzige, das *ist*, ist die Vertrautheit und der Verlass aufeinander. Irgendwie ein Heimatgefühl. Sicher sehr wichtig und wertvoll, aber ist das alles? Ich bin weder glücklich noch unglücklich, ich suche keinen anderen Mann, ich möchte auch nicht mehr zusammenziehen. Ideal wären zwei Wohnungen im selben Haus, schon wegen des Kochens; ich koche gerne, aber meist zu viel für eine Person. Es gibt viele praktische Gründe, auch sollte einer den anderen mal brauchen, im Krankheitsfall oder so. Auch denke ich, wir wären näher verbunden als so, wie wir jetzt wohnen; zu Fuß eine gute dreiviertel Stunde auseinander. Bin ich verständnislos einer normalen Entwicklung gegenüber? Nein! Das ist keine normale Entwicklung für mich, das ist schon eher langsame Entfremdung. Hast du mich noch lieb? Hab ich dich noch lieb? Ja, aber nicht immer – ist dies etwa »normal«? Das sagst du auch.

Ich weiß es echt nicht! Im Moment nicht. Vorgestern haben wir uns während des allerersten Gewitters gestritten. Es war ein langes Gewitter. Ich war fast so weit, dich zu verlassen. Ich hatte wieder einmal bei dir übernachtet und vieles bemängelt. Ich soll dir nicht dreinreden, das stimmt, sorry, aber wenn ich so viel Unstimmiges sehe, dann kann ich nicht anders. Trotzdem bist du irgendwie vernünftiger als ich. Das Gute daran ist; wir lernen beide voneinander und das ist wertvoll. Ich bin ungeduldig, was auch eine »Untugend« ist, ich weiß das. (Ich weiß auch, dass ich noch andere Untugenden habe.) Dass du dich später bei mir entschuldigt hast, rechne ich dir hoch an; das kann nicht jeder. Auch habe ich Verständnis dafür, dass du dich gereizt fühltest. Aber glücklich bin ich darüber nicht. Mir kommt wieder in den Sinn, was R.R. gesagt hat. Sträube ich mich gegen etwas, das ich weder ändern noch aufhalten kann? Ich will immer noch an unserer Beziehung arbeiten, auch wenn ich nicht weiß, wie, und ich hab dich immer noch lieb, auch wenn ich nicht richtig weiß, wie.

***

Der Park kam mir viel größer und weiter vor als bisher, obwohl er ohnehin schon sehr weitläufig war, der Alexandra-Park mit dem beeindruckenden alten Palast auf der Anhöhe. Abendstimmung. Wir entdeckten Dinge, die wir zuvor nie bemerkt hatten. Als ich meinen Kopf drehte, sah ich Graham auf einem nebenan stehenden Hügel. Wir standen nicht zusammen, jeder schien seinen eigenen Hügel zu haben. Grahams halblange Haare wehten im Wind, um seinen Mund spielte ein wissendes Lächeln. Auch ich fühlte, wie der Wind meine Haare liebkoste. Wir redeten nicht. Zur Erde blickend, sah ich plötzlich zwischen Grasbüscheln und Gräsern, wie die Ameisen und kleine Käfer emsig ihren Arbeiten nachgingen – ohne mich zu bücken! Das Gras war wie ein Fell, das ich zu streicheln begann. Gebückt sah ich nun die allerkleinsten Details. Der Baum vor mir war ein großes Lebewesen. Ich stand wieder auf und begann den Baum zu streicheln. Ich kam mir genauso vor wie Alice im Wunderland, einmal klitzeklein, dann wieder wie ein Riese.

Langsam wurde es dunkler, ich fühlte wie ich eins war mit der Natur. Es gab keine Grenzen mehr, auch keine Probleme, nur noch ein Ganzes, und ich gehörte dazu! Ich verspürte keine Bedürfnisse, alles war gut so, wie es war; komplett. Der Abendhimmel zeigte seine schönsten Schattierungen, auch dazu gehörte ich. Ein wunderbares Gefühl, alles war gut, alles war schön, alles war perfekt so, wie es war!

Nach endloser Zeit schlenderten wir nebeneinander zum Pub, welcher sich an der Vorderseite des alten Palastes befand. Es muss längst nach Mitternacht geworden sein; das Pub war geschlossen, keine anderen Gäste oder Besucher weit und breit. Auf der großen Terrasse waren die Bänke leer, auf einzelnen Tischen standen noch teilweise halb gefüllte Biergläser. Wir füllten die Reste zusammen, bis beide ein volles Glas hatten.

»Cheers!« Wir prosteten einander zu und lachten. Sonst redeten wir nicht, das war auch nicht nötig. Da war ein Glücksgefühl ohne Vergangenheit und ohne Zukunft, ohne Nöte, ohne Ängste; total sorgenfrei!

Nach sehr langer Zeit meinte Graham: »Sollen wir nach

Hause?«
Wir mussten wieder lachen; *zu Hause* war doch überall, am meisten im Hier und Jetzt. Wir fanden keinen Ausgang mehr aus dem Park, schließlich kletterten wir über eine Einzäunung und fanden uns in einer uns unbekannten Straße wieder. Langsam wurde es heller und wir fanden den Weg zu meiner Wohnung. Graham kam noch rauf zu mir. Er schlief mit mir, irgendwie schien dies einen schönen Abschluss zu unserem Abenteuer zu bilden. Ich fühlte mich wie ein riesiges Blumenbeet, in welches ein Dolch gestochen wurde, und war froh, als Graham von mir ließ.
»Wir müssen schlafen gehen und uns erholen«, sagte Graham und ging zu sich nach Hause. Es brauchte den ganzen folgenden Tag und die Nacht, bis wir uns wieder einigermaßen normal fühlten. Wir tauschten ein paar Erfahrungen aus, aber wir waren uns einig, dass wir »so etwas« nie mehr tun würden. Das Erlebnis war zu gewaltig gewesen, und wer wusste schon, zu welchen Handlungen man da noch fähig wäre!
Das Ganze blieb unser Geheimnis, außer Alan W. wusste eh niemand davon und der hatte ja selbst ein Geheimnis, das niemand erfahren sollte.

Nach etwa einem Monat kam Alan zurück. Er war voller Begeisterung von den Eindrücken die er in Basel gesammelt hatte, aber vor allem war er verliebt, in meine Schwester Heidi.
»Heidi will nach London kommen! Sie kündigt ihre Stelle im Fotolabor und dann kommt sie hierher zu mir!«
Ich freute mich auch darüber. Nach einer guten Lösung mussten wir nicht lange suchen: Grahams *Flatmate*

(Mitbewohner) »Stu« (Stuart) suchte sich just zu der Zeit eine eigene Wohnung. Die nächste Idee war, dass ich an seiner Stelle zu Graham ziehen würde, während Heidi meine Wohnung samt Mitbewohner von mir übernehmen könnte. Und so kam es auch ein paar Monate später, es fiel wie bei einem Puzzle alles an seinen Platz. Heidi und Alan schienen unzertrennlich. Graham und ich fanden ihr Gehabe bald etwas übertrieben: Händchen halten ohne Unterlass, sogar während des Essens, unter dem Tisch. Verliebt sein ist ja schön, aber so wirkte es fast etwas krankhaft. Ich lebte mich mühelos bei Graham ein. Da wir den VW-Bus behalten hatten, nutzten wir ihn auch, um viele romantische Orte in England zu besuchen. Unter anderem Stonehenge, Cornwall mit den strohbedachten Häusern, Wales, Black Rock Sands etc. Das war alles sehr schön und so anders! Heidi und Alan blieben mehrheitlich für sich. Auch gut so.

Der Alltag hatte uns wieder, obschon hier nichts so alltäglich war wie je zuvor. Graham arbeitete nur sporadisch als Landesvermesser, wenn er es für nötig hielt. Er hatte sogar den Titel *Sir* vor seinem Namen und verdiente auch mit wenig Arbeit genug zum Leben. Ich arbeitete im zahntechnischen Labor weiter. Heidi suchte sich eine Arbeit, denn zurück in die Schweiz wollte sie nicht mehr. Ich schlug vor, bei mir im Labor anzufragen, was ich nach ihrer Zusage auch für sie machte. So kam es, dass Heidi neben mir angestellt wurde. Sie hatte großes Glück, denn von Zahntechnik hatte sie noch keine Ahnung. Nun waren es sieben Männer und zwei »Schneewittchen«, die Rechnung ging nicht mehr auf. Heidi genoss es, so viele Männer um sich zu haben, und ließ sich die weniger sauberen Arbeiten von ihrem Sitznachbarn erledigen – nun, gewisse Arbeiten hätten ihre makellos lackierten Fingernägel beschädigen können. Ich staunte; so etwas hätte ich nie gewagt. Doch ihr Sitznachbar war so angetan von Heidi, dass er sich sogar geschmeichelt fühlte, ihr zu helfen. Eines Tages lag ein großer Blumenstrauss auf Heidis Arbeitspult.

»Was willst du da Alan sagen, wenn du den nach Hause bringst?«, fragte ich sie.

»Hm, nichts! Hab sie einfach bekommen, oder?«

Nun ja, stimmt, ich fand's trotzdem nicht angebracht, zumal Charly, ihr Sitznachbar, um einiges älter als Heidi war und dazu verheiratet.

Graham hatte sich irgendwie schneller an mich gewöhnt als erwartet. Ich kam bei all seinen Freunden und Bekannten gut an. Alle vierzehn Tage fuhren wir nach Bromley außerhalb Londons, wo Grahams Mutter in einem Einfamilienhaus wohnte. Joyce war eine gute Köchin und sehr gesellig. Sie war auch sofort begeistert von mir. Das Einzige, was ich nicht mochte, war, dass sie mich monatelang *Mathilde* nannte, die meine Vorgängerin in Grahams weiblichen Beziehungen war. Nun, auch das kam nach mehreren Besuchen richtig.

Zwischenzeitlich machte ich immer wieder kurze Besuche bei meiner Mutter und meinen Kindern in der Schweiz. Allerdings mit oft nur mit einmal übernachten, da ich ja meine Arbeit hatte, dazu fuhr ich per Bahn! Wenn ich heute daran denke, scheint mir dies fast unmöglich. Unendlich lange Fahrten, ein kurzer Besuch und schon wieder Rückreise. Nun, ich reiste immer gerne. So konnte ich auch einen, wenn auch nur eher dünnen Kontakt mit Mutter und Kindern aufrechterhalten.

Ich vermisste meine Kinder sehr. Immer wenn mein Leben etwas geregelter verlief, wo Kinder einen Platz hätten haben können, war es am schlimmsten.

An einem Wochenende, über welches wir bei Joyce (Grahams Mutter) blieben, wurde ich von Graham geschwängert. Wir hatten zusammen ein Bad genommen, und wir wussten beide sehr wohl, was wir taten. So waren wir auch nicht erstaunt, dass ich bei einem Arztbesuch meine Schwangerschaft bestätigt bekam. Graham zeigte sich sehr erfreut über diese Bestätigung und ich war glücklich! Wir begossen das Ganze in einem Pub auf Musswell Hill, nicht weit von unserem Wohnsitz.

»Wir könnten einen Staubsauger auf die Wunschliste nehmen«, meinte ich übermütig.

»Ja, ich möchte dich heiraten«, kam Grahams überraschende Antwort, die ich jedoch nicht ernst nahm.

»Nein! Ich hab doch nur Spaß gemacht wegen dem Staubsauger! Dazu will ich auch gar nicht mehr heiraten. Punkt.«

»Aber ich meine es ernst«, fuhr Graham fort, »ich setze keine Kinder in die Welt, die nicht meinen Namen tragen.« Am Ton seiner Stimme und seinem ernsten Gesichtsausdruck merkte ich, dass er nicht spaßte. In meiner Befangenheit nahm ich einen Schluck von meinem Cider und schwieg.

»Wie stellst du dir das denn vor? Alleinerziehend?« Graham ließ nicht locker.

»Heutzutage gibt es das, alleinerziehende Mütter«, gab ich zur Antwort. Worauf Graham meine Hand nahm: »Bitte überlege es dir!«

Was ich tat. Nun, zusammen waren wir ja so oder so – und wahrscheinlich wäre es nicht so einfach, ganz alleine ein Kind aufzuziehen. Wir heirateten auf dem Standesamt in Nord-London im engsten Freundeskreis, als ich im fünften Monat schwanger war. Meine Stelle im Labor hatte ich nach einer verletzenden Bemerkung von Heidi gekündigt. Graham führte sein Leben unverändert weiter, während ich mich auf mein wachsendes Kindchen in mir konzentrierte. Vom Beginn der Schwangerschaft an hörte ich ganz mit dem Rauchen auf und achtete auch besser auf meine Gesundheit. Als ich leichte Blutungen hatte, wurde mir vom Arzt vermehrte Bettruhe verschrieben. Ich machte den Haushalt, alles war gut so, ich hatte wieder ein Zuhause. Natürlich habe ich auch Joël und Karin informiert, dass sie ein Geschwisterchen bekommen würden. Sie waren nun schon echte Teenager. Sie schickten mir sogar ein kleines Hochzeitsgeschenk, natürlich war da meine liebe Mutter dahinter, welche auch dafür sorgte, dass meine Kinder mich nicht vergessen würden. Ich vermisste die beiden nicht weniger als vor meiner Schwangerschaft, aber ich war stets im Glauben, dass Edith besser war als ich, dass sie alle nun eine Familie ohne mich bildeten und ich mich jetzt auf meine neue Zukunft zu konzentrieren hatte. Geschieden war ich von Claude seit bald zwei Jahren. Die Scheidung verlief rasch und problemlos. Ich musste dazu nach Frankreich reisen. Claude war nicht dazu erschienen (zu meiner Erleichterung) und ich bezahlte an seiner Stelle etwas um die 500.- Francs. Und so stand ich am Anfang eines neuen Lebensabschnittes.

Dazumal war ich eine der Ersten, die mit Ultraschall untersucht wurde. Heutzutage ist das kein Problem mehr, aber damals musste ich vor der Untersuchung zwei Liter Wasser trinken, ohne zur Toilette zu gehen! Das war hart und schmerzhaft. Alles war in Ordnung, bis kurz vor der Geburt. Mein Kind lag quer in meinem Bauch: *breach presentation* nannte man das. Ich wurde angefragt, ob eine Studentengruppe bei der Geburt zugegen sein dürfe, da eine eher ungewöhnliche Art von Geburt zu erwarten sei. Erst sagte ich zu. Ein paar Tage vor dem Geburtstermin drehte man das Baby von außen in die richtige Lage, doch als ich mich zuhause hinlegte, fühlte ich, wie sich mein Kindlein wieder zurückdrehte in seine gewohnte Lage. Ich telefonierte mit dem Hospital, um der Studentengruppe abzusagen. Das alles war mir nun zu persönlich.

Bald brachte mich Graham mit Geburtswehen ins Spital. Ich lag in einem Zimmer mit vielen anderen werdenden Müttern. Plötzlich verspürte ich so etwas wie einen innerlichen Knall in mir; es war das Zerreißen der Fruchtblase. Mein Bett wurde nass, ich lag im Fruchtwasser. Da das Baby nicht im Trockenen liegen sollte, war schnelles Handeln angesagt. Kaiserschnitt! Graham war erst dabei, musste dann jedoch den Geburtsraum verlassen. Als ich das nächste Mal erwachte, lag ich wieder in einem anderen Zimmer, mit Müttern, die schon geboren hatten.

»Die Frau dort stirbt!«, hörte ich eine der Frauen rufen, »helft ihr!«

Mir war nicht klar, dass ich damit gemeint war. Ich fühlte mich wie in einer Wattewolke und konnte mich nicht bewegen. Dass ich schon geboren hatte, davon hatte ich keine Ahnung. Ich hatte viel Blut verloren, die Bluttransfusion musste ein paarmal erneuert werden. Es war der 14. April, Grahams Geburtstag! (Den er fortan teilen muss mit seinem ersten Kind.) Plötzlich saß Heidi neben meinem Bett.

»Du hast ein Mädchen! Ich gratuliere!«, sagte sie freudig.

»Waaas?«, meinte ich, »nein, wo?«

Heidi rief einer Schwester: »Zeigen Sie dieser Frau ihr Kind! Sie weiß nicht einmal, dass sie geboren hat!« Heidi war empört und ich verstand erst gar nichts mehr. Endlich wurde mir ein kleines warmes Bündel auf die Brust gelegt. Ich konnte es kaum glauben: mein Baby! Ich war überglücklich und schlief wieder ein. Als ich wieder erwachte, saß Graham an meinem Bett. Er schien glücklich und sehr berührt.

Geraldine, die Irin, welche schräg gegenüber von mir lag und die für mich um Hilfe gerufen hatte, wurde mir eine liebe Freundin. Wir hatten am selben Tag ein Mädchen geboren, meines erhielt den Namen *Josella Jayne* (von Graham gewählt, da ich schon meinen ersten zwei Kindern den Namen gab, wie er sagte). Geraldines Mädchen hieß *Shioban*, ein irischer Name. Natürlich war vorprogrammiert, dass sich unsere Familien befreundeten und die zwei kleinen Mädchen dicke Freundinnen wurden. Ich fühlte mich zum ersten Mal in meinem Leben als Mutter, nicht wie bei Joël und Karin, wo ich mich eher als große Schwester gefühlt hatte. Wahrscheinlich deshalb, weil Erwachsene für mich etwas anderes gewesen waren als das, was *ich* damals war – da hatte ich mich irgendwie immer noch als Kind gefühlt. Jetzt war es anders, ich genoss dieses neue Gefühl als eine echte Bereicherung.

Wir trafen uns oft mit Geraldine und ihrer Familie, meistens an den Wochenenden. Wir tauschten Erfahrungen aus; über die Kinderpflege, das Kochen und was so gerade aktuell war. Ich führte ein ziemlich normales Mutter- und Hausfrauendasein. Nein, gelangweilt habe ich mich nie, meine Tage waren ja ausgefüllt. Oft spazierte ich mit Josie im nahegelegenen Alexandra-Park. Dort gab es einen Club für Mütter mit kleinen Kindern, wo ich auch andere Mütter traf und wo Josie mit ungefähr gleichaltrigen Kindern spielen konnte.

Grahams Leben verlief erst nicht viel anders als vorher. Seine Freunde sah er immer noch regelmäßig und ich war sehr anpassungsfähig. Graham hatte viele Talente; außer dass er sich selber die Haare schnitt und seine eigenen Jeans nähte, führte er auch alle Arbeiten am Haus selber aus. Nur kochen konnte er nicht, außer seinen Kartoffeln mit Leber und Erbsen, dazu trank er kalte Milch; Alkohol gab's bei uns nicht so oft, eher wenn wir Besuch hatten, aber dann auch nur zum Essen. Nun war es an mir zu kochen, und das machte ich gerne.

Auch mit Heidi und Alan, die inzwischen ebenfalls verheiratet waren, hatten wir regelmäßigen Kontakt. Jene Heirat kam meines Erachtens viel zu früh, doch für Heidi gab es nur zwei Möglichkeiten; entweder für drei Monate zurück in die Schweiz zu reisen oder zu heiraten.

»Fahr für drei Monate heim und komm dann wieder! Es ist doch sicher besser, zu heiraten, wenn ihr euch etwas länger und besser kennt, nicht wenn ihr müsst!«, war mein Ratschlag.

Graham und ich, wir kannten einander gut zwei Jahre, bevor wir heirateten. Ja, ich konnte auch ohne Heirat in England bleiben, hatte ich doch zusätzlich einen französischen Pass.

Heidi wollte nichts von einer dreimonatigen Pause mit Alan hören. Und sie, die vorher nie Kinder haben wollte, war fasziniert von unserer kleinen Josie, die echte

Muttergefühle in ihr weckte. Josie war auch echt süß mit ihren blonden Löckchen.

Als Josie etwas über ein Jahr alt war, meinte Graham: »Es wäre doch schön, noch ein zweites Kind zu haben, das würde die Familie komplett machen; zwei Große und zwei Kleine.« Er sah mich dabei so liebevoll an, auch seine Stimme klang warm und abgerundet.

Ich weiß noch genau, wo ich unser zweites Kind empfing: im Ehebett. Alle meine Kinder, auch Joël und Karin, waren Wunschkinder. Ich liebe alle meine Kinder!

Ich flog noch einmal nach Basel zu meiner Mutter, als ich etwa im fünften Monat schwanger war. Klein Josie durfte mitkommen. Gerry holte uns mit seinem Auto vom Flughafen ab, Joël und Karin waren auch dabei. Das war schön; irgendwie hatte ich jetzt zwei Familien.

Ich traf auch Eva wieder, die am Anfang ihrer ersten Schwangerschaft war, was uns einander nochmals näher brachte. Eva war jetzt auch glücklich verheiratet. Zusammen mit ihr traf ich auch wieder ihre zwei Halbschwestern, Elisabeth und Verena, auch beide verheiratet, mit je zwei Kindern im Alter von Joël und Karin. Wir alle hatten einander viel zu erzählen.

Graham entschied sich bald, ein Haus zu kaufen. Joyce, seine Mutter, unterstützte ihn dabei mit Vorschüssen und günstigeren Rückzahlungen einer Bank gegenüber. Wir besichtigten ein paar Häuser, bis wir beide gleichzeitig von einem alten Haus begeistert waren. Eine alte Frau hatte dort während fünfunddreißig Jahren als Witwe gelebt. Nun war sie gestorben. Ihr Geist schien das Haus immer noch zu bewohnen, aber es war ein guter Geist. Dort hingen noch die uralten Tapeten mit Blumen- und anderen Mustern. Die alte Holztreppe, die in

167

die oberen Zimmer führte, alles war ziemlich düster wie auf den Bildern eines alten Märchenbuches. Doch das Gefühl war gut und das Haus bot viel Ausbaupotenzial. Wir entschieden uns dafür. In der Küche stand noch der alte Holzofenherd mit einem Spülbecken aus dickem Stein. Der Garten war durchwachsen mit Blumen und Beerensträuchern. Im hinteren Teil stand ein alter Birnbaum. Da war viel Arbeit vorprogrammiert, auf die wir uns aber beide freuten. Etwas vom Schönsten ist doch, wenn man seine Kreativität ausleben kann.

Am ersten April 1980 zogen wir in unser eigenes Haus an der Victoria Road in North-London. Zu jener Zeit war ich keine große Hilfe mehr, denn am 6. Mai kam Lucinda-Eloise, Josellas kleine Schwester, zur Welt.

Doch erst zur Geburt: Zum ersten Mal hatte ich Angst vor dem Gebären, da so viel schiefgegangen war, als ich Josie gebar. Doch im Spital hatte man mich immer beschwichtigt; das sei eine solche Seltenheit, praktisch unmöglich, dass bei mir so was nochmals passiere. Und was passierte? Es begann mit dem normalen Ablauf: Geburtswehen, Presswehen, und – stopp! Ich wurde ermahnt, nicht mehr zu pressen, das Baby habe die Nabelschnur um seinen Hals gewickelt! Was hieß, dass es bei etwas mehr Druck mit großer Wahrscheinlichkeit erwürgt würde. Wer je in Presswehen lag, weiß, dass es fast unmöglich ist, diese zu stoppen. Ich schaute auf den Monitor, der die Herztöne des Babys anzeigte. ›Halte an, mein Kleines! Ich will dich nicht verlieren!‹ Ich war so verzweifelt. Hebamme und Ärzte waren es auch; bald verließen sie alle den Gebärraum. Graham blieb am längsten, ratlos und bleich, bis auch er den Raum verließ.

Später erfuhr ich von Heidi, die draußen wartete, dass er sich übergeben musste. Ich hechelte wie verrückt, um ja nicht zu pressen.

Endlich kamen Schwestern zurück und rollten mich im Bett davon: Kaiserschnitt! Doch vor dem Operationssaal wurde ich wieder stehen gelassen. Es war nichts bereit, der Saal musste erst geputzt und vorbereitet werden! Mit mir hatten sie ja nicht gerechnet und da war erst eine Kaiserschnittgeburt vor mir an der Reihe gewesen. Ich kam mir vor wie vor den Toren des Himmels. In mir schrie es: ›Lasst mich rein! Bitte lasst mich rein!‹ Das Warten fühlte sich an wie eine Ewigkeit, ich stand Todesängste aus für zwei, und wollte, *musste* doch leben! Ich wurde noch gebraucht! Jetzt erst recht! Es war, als müsste ich alles anhalten: die Zeit, das Atmen, das ganze Dasein zu einem totalem Stillstand bringen, denn mit jedem Atemzug von mir riskierte ich das Leben meines Ungeborenen zu beenden. Ich atmete hektisch und oberflächlich, nur noch im Kopf ... Endlich öffnete sich die Tür, die mir wie ein riesiges Tor vorkam; eben das Tor zum Himmel, und was nachher, dahinter geschah, war in Gottes Hand. Ich sah nur noch ein paar vermummte Ärzte und Schwestern um mich herum, dann war ich weg.

Nach der Geburt erwachte ich zu früh aus der Narkose. Mein linker Arm lag, schwer wie Blei, quer über meiner Brust; ich konnte kaum atmen und fühlte mich wie ausgetrocknet.

»*Water ... water ... please*«, kam es wie ein Röcheln aus mir heraus. Eine der plaudernden Schwestern drehte sich unwillig nach mir um: »*Go to sleep! You suppose to sleep!*« Dann sah sie, wie es um mich stand, sie hob meinen linken Arm und legte ihn an meine Seite, dann gab sie mir ein nasses Tuch. »*You're not allowed to drink yet*« (Trinken noch nicht erlaubt), meinte sie. Ich sog gierig an dem nassen Lumpen und war zum Glück bald wieder weg.

Als ich das nächste Mal erwachte, fand ich mich alleine in einem Zimmer. Von Weitem hörte ich das klägliche Stimmchen eines Neugeborenen. Ich zog mich auf in meinem Bett und klingelte eine Schwester herbei.

»Mein Baby schreit! Bitte bringen Sie mir mein Baby!« Die beleibte Afrikanerin wollte mir weismachen, dass ich mich jetzt besser ausruhen solle, als mich um mein Baby zu kümmern, das wolle ja doch nur gehalten werden. Empört gab ich zurück: »Wie kann ich ruhen, wenn mein Baby schreit?! Ich will mein Baby! Es braucht mich!«

Endlich brachte sie mir das Kindchen. Wie hilflos es war! Sobald ich es an mich drückte, hörte es auf zu schreien.

»Sehen Sie?«, rief die Schwester triumphierend, »es will nur gehalten werden!«

»Das ist doch normal! Ich bin ja seine Mutter!«

Die hatte wohl selber keine eigenen Kinder! Ich gab mir furchtbare Mühe, mich so schnell wie möglich zu erholen, denn ich wollte nichts anderes als nach Hause mit meiner Kleinen, heim zu Josie und Graham. Auch andere Mütter waren mit mir einig: »Dein Baby gehört dir erst, wenn du entlassen wirst.«

Daheim wartete viel Arbeit auf mich, ein Kleinkind, ein Neugeborenes, Haus und Garten, ein volles Pensum.

Kapitel 15

Neulich war ich zehn Tage bei Lucy und ihrer Familie in London; Lucy hatte mich eingeladen. Der Anlass? Ich bin zum sechsten Male Großmutter geworden! Ein süßer kleiner Junge namens *Finn*. Er sieht ganz anders aus als seine knapp acht Jahre alte Schwester Cloe. Finn hat hellblaue Augen, seine noch spärlichen Härchen sind hellblond. Cloe hat braune Augen, ihre Haare sind braun mit einem kaum merkbaren Rotschimmer. Abgesehen von der Kälte war es eine wunderschöne Zeit. Ich durfte auch wieder mit Cloe, jetzt die »große Schwester«, ihr Zimmer teilen. Ach, wie sachte und liebevoll sie mich jeden Morgen geweckt hat! Genauso süß, wie sie mit ihrem kleinen Bruder umgeht. Mit fast acht Jahren ist sie schon sehr verständnisvoll und feinfühlig. Auch fiel mir auf, dass sie wie ich gerne im Bett liest. Finde ich super! Klein Finn schien mich schon zu kennen – vom Skypen? Gut möglich. Auch Josie kam an einem Tag zu Besuch, was mich besonders freute, da sie viel arbeiten muss. Für einen Weg braucht sie gut zwei Stunden mit dem Auto; von Lewes (i.d. Nähe von Brighton am Meer) also gute vier Stunden hin und zurück! Ein wunderschönes Wiedersehen! Finn schien auch Josie zu kennen, das konnte man an seinem Blick sehen, intensiv und vertraut, dabei war auch dies ihre erste Begegnung miteinander. Lucy meinte, dass es wahrscheinlich das Familiäre sei. Ja, Babys können noch nicht reden, dafür spüren und sich mit Augen und Gebärden ausdrücken. Es war herzig, die beiden so zu sehen. Josie ist jetzt noch die Einzige ohne Kinder, aber ihre Lebenssituation hatte sich bisher nie dazu ergeben. Mit Besuchen, sich mit dem Baby unterhalten, dann einkaufen, kochen oder mal mit kleineren Gartenarbeiten, die herrlichen Kaffeepausen nicht zu vergessen, vergingen die zehn Tage wie jedes Mal viel zu schnell. Ich genoss es sehr. Zum Glück half mir Graeme mit dem Umsteigen und dem Gepäcktragen, bis ich auf direktem Weg, vom und wieder zum Flughafen war. Res hatte mich zum Abflug auf den Flughafen gebracht, konnte mich jedoch zurück in Basel nicht abholen, er hatte was anderes vor, aber das wusste ich. Es ging auch so ziemlich direkt mit reibungsloser Verbindung.

Wieder daheim bei mir brauche ich eine gute Woche, um mich erneut einzuleben. Jetzt habe ich sechs Großkinder! Shila und Cem von meiner Tochter Karin mit Gürsel (geschieden), Marysol und Santiago von meinem Sohn Joël mit Kathinka, dann Cloe und Finn von Lucy mit Graeme. Wie man sehen kann, sind drei verschiedene Nationen drin! Die Schweiz, Türkei und England, nicht zu vergessen, dass meine Großeltern väterlicherseits aus Frankreich und mütterlicherseits aus Deutschland stammten. Trotzdem lernte ich zu Hause keine Fremdsprachen, da wurde nur Schweizerdialekt geredet, in der Schule Schriftdeutsch. Französisch, als Zweitsprache, war damals noch freiwillig. Englisch gab's höchstens in den höheren Schulen. Weil Französisch freiwillig war und ich gerne zeichnete, blieb ich auch freiwillig dem Französisch fern.
Nun, jetzt bin ich wieder allein. Ich bin ja ganz gerne alleine, aber nicht so abrupt, wie es mir scheint.

Schließlich lebte ich während zwanzig Jahren in London. Es war eine intensive Zeit. Ja, ich bin auch schon wieder seit über zwanzig Jahren zurück in der Schweiz. Doch in den zwanzig Jahren London war ich während fünfzehn Jahren verheiratet. Und jetzt, hier? Die zwanzig Jahre Schweiz waren sehr schwer, unzusammenhängend, nichts lief mehr normal.

Komisch, bei einem kürzlich geführten Telefongespräch mit Eva, meiner anderen Halbschwester (mit gemeinsamem Vater), kam etwas heraus, was mir alleine nicht so aufgefallen wäre – Eva sagte: »Weißt du, dass du noch nie so ausgeglichen warst, wie seit du mit Andreas zusammen bist?« Es kam überraschend. Ich sei viel umgänglicher und ruhiger geworden, sogar fröhlicher. »Vielleicht ist es, weil meine Beziehung nicht mehr so tief geht?«, war meine nicht so positive Antwort.

»Wahrscheinlich tun dir zu intensive Beziehungen gar nicht so gut«, gab Eva zurück.

Und ziemlich sicher hat sie recht. Klingt nicht so gut für dich, Res? Aber das hast du ja nicht gehört. Andererseits ist es auch ein Kompliment; was andere nicht fertiggebracht haben, machst du mit links! Vielleicht gingen meine Beziehungen allzu oft ins Krankhafte auf meiner Suche nach Verständnis und Liebe? Zu intensiv, was nie gut ist. »Alles Übertriebene macht krank!«, sagst du ja so oft. Nein, dieses Bedürfnis habe ich nicht mehr; das war mir früher auch nicht bewusst. Resignation ist es jetzt ganz sicher nicht! Vielleicht bin ich endlich erwachsen geworden? Ich suche nicht mehr, ich arbeite an meinem Hier und Jetzt, die Vergangenheit kann ich nicht mehr ändern. Und *leider*, muss ich sagen, denn käme ich nochmals auf die Welt, ich würde alles anders machen. Und wer weiß, vielleicht werd' ich's? Das Nochmals-auf-die-Welt-Kommen? Aber wahrscheinlich kaum auf *diese* Welt. Zu meinen Gunsten muss ich leider sagen: Ich hatte weder Vorbilder (an meinen Eltern) noch einen stabilen Hintergrund, Sicherheit, Liebe und Verständnis, Förderung in meinen Talenten etc. Nichts davon. Oh nein! Ich versuche nicht, mich zu entschuldigen, und will auch meine Eltern nicht schlecht machen. Erstens bin ich überzeugt davon, dass wir alle hier in diesem Leben und auf dieser Welt sind, um zu lernen, und zweitens habe nur *ich* es jetzt in der Hand, was ich daraus mache. Ich bin so überzeugt davon wie nie zuvor: Was mir passiert ist, musste mir passieren; es war Teil meines Reifeprozesses.

In den letzten Tagen stolperte ich grad mehrmals über diesen Spruch:

Am Ende wird alles gut,
und wenn nicht alles gut ist,
dann ist es nicht das Ende.

Sehr beruhigend, finde ich.

***

Also war ich voll und ganz beschäftigt und ausgefüllt mit meinen zwei kleinen Töchterchen, dem Haushalt, Kochen und der Gartenarbeit. Etwas vom Besten, das mir passieren konnte, das Ausgefülltsein. So blieb mir keine Zeit zum Grübeln. Ich blühte voll auf in meiner Mutterrolle.

Heidi und Alan kauften auch ein Haus und gründeten eine Familie, ein kleines Mädchen, Jessica, kam zur Welt. Sie besuchten uns öfter. Da bei beiden jungen Vätern ein geregeltes Einkommen wünschenswert war, hatte Graham eine Idee: ein eigenes Geschäft. So gründete er INDECO, was kurz für *Innendekoration* stand. Graham war sehr talentiert im Malen, auch brachte er sich das Hängen kostbarer Tapeten, zum Beispiel aus Seide, bei. Seine Kundschaft war dementsprechend gehobenen Standes. Alan wurde sein Mitarbeiter und es gab immer viel zu tun. Die Zeit war ausgefüllt und verging. Heidi gebar ein zweites Mädchen namens *Stephanie*. Das war alles süß und bereichernd, aber manchmal kam es mir vor, als wolle Heidi alles, was ich hatte, auch haben. Wir besuchten unsere Mutter regelmäßig in Basel, jedoch aus Platzgründen nicht gleichzeitig.

Es kam der Tag, an dem uns Gerry und Edith besuchten. Gerry brachte mir sogar einen Dampfkochtopf mit! Ja, ich hatte ihn darum gebeten. Da Gerry an Flugangst litt, kamen sie per Auto. Es war nur ein eintägiger Besuch, leider ohne Joël und Karin, aber trotzdem schön und voller heimischer Gefühle. Es hat ihnen sehr bei uns gefallen. Gerry und Edith fuhren dann nach Schottland weiter.

Eines Tages, wir waren zu Besuch in Bromley, bei Joyce, meiner lieben Schwiegermutter, und wohnten damals noch in der Mietwohnung in Colney-Hatch-Lane, beschloss ich, Mäggie einen Brief zu schreiben. Natürlich hatte ich sie nie vergessen; wir hatten ja so vieles zusammen erlebt, in Basel, Zürich und vor allem in Israel! Es dauerte nicht lange, bis ich Antwort erhielt. Mäggie ließ mich wissen, dass sie inzwischen mit Robert verheiratet war und dass sie beide uns besuchen wollten. Sie kamen bald darauf, ebenso auf einer Durchreise nach Schottland, und blieben für etwa vier Tage bei uns. Während dieser Zeit wohnten sie in meiner ersten Wohnung im Parterre, die damals von einer unserer Bekannten gemietet wurde, welche zu jener Zeit in den Ferien war. Wir genossen eine etwas ungewohnte, aber schöne Zeit zusammen. Die vier Tage waren so schnell vorbei.

Jetzt, wo wir schon zwei Kinder hatten und unser eigenes Haus bewohnten, erhielt ich einen Anruf von Mäggie. Sie wollte uns zusammen mit Robert, und diesmal für zwei Wochen, besuchen. Graham erklärte sich auf mein Drängen einverstanden; zwei Wochen fand er eher etwas lang. Robert und Mäggie bewohnten unser Gästezimmer. Für Mäggie und mich war es schön, aber mit Robert war's nicht immer einfach. Graham rauchte am Abend seinen Joint (Haschisch) und Robert trank zu jener Zeit abends seine Flasche Whiskey. Der Alkohol verwandelte Robert immer in eine unsympathisch-rechthaberische Person, während Graham in sich gekehrt, weggehoben und lächelnd stiller wurde. Die lebensfrohe Mäggie tat mir leid. Kinderfreundlich war Robert leider auch nicht, ich brauchte nicht lange, um das festzustellen. Doch ich bemühte mich sehr um meine Gäste. Außer den abendlichen Trinkeskapaden, hatten wir es ja schön zusammen. Vielleicht hätten Mäggie und ich damals ein Angebot für Mexiko annehmen sollen? Nein! Dann hätte ich ja wohl meine süßen Mädchen nicht. Eben.
Nach der Abreise von Mäggie und Robert mussten wir uns erst wieder ein wenig zurechtfinden. Es war Wochenende und heiß, ich füllte im Garten ein Becken

mit Wasser für die Mädchen zum Planschen. Graham beschloss die Fensterrahmen unseres Schlafzimmers neu zu streichen, er stand auf einer Leiter an der Außenwand am hinteren Teil des Hauses. Ich machte etwas zum Knabbern bereit, als plötzlich unsere rote Katze namens *Biskuit* in einem unheimlichen Tempo vom Garten ins Hausinnere gerannt kam, die Haare steif nach oben. Darauf Schreie und Rauch.

»Ruf die Feuerwehr!«, schrie Graham von draußen.

Ich zitterte am ganzen Leibe, es war sehr schwer, am Telefonapparat die Nummer einzustellen.

»Ruhig, nur ruhig, Frau!«, kam's vom anderen Ende. »Wo wohnen Sie?«

Ach, hatte der Nerven! Ich war am Verzweifeln und hatte ja noch nichts gesehen. In meinem ganzen Leben hatte ich noch nie so gezittert und wusste gar nicht, dass man so zittern kann, dazu noch unwillkürlich! Jetzt kamen dicke Rauchwolken die Treppe vom oberen Stockwerk runtergerollt. Den Gestank und das feuerfressende Geräusch werde ich nie vergessen können. Ich rannte in den Garten, hob die schreiende Lucy über den Gartenzaun, wo sie von unserer lieben Nachbarin in Empfang genommen wurde. Dann nahm ich Josie auf den Arm und rannte von der Straßenseite zur wartenden Nachbarin. Klein Lucy war auf deren Sofa schon eingeschlafen, wahrscheinlich war es der Schock.

»Pass schön auf dein Schwesterchen auf! Ich gehe rüber, um Daddy zu helfen!«, rief ich Josie zu und rannte wieder zurück.

Ein dunkelhäutiger Nachbar von gegenüber half Graham mit Kübeln voller Wasser, das Graham in die gierigen Flammen warf. Es half nichts. Zum Glück kam bald die Feuerwehr. Sämtliche Nachbarn säumten neugierig die Straße. Die Männer von der Feuerwehr rollten einen dicken Schlauch von einer Winde und rannten damit die Treppe hoch. Alles wurde dreckig, die schöne Tapete schwarz und zerkratzt. Federn flogen durchs Haus; das waren unsere Kopfkissen. Endlich wurden die furchtlosen Männer Herr über das Feuer. Das ganze Schlafzimmer war ausgebrannt.

»Wie konnte das passieren?«, fragte ich Graham. Ich verstand nichts mehr, es kam alles so unerwartet und gewaltig.

»Ich habe von der Leiter aus die Farbe von den Fensterrahmen weggebrannt, und weil das Fenster ein wenig offen stand, züngelte sich eine Flamme blitzschnell durch den kleinen Spalt und hat so den Vorhang in Feuer gesetzt, den Rest siehst du«, war Grahams Antwort.

Wir setzten uns erschöpft hin, ich machte einen Tee, es war nicht einfach zu wissen, wo mit den Aufräumarbeiten zu beginnen. Der Gestank nach Verbranntem hielt sich monatelang im Haus. Außerdem wurden unsere Mädchen monatelang von Albträumen geplagt. Während vielen Nächten rannte ich hinüber ins Kinderzimmer, um die mitten in der Nacht aufschreienden Mädchen zu beruhigen. Ich meldete das Vorgefallene auch Mäggie, und von da an hielten Mäggie und ich wieder steten Kontakt miteinander.

Die Zeit verging unmerklich schnell. Unsere Mädchen kamen in die Schule. Ich regelte alles ohne Grahams Hilfe – Schulbesuche, Kinderarzt, Zahnarzt. Es kam mir vor, als lebte ich in einer *One-parent-family* wie eine *Single-Mother*. Obwohl Graham ein liebevoller Vater war, war er gleichzeitig zu beschäftigt mit seinem eigenen Leben. Oft fand ich mich etwas zu sehr allein gelassen mit allem, aber darüber nachgedacht hatte ich nie groß. Bis mir Graham eines Tages eröffnete: »Ich will jetzt keinen Sex mehr, er hindert mich nur an meiner spirituellen Entwicklung.«

Das konnte ja stimmen, aber ich war wie vor den Kopf geschlagen; ich, in meinem »besten Alter«! Dass Graham gute Bücher las, meist über Hinduismus und Buddhismus, wusste ich; ich las viele davon selber. Aber musste das Körperliche vom Geistigen so vollkommen getrennt sein? Wir hatten doch eine Familie! Nun, Graham war nie ein Mann, der Gefühle zeigen konnte, geschweige denn Zärtlichkeiten. Er kam mir öfter vor wie ein buddhistischer Mönch, er brauchte nie viel von etwas, er lebte genügsam mit dem Nötigsten. Da war ich ganz anders. Wenn ich mal was Feines haben konnte, genoss ich es oder wollte gerne noch mehr – aber Graham sagte immer: »Das brauch ich nicht!« Einmal sagte er, dass man so fast alles Nötige aus der Luft nehmen könne, dabei machte er mir's vor, indem er langsam die Luft einsog. Bei mir klappte das nicht, ich musste berühren, fühlen und kosten. Ich nahm streunende Katzen auf und konzentrierte mich bei allem, was ich zu tun hatte.

Graham wurde komisch; ich durfte ihn nicht küssen, wenn er morgens zur Arbeit ging, und auch nicht, wenn er abends nach Hause kam. Ich litt sehr darunter; jetzt, wo wir eine echte Familie hätten sein können, durfte ich nicht tun, was für mich natürlich gewesen wäre. Ein schönes Bild aufhängen? Nein! Darüber musste man erst diskutieren; wo der Nagel hinkam, ob das passte oder ob man es doch lieber lassen sollte. Mir wurde das echt zu blöd und ich entschied mich fürs Letzteres.

Da unsere beiden Mädchen nun zur Schule gingen, war ich tagsüber sehr allein. Langweilig war mir allerdings nie, mit Haus, Einkaufen, Kochen und dem Garten hatte ich genug zu tun. Oft beteiligte ich mich auch an Schulausflügen etc. Jeden Morgen machte ich *packedlunches*, das Mittagessen für die Mittagspause in der Schule. Zum Glück war der Nachmittag noch nicht vorbei, nachdem die Mädchen von der Schule heimkamen, sodass wir dann noch gemeinsam in den Park gehen konnten, basteln, kochen oder sonst was tun. Hin und wieder schauten wir uns ein Kochprogramm im Fernseher an, das war immer lustig; ich saß in der Mitte auf dem Sofa und hatte auf jeder Seite eines meiner Schätzchen.

Nach etwa zwei Jahren gab Graham sein Konzept der Sexlosigkeit auf, um gerade das genaue Gegenteil zu leben. Er schwärmte von einer *Barmaid* mit Schmollmund und redete viel von überschwänglichem Sex. Ich konnte da nicht mithalten, das war mir alles zu extrem. Graham versprach, es mir zu sagen, falls er mir untreu würde. Aber für mich war das alles nicht mehr schön; keine Romantik, keine Zärtlichkeiten, keine Wärme, keine Liebe. Jeder lebte irgendwie sein privates Leben, ohne es mit dem anderen teilen zu können. Ich entwickelte eine Art Phobie: Wenn ich am Abend bei Grahams Heimkehr den Schlüssel im Türschloss hörte, stürzte ich ein Gläschen Schnaps, welches bereitstand, hinunter, um mit der Situation besser zurechtzukommen. Das war natürlich keine Lösung, half mir aber, weniger tief zu fühlen. Graham brauchte ja immer noch erst seinen Joint, um nach der Arbeit abzuschalten.

Wie jedes Jahr drängte ich Graham, mit mir endlich einmal die Schweiz zu besuchen, da war er ja noch nie gewesen. Anno 1977 hatten wir geheiratet, anno 1988 war es dann endlich so weit: Graham kam mit in die Schweiz! Eine neue Glückswelle durchzog mich. Da Graham nicht fliegen wollte, fuhr er uns mit seinem Auto. Wir nahmen es gemütlich. Das brauchte zwar länger, war aber noch viel interessanter, weil man so viel mehr sah und erlebte. Ich fühlte mich wieder gut und glücklich; wir waren wieder eine Familie. Es gab viel Schönes zu sehen, wir lernten sogar ein anderes Ehepaar kennen, auch auf Reisen und mit zwei Kindern. Wir übernachteten alle im selben Gasthaus. In Frankreich konnte ich wieder Französisch reden, was uns auch wieder zugute kam. Die Schweiz gefiel Graham sehr, besonders als wir Seen und Berge in der Innerschweiz besuchten. Der absolute Höhepunkt für Graham aber war der Eiger. Wir saßen in einer kleinen Gaststätte genau vor dem Eiger. Graham waren der Stolz und die Freude anzusehen. »Ich kann's kaum glauben! Da sitze ich vor dem Eiger!« Er strahlte und ich war glücklich wie schon lange nicht mehr.

Natürlich besuchten wir auch Familie und Bekannte. Ein paar Tage durften wir in Sörenberg bei einer früheren Arbeitskollegin eines zahntechnischen Labors verbringen. Ihr Mann übergab uns kurzerhand die Schlüssel zu deren Chalet – Alpenluft und Kuhglockengebimmel, hinter dem Chalet ein Märchenwald. Auch unsere Mädchen waren glücklich. Alles war perfekt.

Natürlich besuchten wir auch Gerry und Familie. Dort war's gemütlich, nur Gerry äußerte mal mit einer Bemerkung zu mir: »Wie hältst du das bloß aus mit einem

Engländer? Der ist doch viel zu kühl für dich!« Gerry hatte mich offenbar als »heiße Frau« in Erinnerung.

Zurück in London, konnten wir noch eine Weile von den wunderschönen Eindrücken zehren, doch dann kam auch der Alltag wieder.

Bald kam Joël für ein längeres Wochenende bei uns zu Besuch. Ein hübscher junger Bursche! Er war mit seinem besten Freund unterwegs, welcher in einem Hotel blieb. Joël traf ihn jeweils in der Stadt. Leider wurde Joël schon am dritten Tag unwohl und musste das Bett hüten. Viel konnten wir da leider nicht zusammen unternehmen, aber ich hatte auch nicht groß den Eindruck, dass Joël das wollte. Die jungen Männer eroberten London auf ihre Weise, was auch ganz natürlich und normal war. Graham wirkte irgendwie noch distanzierter und kühler. Ich hingegen war mitteilungsbedürftig und brauchte Liebe.

Graham zeigte seinen Unfrieden offen: »Nun wär's mal an der Zeit, an *dir* zu arbeiten!« Er schien eifersüchtig auf meinen Lebensstil. »Und Katzen sind die undankbarsten Tiere, die es gibt! Die lassen sich füttern und wollen dazu noch Streicheleinheiten! Ohne etwas zu tun! Widerlich!«

Meinte er mich? Ich wurde traurig, ich arbeitete ebenfalls viel. Wenn Graham heimkam, war das Essen immer bereit. Bei Heidi war das etwas anders.

So nahm ich eine Heimarbeit an. Das war auch nicht einfach; anstatt mich mit meinen Mädchen abzugeben, musste ich wie gestört Seidenbänder aufrollen und schön zusammenbinden, viele Schachteln voll. Der Erlös davon war so gering und es nicht wert, was ich dafür von meiner Lebensqualität einbüßte. Aber immerhin tat ich was.

Meine ältere Tochter Karin, inzwischen ein Teenager, nahm eine Au-pair-Stelle in Schottland an. Englisch zu lernen stand nur an zweiter Stelle; Karin hatte sich in der Schweiz in einen Mann verliebt, der ihr Vater hätte sein können. Geplant war, dass sie von ihm wegkommen sollte. Ich freute mich, Karin näher zu haben, aber sehen konnte ich sie doch nicht, Schottland war zu weit weg. Nach ungefähr drei Monaten wechselte Karin die Stelle und kam nach London. Sie blieb etwa sechs Monate bei uns in der Familie. Das war sehr schön für mich, doch das Verhältnis mit Graham wurde noch schwieriger.

»Du könntest echt nur mit Kindern und Tieren leben, für die hast du unendlich viel Geduld und Liebe! Etwas anderes hat da keinen Platz.« Aber er gab mir ja gar keinen Raum, um dies mit ihm zu leben! Er schloss sich noch mehr aus unserer Gemeinschaft aus. Er, der oft sagte, dass Eifersucht etwas so Hässliches und Verwerfliches sei, war eifersüchtig! Nein, das wollte ich nicht.

Ich fühlte mich überhaupt nicht mehr wohl. Schließlich fand ich in der Nähe eine neue Au-pair-Stelle für Karin. Sie kam zu einem Paar mit einem kleinen Jungen. Nachdem sie ihre Haushaltspflichten erledigt hatte, kam sie an den Nachmittagen jeweils mit dem Bübchen zu uns. Josie und Lucy waren dann von der Schule zurück, und so gingen wir alle zusammen in den Park oder spielten bei uns im Garten, während Graham noch bei der Arbeit war. Es war so schön – oder hätte es sein können, denn ich fühlte mich schuldig und gespalten.

Als Karins Stelle abgelaufen war, flog sie zurück in die Schweiz. Den älteren Mann hatte sie vergessen, besonders weil sie sich in einen jungen Engländer verliebt hatte. Mission mit Erfolg erfüllt!

Ich fühlte mich geschwächt und litt sehr oft unter Kopfschmerzen. Es war so schlimm, dass ich Kathy, meine befreundete Nachbarin, auch mit zwei Mädchen, das Jüngere gleichen Alters wie Lucy, fragen musste, ob sie die Kinder für mich zur Schule bringen würde. Den ganzen Tag verbrachte ich im Bett. Als Kathy unsere vier Mädchen nach der Schule zurückbrachte, ging ich zur Tür und öffnete. Nach einer kurzen Umarmung stürmten die Mädchen fröhlich ins Haus und an mir vorbei in den Garten.

»Geht es dir etwas besser?«, fragte mich Kathy besorgt.

»Du bist so bleich.«

»Schon gut, es geht«, meinte ich, tat drei Schritte zurück und sank wie ein lebloses Tuch am Treppenende zu Boden. Kathy erschrak, sie zog mich mit all ihrer Kraft ins bodenebene Wohnzimmer und aufs Sofa. Mir die Wange tätschelnd, sagte sie: »Ich rufe einen Arzt!«

Ich war nur ein paar Sekunden weg gewesen und sah die Angst in Kathys Augen. Im Gegensatz zu vorher wurde ich jetzt komplett steif, es fühlte sich an, als hätte ich Drähte in Armen und Beinen, in meinem ganzen Körper. Bewegen konnte ich mich nicht mehr, um keinen Millimeter, nicht einmal einen einzigen Finger, nur meine Augen. Reden konnte ich auch nicht, meine Lippen waren ebenso verdrahtet wie der Rest von mir. Ich blickte auf meinen steifen Körper, das sah so urkomisch aus, dass ich eigentlich hätte lachen sollen; Schmerzen verspürte ich ja keine. War das so, wenn man tot war? Doch lachen konnte ich auch nicht; mein Gesicht blieb steif und unbeweglich, wie alles an mir.

Die Mädchen kamen zur Tür: »Was ist mit Mami?

Mami, was hast du?«

»Mami ist sehr müde, sie kommt dann schon wieder – geht doch in den Garten, ich hole euch dann.« Kathy antwortete für mich. Mir taten alle leid, Kathy und die Mädchen, aber ich konnte nichts sagen oder tun, nur aushalten.

Der Arzt kam.

»Diese Frau ist am Dehydrieren! Sie muss trinken! Geben Sie ihr zu trinken!«, meinte er aufgeregt.

Kathy brachte ein großes Glas Wasser mit einem Strohhalm. Aber ich konnte ja den Mund nicht öffnen! Mit großer Anstrengung presste mir Kathy den Strohhalm zwischen die Lippen. »Saug! Saug!«

Unter noch größerer Anstrengung von Saugen und Schütten floss schließlich etwas Wasser in mich hinein. Nach einer guten Weile konnte ich mich wieder bewegen, fühlte mich jedoch sehr schwach.

»Ich helfe dir nach oben, du brauchst Ruhe – und trinken, trinken! Und sorge dich um nichts, ich nehme die Kinder zu mir rüber.« Kathy half mir, mich ins Bett zu legen, stellte Tee und Wasser auf den Nachttisch, ich hörte noch, wie sie die Kinder zu sich rief und die Tür unten ins Schloss fiel.

Es brauchte ein paar Tage, bis ich mich wieder etwas erholt hatte. In meinen Ohren nahm ich ein störendes Geräusch wie Pfeifen, Rauschen und Kratzen wahr. Seitdem leide ich unter Tinnitus, Tag und Nacht, es hat nie mehr aufgehört.

Da das Seidenbänderbündeln so gut wie nichts einbrachte, dachte ich mir etwas anderes aus. Für Karin hatte ich damals eine Stelle in einer Familie gesucht –

vielleicht könnte ich dies beruflich tun? Ich sog jegliche Information, die ich darüber finden konnte, in mich auf. Schließlich eröffnete ich meine eigene Au-pair-Agentur. Von bestehenden Agenturen bekam ich strikt keine Information, die behielten ihre Wissenschaft für sich, denn sie wollten keine Konkurrenz. Das war enttäuschend für mich und machte alles doppelt schwierig. Dennoch schaffte ich es, aus der deutschsprachigen Schweiz, und bald auch aus dem Welschland, Au-pair-Mädchen zu rekrutieren. Nachdem ich zu Beginn meine Korrespondenz handschriftlich führte, erstand ich mir bald eine Schreibmaschine.

Lili's Au-pairs war gegründet. Ich bekam die Bewilligung, hatte mein eigenes Briefpapier sowie meine selbst gestalteten Visitenkarten, die bald von zufriedenen Au-pair-Mädchen weitergegeben wurden. Es meldeten sich Mädchen aus anderen Ländern, Schweden, Italien, kreuz und quer. Das war interessant, aber eben auch sehr zeitraubend – Zeit, die ich für meine Familie hätte haben sollen. Es wurde zusehends schwieriger, alles unter einen Hut zu kriegen, zumal ich mich zu sehr bemühte, dass das passende Mädchen zur passenden Familie kam. Ich erhielt laufend Telefonanrufe, auch mitten in der Nacht: Das Au-pair-Girl sei noch nicht vom Ausgang zurück etc. Ich litt, war zu sehr unter Druck, hatte nie genügend Schlaf.

In jener Zeit hatte ich viel Neues gelernt: zu telefonieren, direkten Umgang mit Menschen zu pflegen und über allem zu stehen. Das Letztere war natürlich Illusion. Unsere Beziehung litt noch mehr, obwohl Graham eher stolz auf mich war, dass ich nun auch mein eigenes Geschäft führte. Die Ausgaben überstiegen bald die

Einnahmen. Ich war zu billig, wollte jedoch nicht, dass die stellensuchenden jungen Mädchen mich bezahlen mussten; nur die Familien, die ein Mädchen einstellten, hatten zu bezahlen. Auch da war ich viel zu günstig. Mit jedem Mädchen nahm ich persönlich Kontakt auf, auch sie konnten mich immer um Hilfe anfragen, sei es, um sich sprachlich zurechtzufinden, oder aus anderen Gründen.

Eines Tages kam ein Brief aus der Schweiz, es war eine Einladung zu einem Klassentreffen – mein erstes! Ich war sehr aufgeregt; bis mir einfiel, dass ich gerade an jenem Wochenende nicht verreisen konnte, da wir schon anderes geplant hatten. Das machte mich sehr traurig. Ich stellte mir vor, wie sich meine früheren Klassenkameradinnen trafen, einander erzählten, was sich ihn ihrem Leben verändert hatte. Auch meine Freundin Gabi wiederzusehen, denn sie hatte mich kein einziges Mal in London besucht. Der Norden sei ihr zu kühl, sie flog, so oft es ihr möglich war, in die Sahra, ihre zweite Heimat. Ich fühlte mich sehr verletzt.
Später erfuhr ich, dass das Treffen verschoben wurde, und ich schöpfte erneut Hoffnung, dabei sein zu können.
Hätte ich gewusst, dass dieses Treffen mein ganzes Leben auf den Kopf stellen – ja, erneut zerstören – würde, ich glaube, ich hätte da lieber nicht teilgenommen.
Aber das Schicksal wollte es. Und ich konnte nichts vorausehen.

Kapitel 16

Ich denke an dich, während es draußen blitzt und donnert. Gleichzeitig peitscht der Regen herunter, wäscht Hauswände und Straßen, erfrischend nach der kurzen Hitze. Auf dem Fenstersims meines Balkons öffnet sich eine von mir gepflückte Mohnblume. Nachdem sie die zwei schützenden kleinen Knospenschalen fallen gelassen hat, zeigt sie jetzt ihr zerknittertes rotes Kleid, es sieht aus wie geballte Seide, formlos, aber nicht für lange. In Zeitlupe glätten sich die einzelnen Blätter, wie bei einem Schmetterling, nachdem er seine schützende Hülle abgestreift hat. Jetzt zeigt mir die Blume ihre offene Seele, ungeschützt, vertrauensvoll, schutzbedürftig und doch eigensinnig und furchtlos. In der Mitte ein schwarzes abgerundetes Kreuz, darüber ein Stempelkranz mit Pollenpünktchen, lockend und verheißungsvoll. Das alles kommt mir so vor wie eine Offenbarung der Liebe. Wunderschön, ja überwältigend, ohne Bedenken einfach gewaltig in ihrer ganzen Schönheit, mit einer unschuldigen Sicherheit, als gäbe es kein Morgen. Aber nach zwei drei Tagen, und so weit bin ich jetzt mit meiner Beobachtung, ist alles wieder vorbei. Die zarten Blätter werden losgelassen, die kleinen schwarzen Stempel fallen hinterher, und zurück bleibt eine grüne Kapsel mit einem bräunlichem Deckel. Das sieht irgendwie aus wie eine kleine Urne, in der üblicherweise die Asche eines Toten ist. Ich öffne die Kapsel. In ihrem Inneren zeigen sich schnitzartige Segmente mit noch winzigen grünen Samen. Finden diese Sämchen Grund und gute

Bedingungen, fängt alles wieder von vorne an – kurzlebig und doch ewig. Ich liebe Mohnblumen, das knallige Rot, diese Zartheit, eine Schönheit, welche die ganze Lebensweisheit enthält. Sie lässt sich weder einfangen noch beherrschen.

Ja, für mich stehen alle Antworten in der Natur, erprobt und erwiesen. Und doch suchen wir immer wieder nach anderen Antworten, selbst gebastelten, entschuldigenden Antworten, die unser Tun rechtfertigen sollen. Menschlich, unerfahren, eigenwillig – dumm? Fies? Beschämend? Nicht unbedingt. *Wer sucht, der findet,* so heißt es. Doch den richtigen Weg müssen wir selber finden. Wer stolpert und hinfällt, sich aufrappelt und weitergeht, der wird auch weiter kommen. Wer sich hinsetzt und seine Wunden bejammert, kommt nicht weiter, nicht einmal seine Wunden heilen.

Ich stehe an einem Punkt in meinem Leben, wo ich noch nichts erreicht habe; wo nichts perfekt ist und nichts auf Erlösung hindeutet. Aber ich bin unterwegs, noch etwas müde, aber mit offenen Augen. Nein, glücklich bin ich nicht gerade mit dir, aber es gibt Glücksmomente, die ganz anders sind, als »man« denkt, wie sie sein sollen. Ich will mit ihnen zurechtkommen, ich will mit dir zurechtkommen. Ich möchte noch so vieles lernen und verstehen, nicht alles, nur was mir hilft, ein menschenwürdiger Mensch zu sein, in mir selber, in meinem kleinen Leben.

Der Regen verdeckt mit seinem grauen Vorhang die Weitsicht. Ich bin dankbar, dass ich weiß, dass die Hügel und der Wald dahinter noch da sind; sie sind nur verborgen. So viel weiß ich. Wenn der Regen aufhört, werden sie wieder sichtbar. Ich hab dich lieb, so gut ich kann, und für den Moment muss es genügen. Oh! Gerade jetzt zeigt sich der schönste Regenbogen, wie eine Brücke zwischen den Hügeln, die nun wieder sichtbar sind! Auch ein Zeichen? Ich möchte es so interpretieren.

***

So klappte es diesmal, ich konnte zum Klassentreffen in die Schweiz fliegen.

All meine früheren Schulkameradinnen wiederzutreffen war sehr aufregend. Gemischte Schulklassen gab es damals noch nicht; wir waren alles Mädchen, jetzt Frauen. Etliche erkannte ich sofort wieder, andere hatten sich so sehr verändert, dass ich fragen musste, wer sie waren. Es waren nur zwei frühere Lehrer dabei: der alte »Hauptlehrer«, der Schuldirektor, Herr K., der mir damals eine fette Ohrfeige verpasste. Er war unförmig und dick und an Diabetes erkrankt. Bei seinem Anblick spürte ich Mitleid und vergab ihm in meinen Gedanken. Der zweite Lehrer war unser ehemaliger Turnlehrer W.R., damals der Jüngste aller Lehrer, jetzt im »besten Alter«. Natürlich war Gabi auch dabei, ich sah sie ja auch sonst bei meinen Besuchen in der Schweiz. Nur kam Gabi leider nie zu Besuch bei mir. Nachdem wir alle einander begrüßt hatten, setzten wir uns dorthin, wo unser Name stand. Mein Name war genau neben Herr W.R., dem ehemaligen Turnlehrer. Er hatte mir sofort Komplimente gemacht, sodass ich ihn verdächtigte, dass er mein Tischkärtchen mit einem anderen vertauscht hätte. Nun, es wurde erzählt, gelacht und gestaunt. Plötzlich strich mir W.R. mit der Hand über den Rücken. Ich schauderte, es zuckte durch meinen ganzen Körper, es war zu lange her, seit mich ein Mann auf diese Weise berührt hatte. Ich wagte W.R. nicht mehr anzusehen und mied den Augenkontakt zu ihm.

Als das Essen beendet war und sich alle langsam erhoben, meinte W.R.: »Lasst uns noch einen trinken gehen, irgendwo, wo's Musik hat!« Nicht alle kamen mit, aber die meisten. Herr K. verabschiedete sich, was zu erwarten war, und ging nach Hause.

W.R. muss sich wie der Hahn im Korb gefühlt haben mit der ganzen Meute von schwatzenden und lachenden jungen Frauen. Bald saßen wir alle in einer Bar, wo getanzt wurde. Die Tische waren klein und verteilt, daher konnten wir nicht alle an einem Tisch sitzen. Natürlich setzte sich W.R. neben mich und forderte mich fast sofort zum Tanz auf. Er war mit seinem durchtrainierten Körper ein guter Tänzer. Ich tanzte von jeher gerne und genoss diese äußerst seltene Gelegenheit sehr. Graham tanzte nie.

»Jetzt solltest du aber mal mit einer anderen tanzen!«, meinte ich nach ein paar Tänzen.

»Hast ja recht«, gab W.R. zurück, »aber ich mag eigentlich gar nicht, mit dir ist's so schön!«

Dann forderte er Denise auf für einen Tanz, doch den Rest tanzte er nur mit mir. Ich genoss es sehr, das Schweben übers Parkett in den Armen eines Mannes, der so gut führen konnte. Wer selber gerne tanzt, wird verstehen, was ich mit *führen* meine.

Wohl oder übel ging auch dieser Abend zu Ende. W.R. bestand darauf, dass wir unsere Adressen tauschten; man könne sich doch eventuell mal schreiben. Er wusste, dass ich in London verheiratet war, auch machte er kein Geheimnis daraus, dass er mit einer früheren Schülerin verheiratet war und zwei erwachsene Kinder hatte. Nun, es war ja nichts dabei, und dass wir uns wiedersehen würden, war auch nicht gut möglich bei dieser Entfernung – und überhaupt, nein …

Ich ging zurück zu meiner Mutter, wo ich übernachtete. Am nächsten Morgen musste ich ihr alles erzählen. Meme (meine Mutter) kannte W.R., da sie während vieler Jahre in dem Schulhaus als Putzfrau (so sagte man damals noch) gearbeitet hatte.

»So ein feiner Mensch, der Herr W.R.!«, schwärmte sie und freute sich mit mir, dass der Abend so schön war für mich. Weder Meme noch ich dachten etwas Böses dabei, auch wenn ich ein kleines Flattern im Bauch verspürte. Ein wenig schwärmen durfte man ja.

Nach meiner Rückkehr nach London ging alles weiter wie bisher; die Tage waren angefüllt mit Arbeit. Ich lernte Autofahren. Ein paar Stunden hatte ich schon gehabt, als Karin noch bei uns war. Als Karin mitbekam, wie nervös ich jedes Mal wurde, wenn der Fahrlehrer mich abholte, sagte sie: »Das werd' ich sicher nie lernen! Ist ja furchtbar!« Nun, in London ist alles so weit weg, weil es so riesig ist, dass es von großem Vorteil schien, wenn man Auto fahren konnte.

Ich weiß nicht mehr, wie viele Stunden ich brauchte, aber den Test bestand ich erst beim sechsten Mal! Eben die Nerven. Speziell weil ich bei jedem Test wusste, dass auf alles geschaut wurde.

»Trinkst du Martini?«, fragte mich mein Fahrlehrer nach meinem fünften Test. Er wartete bei jedem Test auf mich, denn er selbst durfte mich ja nicht testen.

»Ja, warum?«, meinte ich erstaunt.

»Fühlst du dich sexy dabei?«

»Hmm?« Was sollte ich jetzt denken?

»Vor deinem nächsten Test nimmst du ein Gläschen, okay?«

»Hm.«

»Du bist so eine gute Fahrerin, fährst sorgfältig und alles, es ist nur deine Nervosität!«

Vor dem sechsten Test nahm ich dann zu Hause einen kleinen »Kräuter«. Brrrrr, ich schüttelte mich, der war stark – aber tatsächlich war ich ein klein wenig entspannter.

Mein Fahrlehrer brachte mich zum Test. Bevor ich etwas sagen konnte, entledigte er sich seines goldenen Medaillons und stülpte es mir über den Kopf.

»Da! Du schaffst es!«, meinte er liebevoll beschwörend.

Etwa nach dem ersten Drittel Testfahren bemerkte ich mit Schrecken, dass ich den Sicherheitsgurt nicht angelegt hatte.

»Ich weiß, dass ich nicht reden darf, und was mir jetzt passiert ist, ist mir bis jetzt noch nie passiert – ob Sie es glauben oder nicht«, sagte ich und fuhr ganz ruhig an den Randstein, zog den Gurt über und fuhr seelenruhig und kompetent durch alle restlichen Übungen. Der Tester gab mir keine Antwort, zu reden war während des Testes tabu. Alles ging wie geschmiert, direkt elegant, wie ich durch die Gegend segelte! Warum? Nein, sicher nicht wegen dem kleinen »Kräuter«. Es war für mich Tatsache, dass ich nun wieder durchfallen würde, weil ich mich nicht angeschnallt hatte, folglich war's eh gelaufen; jetzt musste ich mir keine Mühe mehr geben, ich hatte es sowieso vermasselt, meine Nervosität war wie weggeblasen.

Als der Test samt Theorie beendet war und ich parkte, meinte der Tester:»Sehr gut! Sie haben bestanden!« »Wie? Was? Sie meinen, dass ich von nun an alleine fahren darf?«

»Ja sicher, wenn Sie mir einen kurzen Moment geben, sodass ich das Formular ausfüllen kann«, sagte er freundlich lächelnd.

Ich konnte es nicht fassen, fühlte mich wie geladen und konnte kaum mehr still sitzen. Welch großer Schritt in die Unabhängigkeit der Erwachsenenwelt! Ich strahlte, als mich mein Fahrlehrer in Empfang nahm und mich kurz an sich drückte.

»Ich hab's gewusst! Du bist eine Superfahrerin! Ich sag dir was: Du kommst zurück in die Fahrstunden, und ich mache eine Fahrlehrerin aus dir!«

Nebst all der Freude und dem Stolz, nein, so weit wollte ich nicht gehen, äh, fahren.

Von da an wechselten Kathy, meine liebe Nachbarsfreundin, und ich uns ab im *die Kinder zur Schule fahren*, eine Woche sie, die nächste Woche ich. Auch meine Einkäufe konnte ich nun unabhängig mit dem Auto erledigen.

Meine Agentur lief einerseits nicht schlecht, ich war beliebt unter den Familien und den Au-pair-Girls, aber das Einkommen war zu niedrig und der Zeitaufwand zu groß. Ich kannte niemanden, der so ein Geschäft ganz alleine führte, dazu noch ohne Computer. Nach vier lehrreichen Jahren sah ich mich gezwungen aufzugeben. Um eine Geschäftsfrau zu sein, hatte ich zu viel Gefühl für die einzelnen Menschen. Nein, eine gute Geschäftsfrau war ich nie, schon allein das Rechnen machte mir immer Mühe; ich musste mir etwas anderes ausdenken.

194

Meine mühevoll aufgebaute Agentur verschenkte ich schließlich mit allen Kontakten einer jungen Frau, die ihr Glück nicht fassen konnte.

»Du übergibst mir das Ganze? Wow! Mein Mann hat einen Computer und wird mir helfen! Mir bleiben die Worte weg – du bist ein Schatz! Dankeee!« Die junge Frau strahlte.

Wie sollte es für mich weitergehen? W.R. hatte mir ein paarmal geschrieben, romantische Briefe, die meinen Alltag versüßten. Mein Eheleben schien mit diesen »Zückerchen« besser zu funktionieren; ich wurde wieder fröhlicher. Aber was machte ich jetzt für meinen finanziellen Beitrag?

Dann erhielt ich einen Telefonanruf von einem entfernten Verwandten, Cousin in zweiter Generation, der auch mit seiner Familie in England wohnte. Sein Vater war als junger Schweizer Bankier nach England ausgewandert, zu der Zeit lebte er schon nicht mehr; meine Mutter hatte ihn noch gekannt als ihren direkten Cousin. Eric, sein Sohn, hatte jetzt ein eigenes Geschäft; er handelte mit Kleinantiquitäten und brauchte eine Vertreterin fürs Ausland. Ob ich Interesse hätte?

»Nein, so was kann ich nicht!«, war meine sofortige Antwort.

»Schlaf drüber und denk's mal durch. Man kann es lernen.«

Nach etwa zwei Wochen wollte er mich sehen, ich solle zu ihrem Haus zu einer Besprechung kommen. Ich ging. Eric war ein richtiger Geschäftsmann, nicht wie ich, er konnte rechnen und Geschäfte machen. Dazu hatte er das passende Auftreten. Ihr Haus war auch dementsprechend größer und mit einem gepflegten Garten ringsum. Seine Gattin, Wendy, versuchte mich zu überreden. »Ich hab's auch schon gemacht, am Anfang musst du furchtbar aufpassen, aber du wirst da reinwachsen, und dann machst du das wie Einkaufen!«

Da gab es wunderschöne Schmuckstücke, alles Antiquitäten, viele mit edlen Steinen. Ringe und anderer Schmuck waren in mit Samt ausgelegten Schachteln verpackt, Präsentationsschachteln. Mehrere von ihnen müsste ich, in einem Koffer mit Rädern, verzollen, um sie in der Schweiz an renommierte Geschäfte zu verkaufen. Der Wert einer »Ladung« belief sich auf ungefähr 30 000 Schweizerfranken. Ich wäre jeweils eine bis zwei Wochen in der Schweiz und würde in mehreren Städten die Kundschaft besuchen. Dazu erhielte ich ein Generalabonnement für den Transport und verdienen würde ich prozentual von der Ware, die ich verkaufte. Dann wäre ich wieder drei Wochen oder etwas mehr zu Hause in London, vor der nächsten Ausfuhr. Da ich neben Englisch auch Deutsch und Französisch sprach, wäre das von großem Vorteil.

Ich war mir nicht ganz sicher ob ich das könnte. »Ich werde mit Graham darüber reden.«

»Du würdest es nicht bereuen – es ist eine interessante und saubere Arbeit!«

»Das kann ich nicht, so was hab ich noch nie gemacht.«

»Du gewöhnst dich daran und dann macht es Freude! Du hast die Verbindung mit der Schweiz, und die Kundschaft ist angenehm, leicht gehoben.«

Was mich nicht etwa mehr ermutigt hätte! Doch nach einer Rücksprache mit Graham sagte ich schließlich zu. Graham meinte, dass ich großes Glück hätte, weil ich ja so oder so eine andere Arbeit finden musste. Die Mäd-

chen seien auch nicht mehr so klein, und da er selbst
angestellt war, könne er sich mit Schule, Arbeit und Zeit
schon arrangieren.

Das Ganze machte mir schon Kopf- und Bauchweh,
doch auch die neue Herausforderung hatte ihren gewissen Reiz.

Kapitel 17

Der lange Regen hält an. Nur zeitweise öffnet sich die graue Wolkenschicht und zeigt ein sauberes Blau, leider nur kurz. So geht es seit Tagen. Viele Teile der Schweiz sind überschwemmt. Flüsse treten über die Ufer und Bäche sprengen ihr zu eng gewordenes Bett. Dazu wird in der ganzen Welt gestritten und gekämpft. Tausende von Flüchtlingen verlassen ihre Länder und suchen Zuflucht im vielversprechenden Nord-Westen. Es werden zu viele. Unaufhaltsam, wie übertretende Flüsse, kommen sie, flüchtend, weg von ihrer eigenen Heimat. Viele schaffen es nicht; es ertrinken Menschen aus überfüllten Booten, andere ersticken in überfüllten Lastwagen. Sie reisen wie billig gezüchtetes Vieh. Schreckensbilder werden in den Nachrichten am Fernseher gezeigt. Man möchte helfen, man fühlt sich schlecht und schließlich gewöhnt man sich fast daran wie an den Regen. Es ist zu viel! Staatsmänner verhandeln und sind sich in ihren Praktiken uneinig. Die Grenzen müssten gesprengt werden, aber zuerst braucht es Frieden! Eine unmögliche Sache? Warum? Feind ist die Macht. Macht wird benutzt, um andere klein zu machen, um zu besitzen, um selber mehr zu haben. Andere unter sich zu kriegen, zu befehlen über sie. Geld und Religion geben Macht, aber keinen Frieden. Unterdrückung und Beherrschung. Religionen und deren Gesetze sind *man made*, von Menschen gemacht. Gott gibt es nur *einen*! Und der liebt alle Menschen gleich, mit oder ohne Kopftuch, mit langen Haaren oder geschorenen Köpfen, in schwarzen oder bunten Kleidern, oder auch ohne. Wann begreifen wir das endlich? Warum müssen Menschen alles besser machen wollen? Gerade dadurch machen sie alles kaputt. Alles, was wir bräuchten, wäre da – ist da! Warum können wir es nicht einfach dankend annehmen? (Ich scheine von mir selber zu reden.) Ja, eine gewisse Ordnung braucht es! Doch was gut oder böse ist, weiß ein jeder; wenn er mal innehielte, um in sich selber hineinzuhorchen. Die Natur wieder sehen, nicht immer alles auseinandernehmen, um es zu analysieren. Die Schönheit neu entdecken; erkennen, sehen! Vermeintliche Unvollkommenheiten sind vielleicht in ihrer Eigenheit vollkommen und haben ihre eigene Schönheit in sich? Wieder lieben lernen?

Heute muss alles schnell gehen, noch schneller als gestern, und noch besser, perfekter. Warum eigentlich? *Innehalten.* Ich selbst bin kein Deut besser. Auf Umwegen musste ich sehr viel lernen und lerne immer noch. Ich lerne, bis ich nicht mehr bin.

Res hat ein neues Treffen mit dem Medium R.R. arrangiert, wahrscheinlich das letzte. Wir verbinden es mit einem einzulösenden Hotelgutschein, den Res gewonnen hat. Das Hotel steht in Weggis am See, dort, wo auch R.R. wohnt. Ein Zufall? Irgendwo habe ich gelesen, dass es keine Zufälle gibt. Und irgendwie glaube ich das auch. So abgemacht, werde ich die erste Hälfte der Stunde bei dem Treffen mit Res zusammen sein; ich will noch einmal wissen, wie R.R. unsere Beziehung interpretiert und ob er im Beisein von Res gleich reagiert, wie als ich alleine bei ihm war. Dann will ich mich von solchen Treffen distanzieren. Mehr will ich auch nicht wissen, da ich glaube, dass man keine geschlossenen Vorhänge lüften sollte. Res will die zweite Halbstunde für ein Gespräch alleine mit R.R. Er braucht mehr Klarheit, eventuell Rat, um das Verhältnis mit zwei seiner Töchter besser zu verstehen oder was Besseres daraus zu machen.

Zu hoffen ist, dass wir nach diesem Gespräch unseren Hotelgutschein noch genießen können!

Reden werden wir dann sicher darüber, ich hoffe jedoch, im positiven Sinne.

Res hat viel gute Eigenschaften. Und was ich nicht so mag an ihm, mit dem versuche ich jetzt zurechtzukommen; ich lerne. Dazu bin ich im Moment öfter alleine. Und überhaupt, wer mag schon alles an mir?

***

Die ersten drei Male begleitete mich Eric auf meinen Geschäftsreisen. Auch um mich seiner Kundschaft vorzustellen. Das ging gar nicht so schlecht, ich konnte mich auf Eric verlassen. Aber bald reiste ich alleine. Die Ware musste gesetzeskonform verzollt werden. Manchmal wurden mir unbehagliche Fragen gestellt. Ich musste zum Beispiel genau wissen, welches Schmuckstück in welcher Schachtel war. Keine einfache Sache. Deshalb musste ich auch immer dabei sein, wenn die Stücke verpackt wurden. Erneut musste ich an Schüchternheit verlieren. Auch musste ich ein bestimmtes Auftreten erlernen. Ich trug ein sogenanntes Jackenkleid in Reseda-Grün, eine weiße Bluse darunter, die Haare schön zurückfrisiert. Eine kleine »Geschäftsfrau«, die schlecht rechnen konnte und der das Talent zum Geschäftemachen vollkommen fehlte. Ausgerüstet mit einem Taschenrechner und zwei großen Augen.

Die Kundschaft mochte mich, wahrscheinlich auch, weil ich nicht so hart war wie Eric. Ich genoss das Reisen und das Auskundschaften von Schweizer Städten, die ich bis dahin nur dem Namen nach kannte. Nebst den bezahlten Reisen verdiente ich so wenig, dass ich mir nur Sandwiches leisten konnte, aber das war nicht der einzige Grund, dass ich nie in ein Restaurant essen ging; ich war ja immer noch schüchtern. Am Abend wurde ich ja von meiner Meme verköstigt, wo ich während meiner geschäftlichen Aufenthalte wohnte.

W.R. meldete sich brieflich fast regelmäßig. Als er von meinem neuen Job erfuhr, meinte er:»Aber das ist ja fantastisch! Wir können uns wiedersehen!« Meine Gedanken dazu waren nicht so unbeschwert wie seine, schon gar nicht meine durcheinandergebrachten Gefühle. Mit seinen Briefen ließ es sich wunderbar leben, aber sich so richtig treffen, vor allem nur noch zu zweit? Das hatte schon einen etwas gefährlichen Beigeschmack. Das sogenannte Bauchgefühl, das meistens recht hat.

Ja, wir begannen uns regelmäßig zu treffen. Nun wurde ich in die erstklassigen Restaurants zum Essen ausgeführt, die ich bis dahin auch nur von außen kannte. Ich wurde beachtet und verwöhnt wie noch nie! Es machte wieder Sinn, mich hübsch zu machen zum Ausgehen. Natürlich kamen wir uns näher, das war praktisch unvermeidlich. Er begann mich zu küssen. W.R. war sehr zärtlich, aber auch etwas zu überschwänglich in seinem Gehabe – ein wenig zu viel für mich. So war es mir nur recht, wenn er sagte:»Von unterhalb der Gürtellinie gehöre ich nur meiner Frau, das muss so sein, ich bin ja verheiratet.« Das klang schon fast wie eine Entschuldigung, aber für mich war das gut so; auch ich war ja schließlich verheiratet und so wollte ich das auch nicht anders.

Dann mietete W.R. im besten Hotel der Stadt ein Zimmer für mich. Wow! Nicht in meinem kühnsten Traum hätte ich je erwartet, dieses Hotel einmal von innen zu sehen, dort gar ein Zimmer zu bewohnen! Ich strahlte und genoss W. R.'s liebevolle Aufmerksamkeiten, so wie das diskret von allen Seiten Bedientwerden, ich kam mir vor wie eine echte Persönlichkeit, wie ein Filmstar oder so was. Ach, wie naiv ich war! W.R. war kein guter Küsser, dafür war er der beste Verwöhner.

»Mach dir keine Sorgen wegen den Ausgaben, dieses Geld, gäbe ich es nicht aus, würde mich nur in eine höhere Steuerklasse bringen; so gebe ich es lieber mit dir aus! Und meiner Frau geht es gut, keine Bange!«, meinte er beschwichtigend auf meine zögerlichen Einwendungen. Für mich war das alles fremd, ich genoss, was ich erleben durfte, aber ganz wohl war mir nicht dabei. Nicht wegen seines Geldes oder seiner Frau, nein, wegen meiner Situation, meiner Verhältnisse. So kam es, dass ich mich, wenn sich W.R. nach dem Abendessen von mir verabschiedete, um zu seiner Frau nach Hause zu gehen, etwas später aus dem Zimmer schlich, um in bescheidener Einfachheit bei meiner Mutter zu übernachten. Das Ganze war eine echt paradoxe Situation, schon fast zum Lachen, wäre sie nicht so tragisch gewesen. Nein, dass ich bei meiner Mutter übernachtete, das habe ich W.R. nie gesagt.

Meme begann ich nach einer Weile einzuweihen, und dann nahm ich sie einmal mit ins Hotel, um mit ihr auf meinem kleinen Balkon über dem Rhein zu frühstücken. Schließlich war sie ja auch noch nie in so einem

Hotel gewesen. Ich liebte es von jeher, wie meine Mutter staunen konnte! Gutgläubig und naiv waren wir beide etwa gleich. Was die Hotelbedienung über uns dachte, war mir egal, es war ja alles bezahlt und wir wurden behandelt wie echte V.I.P.'s.

»Ja, und der W.R.? Wie geht denn das? Und mit seiner Frau?«, fragte mich Meme.

»Der sagt, es sei alles in Ordnung, er ist sehr gläubig und hat mir gesagt, dass es auch Ehen gäbe, die nur im Himmel geschlossen sind«, gab ich ihr wahrheitsgemäß zurück und fing langsam selber an, daran zu glauben. Wie liebeshungrig ich doch war, auf so was reinzufallen! Aber W.R. schien es selber zu glauben. Er erzählte mir mehr und mehr vom lieben Herr Jesus und dass alles so ist, wie es sein soll. Zuerst sträubte ich mich gegen diesen Glauben, erinnerte mich dann aber, dass Jesus schon in meiner Kindheit eine Rolle spielte und ich immer Schutzengel um mich hatte. Etwas verwirrt war ich schon, und wenn ich darüber nachdachte, wurde ich es noch mehr.

Dazwischen war ich wieder zu Hause in London. Mit W.R.'s liebestriefenden Briefen ging es mir gut, meine kühle Ehe wurde erträglicher; was ich so nicht hatte, nahm ich aus W.R.'s Briefen. Dazu hatte ich meine süßen Mädchen, mit denen ich jede verfügbare Zeit verbrachte. Doch leider, oder natürlicherweise, pflegten auch die Mädchen ihre eigenen Freundschaften, sei es nach der Schule oder an den Wochenenden, sodass ich sehr oft ganz alleine daheim war. Da halfen mir eben W.R.'s Briefe.

Etwas muss ich klarstellen: die Liebe zu den Kindern und die Liebe zu einem Mann sind zwei vollkommen verschiedene Dinge. Es gibt nicht einfach *die* Liebe, sonst hätte ich auch nicht mehr gebraucht. Das Leben ist nicht einfach, die Liebe noch weniger, die kann mitunter auch sehr kompliziert sein.

Die Tage, an denen ich nicht wegen meines Jobs auf Reisen war, verbrachte ich immer alleine daheim; die Mädchen waren in der Schule und Graham bei der Arbeit. Niemand kam zum Mittagessen nach Hause, das war immer so in England. Nun, Arbeit hatte ich immer genug mit dem ganzen Haushalt und im Garten. W.R.'s schöne Briefe waren wie kleine Süßigkeiten in den einsamen Stunden. »Klack!«, machte die Briefschlitzklappe, und da lag die Post vor der Tür auf dem Boden. Ein Brief von W.R.! Ich kannte seine kleinen Buchstaben, rannte die Treppe hoch, setzte mich aufs Bett und öffnete ungeduldig den länglichen Briefumschlag. Dann genoss ich den Inhalt der liebevollen Zeilen, seufzte und ging wieder nach unten, um das Abendessen vorzubereiten. Da hörte ich den Schlüssel im Türschloss – schon Graham? Ich hantierte mit dem Geschirr, während Graham nach oben ging.

›Habe ich den Brief weggeräumt oder liegt er noch auf dem Bett?‹, hämmerte es mir durch den Kopf.

Doch Graham kam wieder runter, ohne eine Bemerkung zu machen. Zwischendurch ging ich nach oben; der Brief lag auf dem Bett, schnell räumte ich ihn weg und war erleichtert, dass nichts passiert war.

Der Abend verlief normal wie jeder andere. Wie ein Hammer, der so viel Zeit braucht, weil er so hoch ausholen muss, fiel er mir erst am folgenden Abend auf den Kopf, und das mit einer Wucht, die töten kann.

Es war nach dem Abendessen, die Mädchen hatten sich

in ihre Zimmer verzogen, als Graham losschrie: »Du Hure! Ich habe den Brief gesehen! Ich will die Scheidung!« Das war zu überraschend, ich konnte nicht denken, war verwirrt.

Graham bebte vor lauter Wut, sein Gesicht wurde so böse, so hässlich. Graham verstand kein Deutsch, was hatte er denn verstanden?

»*Ma petite femme d'amour!* Ha! So was hätte ich von dir nie gedacht – eklig!«

»Nein, es ist nicht so, bitte, nicht so laut, die Mädchen – bitte«, flehte ich und wusste nicht mehr, wo ich mich halten sollte, der Boden, alles schwankte, ich fühlte mich halb tot geschlagen. *Ma petite femme d'amour* – ja, das waren die einzig nicht-deutschen Worte, die in dem Brief standen, und genau nach diesen Worten wurde ich bewertet. Ich rannte nach oben, Josella war in ihrem Zimmer, da wurde ich von Graham überholt. Wutentbrannt schlug er die Tür zu Josies Zimmer auf und schrie: »Deine Mutter macht es mit einem anderen Mann! Wie eine Hure! Dieses Ekel!«

»Neeeiin!«, schrie ich zurück und schob meinen Arm vor Graham, der wie betrunken zurücktaumelte und schließlich wieder nach unten rannte. Die Eingangstür schlug zu. Ich konnte keine Gedanken ordnen.

»Josie«, ich öffnete meine Arme, um sie zu halten, doch Josie stieß mich weg.

»Rühr mich nicht an!«, schrie sie, »geh weg!« Ihre Stimme war dünn und laut, mein Herz blutete, nie hatte ich einen stärkeren Schmerz als jenen empfunden. Ich durfte mein Kind nicht berühren, sie nicht in die Arme nehmen! »

»Es ist nicht so – Daddy hat es falsch verstanden!«

›Gott, hilf mir!‹ Ich war wie am Ertrinken.

»Geh weg!«, fauchte mich Josie an, begleitet von einer unmissverständlichen Handbewegung.

»Es tut mir so leid, es ist nicht so … Ach, wie schrecklich, dass du auf diese Art erwachsen werden musst.«

Ich wusste nicht mehr, was ich sagen sollte, ich spürte nur noch den Schmerz, der Josellas Herzchen zerriss. Es war alles so unerträglich und erbarmungslos, ich konnte nicht einfach wegsterben, ich musste es aushalten! Zaghaft strich ich über Josies zitternden Arm, doch sie entzog sich mir erneut: »Geh weg!«

Ich schwankte nach unten. Wenn ich mich richtig erinnere, kam Lucy etwas später wieder, sie war offenbar bei ihrer Freundin gewesen, drei Häuser weiter. Zu dieser Zeit kehrte Graham zurück und kam in den Wintergarten. Ich sagte zu den Mädchen, dass sie sich oben beschäftigen sollten, die Eltern hätten etwas zu reden. Dann folgte ich Graham in den Wintergarten.

»Dass mir so etwas passiert! Eine Hure als Frau! Es ist klar: Wir lassen uns scheiden!«

»Bitte – nein.«

»Hör auf, du Ekel!«

Ich wusste nicht mehr, was ich tun oder sagen könnte, so kniete ich vor Graham nieder und flehte: »Bitte nicht scheiden, keine Scheidung, ich könnte es nicht ertragen, nicht nochmals, bitte, bitte!«

»Ha! Du falsche Hure! Du kannst verschwinden! Ich will dich nicht mehr! Ich will die Scheidung! Ich scheide mich von dir!«

»Es ist nicht so, wie du das verstehst, es ist – wir haben nicht zusammen geschlafen!«

»Glaubst du etwa, ich sei blöd? Nein! *Das* machst du

nicht mit mir! Mit mir nicht!«

Es nützte alles nichts, Graham glaubte mir nicht, und ja, ich war schuldig, auch wenn ich geglaubt hatte, dass das nicht schlimm sei; mir, was ich vermisste, durch fremde Zuwendung zukommen zu lassen. Es war falsch.

Von jenem Tag an hatten wir keine gemeinsamen Freunde mehr, ich wurde von allen geächtet. Ich rief W.R. an: »Es ist etwas passiert, du musst mir helfen! Meine Ehe geht in die Brüche, Graham will sich von mir scheiden lassen, er hat einen Brief von dir erwischt.«

»Oh! Nein, meine Liebe, tut mir leid, aber da musst du alleine durch, ich bin verheiratet! Damit hab ich nichts zu tun! Nein, nein.«

Ich glaubte nicht richtig gehört zu haben. War das etwa Liebe? Gab es die Liebe überhaupt? Ernst genommen wurde ich ohnehin nur noch als Hure, niemand glaubte mir, niemand hörte mir zu. Ich war falsch, verdorben, verwerflich, übel und nichts mehr wert. War ich denn überhaupt jemals etwas wert? Was hatte ich denn da bloß gemeint? Dass ich auch ein Recht auf Liebe und Leben hätte?

Graham bestand darauf, dass wir uns jeder einen Anwalt nahmen. Fast ausschließlich an jedem Abend nach dem Essen wiederholten sich dieselben Streitereien. »Und mach dir keine falschen Ideen! Das Haus gehört mir! Und die Kinder bleiben auch hier!«

Wieder stand ich ganz alleine da, niemand hielt zu mir, niemand wollte mir zuhören oder mich verstehen. Ich war etwas so Ekliges, als würde mir etwas anhaften, vor dem man sich flüchten müsste. Aus dem Elternschlafzimmer musste ich sofort ausziehen. Das Zimmer, das ich noch bewohnen durfte, war das kleinste im Haus.

Ein schmales Bett hatte gerade noch Platz, und mehr brauchte ich nicht.

Mein Anwalt war erst sehr nett, doch als ich seinen Rat nicht befolgen wollte, Graham aus dem Haus zu weisen, verlor er das Interesse daran, mir beizustehen. Sein Argument war, ich sei schließlich während fünfzehn Jahren mit Graham verheiratet gewesen, hätte alles in Haus und Garten gemacht, die Kinder erzogen und daneben noch gearbeitet, somit hätte ich volles Recht, im Haus mit den Kindern zu bleiben.

»Nein, das kann ich nicht! Das Haus wurde uns ermöglicht durch Grahams Mutter.«

»Und alles andere? Sie haben auch Rechte! Wenn Sie das nicht einsehen wollen, muss ich Sie fallen lassen, ich bin schließlich Anwalt!«

»Bitte, bitte, lassen Sie mich nicht fallen! Ich brauche Ihre Hilfe, habe hier niemanden mehr! Lassen Sie uns eine weniger krasse Lösung finden, bitte!«

Zum Glück verging die Zeit und schwächte auch die Wucht des Unglücks, sodass wieder einigermaßen der Alltag einkehrte. Aber es war alles kaputt und sehr, sehr schmerzhaft. Ich lebte wie in einem endlosen Albtraum. Schließlich konnten wir uns darauf einigen, eine Eheberaterin zu besuchen; der Kinder zuliebe. Leider verlief das überhaupt nicht gut; Grahams erster Satz war: »Sie war schon mal verheiratet, auch mit zwei Kindern!«

»Aha! Hmm.« Die Eheberaterin sah mich fast so genüsslich an, als hätte sie einen fetten Fraß vor sich.

»Und sie ist Ausländerin.«

Die Schlacht war für mich aus und verloren. Graham schien irgendwie befriedigt. Wieder draußen, meinte er:

»Wenn du einwilligst, dass du die Schuldige bist, gibt es eine schnelle Scheidung, sonst kann das Ganze sehr langwierig und teuer werden – du hast eh keine Chance.«

So sah ich auch keinen Ausweg mehr. Die Bedingung war, dass ich noch während fünf Jahren im Hause bleiben würde, bis die Mädchen die Schule hinter sich hätten. Diese Lösung war nicht ideal, aber für den Moment befriedigend. Ich riss mich zusammen und konzentrierte mich aufs Wesentliche, erledigte alles, so gut ich konnte. Arbeiten musste ich jetzt erst recht, so reiste ich auch wieder in die Schweiz. Ja, ich traf auch W.R. wieder und hatte gehofft, dass er mich doch so fest lieben würde und zu mir hielte, mich sogar mit den Kindern aufnehmen würde. Ich ließ es schließlich zu, dass er mit mir schlief, alle glaubten das ja sowieso und mir wurde das so was von scheißegal und überhaupt nicht mehr wichtig! Alles verloren hatte ich ja so oder so. Inzwischen traf ich seine Frau, sie wollte mich kennenlernen. Es kam zu einem kurzen Gespräch in einer Bar. Mir war das alles nicht mehr geheuer. Schließlich erfuhr ich durch W.R. selber, dass er seit eh und je Affären hatte, und ich glaubte, er hätte sich in mich verliebt! Und im Bett war er eine Katastrophe, also um diesen Sex ging es mir bestimmt nicht! Gegeben hatte ich nichts, dafür fein gegessen. Als ich merkte, dass W.R. wirklich nicht zu mir hielt, kam ich mir plötzlich vor wie eine Luxushure. Der nutzte mich ja nur aus! Er bezahlte für das, was er wollte! Natürlich nicht in bar. Also sollte er es auch so haben! Ich begann ihn auszunutzen. Ich wurde gemein und berechnend. So schlug ich ihm vor, statt der teuren Hotelnächte könnte ich mir doch gerade so gut für dieses Geld eine kleine

Wohnung nehmen. Ich war wieder offen für alles, *fast* alles. Ich wartete nur noch auf eine Gelegenheit, ihn auf der Straße stehen zu lassen.

Inzwischen hatte ich mich einer Christlichen Gemeinde angeschlossen. Das viele Reden von W.R. über Jesus hatte wohl doch auch seine Wirkung. Zu der Gemeinde kam ich, als ich einen Nachtbus für Randständige besuchte. Eine junge Frau riet mir, mich an eine Velotour anzuschließen, welche am Wochenende stattfinden würde. Inzwischen hatte ich eine kleine Ein-Zimmer-Wohnung und auch wieder ein Fahrrad. Ja, und ich war auch auf Männersuche, ich war ja so was von ungeliebt und schlecht – vielleicht würde sich eines Tages doch noch einer in mich verlieben? Um allein zu sein, war ich zu jung, aber ich war auch viel zu verwirrt, um klar zu denken.

Die Velotour war okay, ich traf andere Menschen mit schrägen Schicksalen, sodass ich mich nicht mehr so ganz alleine fühlte. Dass ich nun auch selber zu den Randständigen gehörte, merkte ich lange nicht.

Wieder zurück in London, konzentrierte ich mich auf alle anfälligen Arbeiten und pflegte ein inniges Verhältnis mit meinen Mädchen. Wir hatten auch wieder Spaß zusammen. Zum Glück machten sich unsere Mädchen keine zu großen Gedanken, warum Mama jetzt das kleinste Räumchen im Haus bewohnte, obwohl es bei Daddy doch viel mehr Platz hätte. Graham selber lebte wieder sein Junggesellenleben wie vorher. Doch als Vater war er lieb, aber wenn ich dort war, blieben die Mädchen eh mit mir und so hatte Graham seine Freiheit. Auch unser Freundeskreis schien sich zu beruhigen; man redete wieder mit mir. Joyce, Grahams Mutter zeigte erst kein Verständnis, aber liebte mich bald wieder wie eh und je. Das tat gut. Wir hatten immer liebe Nachbarn, auch das war eine Wohltat.

Nur oft an Abenden, wenn die Mädchen schon schliefen, ließ Graham seine Wut an mir aus, immer wieder konnte er fragen:»Was hat dieser Typ wohl besser als ich?« Gerne hätte ich gesagt:»Nichts, außer dass er mir Beachtung schenkte.« Aber ich schwieg. Graham wäre eh nicht aufnahmefähig für das, was ich zu sagen gehabt hätte; ich war wertlos geworden und somit auch ohne Rechte.

Die Scheidung verlief so, wie Graham es wollte, und es wurde vereinbart, dass ich während der folgenden fünf Jahre noch im Haus wohnen würde, als Mutter meiner Töchter und als Haushälterin.

Durch die Missionarin, ihr Name war Bea, vom Mitternachtsbus in Basel kam ich schlussendlich auch zur Gemeinde der evangelischen Methodisten. Zuerst allerdings überredete mich Bea, einen neuartigen Bibelkurs zu besuchen. Schließlich willigte ich ein und lernte sehr nette Menschen kennen. Nein, die waren nicht neugierig, jeder der Teilnehmer wurde spürbar als Mensch so akzeptiert, wie er war. Schon allein das war schön für mich und ich fühlte mich bald wohl in ihrem Kreise. Der Bibelkurs war hoch interessant. Der Leiter, Pfarrer dieser Gemeinde, Marc, strahlte eine Echtheit aus, die Sicherheit, Glauben, Verständnis, Gelassenheit und sehr viel Liebe beinhaltete. Ein würdiger Mensch, zu dem man aufschauen und dem man vertrauen konnte. Das tat gut. Ich trat bald offiziell der Gemeinde bei. Eigenartigerweise war der Gründer der methodistischen Kirche John Wesley von England. Das Beste aber daran war, dass jeder so sein konnte, wie er war, man wurde weder kritisiert noch ausgefragt, auch nicht hinter dem Rücken »auseinandergenommen«, was in der Schweiz leider oft so ist. Ich fühlte mich in den Gottesdiensten so wohl, dass ich oft wünschte, sie würden nie enden.

Ich freundete mich bald mit einem Mann an, den ich bei der ersten Velotour mit Bea kennenlernte. Er machte einen sportlichen Eindruck, war gut aussehend und groß. Wir erzählten einander aus unserem Schicksal, fanden gegenseitige Sympathie und verliebten uns schließlich.

Sofort kam mir der Gedanke: ›Jetzt! Jetzt kann ich mich von W.R. lösen und ihn gleichzeitig auch verletzen.‹ Denn das wollte ich ja.

Bei meinem nächsten Besuch in Basel traf ich, wie nun schon üblich, mit W.R. zusammen.

»Du bist doch so gläubig«, begann ich, als er mit mir in meiner winzigen Küche Kaffee trank.

»Jaaa?«

»Eben, wie vereinbarst du denn deinen Glauben mit deiner ehelichen Untreue?«

»Ach! Weißt du, das ist alles schon lange vorprogrammiert. Gott weiß das alles schon, bevor wir nur dran denken können! Und Jesus hat uns alle Sünden vergeben, im Voraus, alle!«

Mich ekelte leicht. »Lass uns am Rheinufer spazieren gehen«, meinte ich. Mein Plan stand fest.

Es ist schön, dem Rhein entlang zu flanieren, so hätte es sein können, war es aber nicht. Plötzlich blieb ich stehen.

»So, und jetzt verabschiede ich mich von dir; ich habe nämlich eine Verabredung mit einem sehr sympathischen Mann, der auch an Gott glaubt, aber anders als du!«

W.R.'s Gesicht fiel so was wie auseinander, er sah für einen Moment lang komisch und hilflos aus.

»Ja, aber wir treffen uns doch wieder, oder?«

»Nein, wir treffen uns nicht mehr.« So hart kann man nur sein, wenn man nicht mehr liebt. W.R.'s graue Augen begannen zu schimmern, schließlich waren sie gefüllt mit echten Tränen.

»Tschau!«, sagte ich laut, wandte mich ab und ging, ohne mich ein einziges Mal umzusehen.

Nein, das war weder richtig noch gut, für niemanden. Aber ich brauchte dieses Gefühl genugtuender Rache. Ich wollte so gemein sein, wie mir danach war. Hätte ich damals nur gewusst, dass ich mich selber nur weiter in einer Hölle bewegte, in welcher es kein Licht gab. Licht gab es, aber nur außerhalb.

Mein neuer Freund hieß Edwin, war ursprünglich Bauernsohn, lebte jedoch außerhalb von Basel, wo er ein kleines Zimmer gemietet hatte. Nun erfuhr ich von ihm, dass er drogenabhängig gewesen sei, das liege allerdings gut zwei Jahre zurück, seither sei er »sauber« und ich müsse weder Angst noch Bedenken haben.

Wir pflegten regen Kontakt, auch per Telefon, wenn ich in London war. Nun lebte ich ein vollkommen gespaltenes Leben, oder noch eher zwei total verschiedene Leben gleichzeitig.

In England war ich immer voll da für meine Mädchen die mich sehr liebten, ohne sie wäre ich zu Grunde gegangen. Alles zerrte an mir. Das war kein normales Leben mehr. Sicher, ich sah auch meine zwei ersten Kinder regelmäßig, aber Edith war irgendwie wie ein Pflock dazwischen, auch wenn das nicht sichtbar war, so empfand ich es eben. Sie, die immer die Ruhe selbst zu sein schien, sie, die immer lächelte, sie, die alles richtig machte, sie, die gewonnen hatte, was mir versagt blieb.

Gerrys Liebe spürte ich jedoch immer, aber das war nur ein Gefühl wie ein unsichtbarer Hauch in der Luft.

Dann kam eines Tages ein Anruf aus der Schweiz, es war meine Mutter, die mit Worten rang, bis ihr Gigi, meine Schwägerin, den Hörer aus der Hand nahm.

»Hallo, hier ist Gigi, es ist etwas passiert: Gerry ist gestorben.«

Ich atmete schwer. »*Nein!* Sag, dass es nicht wahr ist!«

»Es ist so, Mutter war nicht in der Lage, es auszusprechen, er hatte einen Magendurchbruch, während des Spielens brach er auf der Bühne zusammen, er wurde als Notfall operiert, doch es war zu spät; das Gift war schon im Blut.«

Ich war wie zerbrochen. ›Gerry! Jetzt ist er tot!‹ Ich konnte ihn nie mehr sehen, wir konnten nicht mehr miteinander reden – alles war wie ausgelöscht.

Graham erkannte, wie ich litt.

»Wenn du möchtest, geh zur Beerdigung«, sagte er fast liebevoll.

Schon sah ich mich in Gedanken zwischen all seinen Freunden und Bekannten, wie sie mich anstarren und vielleicht tuschelnd auf mich zeigen würden. Und Edith als trauernde »Witwe«, obwohl er sie nie geheiratet hatte!

»Nein, nein, das bringt's nicht, danke, das ist gut gemeint.« Ich konnte mich Gerry allein in Gedanken näher fühlen, als wenn ich zum Begräbnis gegangen wäre.

Das war ein unerwarteter Schicksalsschlag. Als wäre nicht alles schon schlimm genug. Zum Glück waren Joël

und Karin schon erwachsen und von zu Hause ausgezogen. Edith hatte ja noch ihre eigene Tochter Vera, deren Vater (Ediths Exmann) war auch noch am Leben.
Die Zeiten wurden nicht besser. Graham und ich, wir gingen einander bestmöglich aus dem Wege, was gar nicht immer einfach war. Die Luft schien dicker zu werden; bevor ich von oben hinunter ins Esszimmer kam, lauschte ich nach unten, ob Graham dort war. Er tat genau dasselbe. Wenn die Kinder in der Schule waren, beschäftigte ich mich meistens im Garten. Oder ich schrieb – stundenlang, das half mir irgendwie, es ohne Gesprächspartner überhaupt noch auszuhalten.
Edwin fragte mich bei einem folgenden Besuch: »Du, ich brauche eine neue Bleibe, könnte ich deine Wohnung benutzen? Keine Angst, nicht für lange, höchstens für drei Wochen, bis ich was anderes habe. Deine Wohnung steht ja eh leer, wenn du in London weilst.«
»Für drei Wochen? Okay. Aber nicht länger.«
Was hätte ich anderes sagen sollen? Natürlich landete ich in der nächsten Falle. Edwin blieb. Und er wurde komisch. Manchmal wurde er in Kleidern von mir gesehen. Er zog mit seiner Gitarre herum wie ein Troubadour, sang von Jesus und war nett zu allen und allem, Mensch und Tier, Guten und Gefallenen. Es gab Momente, in denen er seine Persönlichkeit änderte, dann wurde er zum Ungeheuer und ich wusste nicht, warum. Das sollte ich bald herausfinden.

Kapitel 18

Seit unserem letzten Besuch bei R.R. und der gewonnenen Hotelnacht mit Frühstück im Fünfsterne-Hotel ist so vieles passiert. Irgendwie fühle ich mich auch nicht ganz ernst genommen. Das Gespräch mit R.R. fiel nicht ganz so aus wie erwartet, oder gerade so? Wie üblich machte R.R. erst eine »eingegebene« Zeichnung über unsere Situation. Auf der einen Hälfte des Blattes waren spitze, streng nach oben zeigende Linien, auf der anderen Hälfte wellige runde Formen, beides in sich fortgesetzt und ineinander übergehend. Die Bedeutung davon konnte ich ohne R.R. ausmachen, doch er erklärte, dass die spitzen, geraden Linien Andreas darstellten und die runden weichen mich.

»Sieht gar nicht so schlecht aus«, meinte er mit einem zufriedenen Ausdruck.

»Als ich letztes Mal bei Ihnen war«, meldete ich mich, »meinten Sie, dass unsere Beziehung auseinandergehen würde. Nachdem ich Sie dreimal gefragt habe, was ich zu einer Verbesserung tun könnte, gaben Sie mir zur Antwort: Nichts, es geht einfach so (ich ahmte die Handbewegung nach, wie er sie beim letzten Besuch gemacht hatte), und bis in etwa einem Jahr ist es vorbei.« Erwartungsvoll sah ich R.R. an, während Res den Atem anhielt. Die darauffolgende Antwort war nicht klar für mich.

»Das haben Sie ein wenig falsch verstanden – (!?) – Sie sind komplett verschieden, ja, andererseits können Sie sich gut ergänzen, voneinander lernen. Zusammen wohnen wäre nicht gut, aber ...«

Ich weiß nicht mehr, was er genau alles gesagt hat, aber ich war enttäuscht; das war keine klare Antwort für mich, dazu hätte man meinen können, dass ich wirklich nicht recht verstanden hätte, letztes Mal.

Andreas schien zufrieden. Dann kam ja *seine* halbe Stunde, ohne mich, aber nicht über mich oder uns. Als er herauskam, meinte er nur: »Siehst du, du hast eben nicht richtig zugehört! Es war nicht so gemeint!«

»Wie soll es denn gemeint sein? Mit dieser wiederholten Deutlichkeit?«

Der Anlass für eine neue Streiterei wäre programmiert gewesen, aber ich wollte uns die Nacht in dem wunderschönen Hotel am See nicht verderben. Nur eines *musste* ich noch sagen: »Vergiss nicht, sein Brot verdient er mit uns! Nicht mit unzufriedenen Kunden! Wir sollen ja eventuell wiederkommen, um zu hören, was wir gerne hören wollen!«

Nun, auch mein Einwand machte wenig Sinn.

»Wir werden ja sehen, vielleicht geh ich auch nicht mehr hin, auf jeden Fall bin ich beruhigt und zufrieden damit, was er zur Beziehung mit zwei von meinen Töchtern sagte.«

Gut. Für Andreas stimmte es. Für mich selber verlasse ich mich auf den Gott, der mich durch so viele Schwierigkeiten gebracht hat, und vertraue ihm, dass er mich jetzt nicht plötzlich fallen lässt.

Das Hotel war grandios. Heimlich hatte ich mir so etwas wie eine »Hochzeitsnacht« erhofft, aber wir schliefen nicht miteinander. Wie immer las ich ein paar Zeilen vor dem Schlafengehen und träumte meine eigenen

Träume. Allerdings gingen wir zuerst essen, in einem anderen feudalen Hotel, von denen es einige in Weggis am See gibt. Das Essen war sehr gut, besonders da Res sagte: »Und nimm, was du willst, schau nicht auf die Preise – es ist dein verspätetes Geburtstagsessen!« Wir haben es genossen. Beim Frühstück am nächsten Morgen aßen wir uns quer durch das riesige Frühstücksbuffet, wir waren die letzten beim Verlassen des Saales, die Angestellten deckten schon so diskret wie möglich die Tische fürs Mittagessen.

Und jetzt? Astrid, meine Hauswartin, steht vor der Tür: »Die Wohnung über dir wird jetzt doch frei! Die Frau zieht nach einigem Hin und Her nun doch wieder zu ihrer Tochter. Das wär' doch was für Andreas?«
»Oh! Ja, ich weiß nicht, er sagt immer: keine Wohnung mehr ohne Lift – in unserem Alter. Nun, ich sag's ihm. Und vielen Dank!«
Andreas reagiert anders, als ich gedacht hatte: »Waaas? Hey! Das wäre genau die gleiche Wohnung, wie du sie hast! Nur über dir!« Res zeigt echte Begeisterung. »Stell dir das vor! Es würde vieles vereinfachen! Auch der Gang zum Garten etc.«
»Ja klar, und ich koche so oder so meistens zu viel für eine Person!« Ich lasse mich von seiner Freude anstecken. Diesmal glaube ich auch, dass es mehr Vor- als Nachteile hat. Schon allein, dass Res dies wirklich möchte! Auch ohne Lift!

Es ist Hochsommer, meine Töchter aus England kommen zu Besuch. Zuerst Josie für zwei Wochen, dann sechs Tage danach Lucy für zehn Tage, mit ihrem Mann

Graeme, Töchterchen Cloe und dem kleinen Finn. Wir unternehmen viel und genießen sehr glückliche Tage mit viel Trubel und Heiterkeit. Die Zeit mit meinen zwei jüngsten Großkindern ist wundervoll! Aber auch die mit meinen Töchtern. Zeit haben, sich austauschen, erzählen. Eine der besten Zeiten ist die, wenn wir abends auf dem Balkon sitzen, mit einem Getränk, und träumerisch in den sich ewig verändernden Himmel gucken. Nach dieser sehr intensiven Zeit braucht es einiges, bis ich wieder voll da bin, hier, wo ich jetzt lebe. Ich liebe meine kleine Wohnung, habe wieder neuen Ansporn bekommen, um zu räumen, zu reduzieren, zu vereinfachen, zu verschönern.

Vor Monaten haben Res und ich unsere Ferien nach Kalabrien gebucht, für zwei Wochen! In etwa nur zehn Tagen ist es so weit. Res ist im Doppelstress; nicht nur die Ferien, auch sein Umzug steht bevor. Gleich nach unserer Rückreise wird nochmals gepackt, aber in viel größerem Format. Nein, in Kalabrien waren wir beide noch nie. Jetzt sind wir gespannt. Das Hotel scheint ein kleinerer Familienbetrieb zu sein, es hat nur einundzwanzig Zimmer. Und es wird weder Deutsch noch Englisch gesprochen, das finden wir toll!

***

Edwin rief mich eines Abends aus meiner Basler Wohnung an (auf meine Telefonrechnung!). Ich müsse zu ihm kommen oder er würde sich das Leben nehmen, ja, da, in meiner Wohnung. Ich redete stundenlang auf ihn ein, um ihn davon abzubringen. Es half nichts, bis ich ihm versprach, einen früheren Flug zu nehmen und zu bleiben. Er war in meiner Wohnung! Was sollte ich tun? Es war absolut gegen meinen Willen, aber ich wusste keinen anderen Ausweg.

So rief ich Gabi, meine alte Freundin, an und auf meine Bitte ging sie zu meiner Basler Wohnung, um nachzusehen, warum Edwin kein Telefonat mehr entgegennahm. Einen Schlüssel zur Wohnung hatte sie nicht. Als sie mich zurückrief, klang ihre Stimme besorgt: »Du musst kommen, etwas stimmt nicht – ich glaube, Edwin ist zugedröhnt.«

Mir wurde schlecht – das durfte nicht sein! Nein, bitte nicht!

Ich erklärte mein verfrühtes Wegfahren meinen beiden Mädchen, so gut ich konnte. Natürlich ohne ihnen die Wahrheit zu sagen. Auch sie bekamen täglich mit, wie verfeindet ihre Eltern nebeneinander lebten, und litten wie alle Beteiligten. Aus den fünf Jahren, die ich nach der Scheidung noch in England bleiben wollte, wurden schlussendlich nur drei.

Josella sagte: »Geh du nur, Mami, es ist besser so, ich weiß, und ich weiß auch, dass du die beste Mama auf der ganzen Welt bist! Wir kommen dich in den Schulferien immer besuchen!«

Klein Lucy schluchzte, dann umarmten wir uns alle drei und weinten zusammen – wir blieben so in einen Knäuel verschlungen, sehr lange. Mein Herz war gebrochen.

Alles war wieder wie in einem Albtraum, mir war nur noch schlecht bis zu meiner Abreise in die Schweiz, und erst recht, als ich vor der Tür stand und nicht eingelassen wurde. Nun, ich hatte ja meine Schlüssel.

Edwin hing in einem Küchenstuhl mit einer Spritze in der einen Hand, die andere schlaff herunterhängend.

»Edwin!«, schrie ich, »was –?« Sein Blick war gläsern wie
der eines soeben Verstorbenen. Erneut sackte er in sich
zusammen. Ich schloss die Tür, stellte meine Koffer hin
und zerrte ihn mit übermenschlicher Kraft ins Zimmer
auf mein Bett. An seinen Armen lief Blut hinunter. Sein
Atem stoppte. Ich ohrfeigte ihn und schüttelte ihn immer wieder, bis er atmete, und dann wieder von vorne.
Ich wusste mir nicht zu helfen. Alles, was ich tat, war,
ihn wach zu halten. Es ging so bis am Morgen. Ich musste auf meine Tour, zur Arbeit. Edwin musste mir versprechen, nichts mehr anzurühren, bis ich zurückkäme.
»Sonst bist du tot!« Ich musste gehen, funktionieren und
freundlich sein zu meiner Kundschaft, doch ich zitterte
und konnte an nichts anderes denken als an das grauen-
hafte Bild, das sich mir bot, als ich in meine Wohnung
kam.

Bei meiner Heimkehr hatte sich Edwin ein wenig erholt.
»So geht es nicht, wir müssen Hilfe suchen!« Ich war am
Ende meiner Kraft.

Bald lernte ich die ganze Drogenszene hautnah kennen. Es war ekelhaft! Gleichzeitig so traurig und hoffnungslos. Edwin *brauchte* die Droge, sonst ging es ihm
schlecht. Von da an erlebte ich ihn in einem ständigen
Wechsel als Person. Es war wie in dem Film: *Doctor
Jekyll and Mister Hyde*, ein sehr eindrücklicher, furchtbar unheimlicher Film, den ich mal in Schwarz-Weiß
gesehen hatte. Die Geschichte handelte von einem Arzt
der in seinem Labor eine Droge erfand und diese im
geschlossenen Zimmer an sich selber ausprobierte. Der
nette Arzt verwandelte sich darauf in eine hemmungslo-
se Bestie. Seine Person war gespalten. Doch nachdem er
sich in eine Frau verliebt hatte, wollte er die Droge (sein

Geheimnis) weglassen, aber von dem Gift war schon so viel in seinem Körper, dass es ohne Zutun zu wirken begann … So etwa war es mit Edwin. Er ging zu einer Drogenhilfestelle, aber die gaben ihm einfach »kontrolliert« Drogen ab. Edwin war heroinsüchtig. Für mich selbst bestand nie die Gefahr, diese Droge zu nehmen, auch als ich hoffnungslos und lebensmüde war. Aber ich konnte nicht mehr, ich fühlte mich so hilflos und allein und hatte schließlich selbst keine Kraft übrig. Meine engste Familie wollte ich nicht mit solchen Sachen belasten, meine eigene Mutter am wenigsten, sie hatte keine Ahnung. Und für meine unschuldigen Kinder wollte ich weiterleben.

Ich ging zu dem Arzt, der auch Edwin behandelte, sonst hätte ich ja nicht gewusst, wohin ich mich wenden sollte. Edwin war mit Aids diagnostiziert. Wir wussten dies erst seit kurzer Zeit. Auch ich ließ einen Aids-Bluttest machen. Bis zum Resultat konnte ich kaum mehr atmen, ich wollte nicht mehr weiter – nicht so. Der Test war zu meiner Erleichterung negativ. Der Arzt Dr. G. verordnete mir dringend, mich in einer psychiatrischen Klinik zu erholen. Meine Stelle kündigte ich unter einem glaubwürdigen Vorwand. Meinen Kindern sagte ich, dass ich etwas überfordert sei und zur Erholung fahren müsse. Ich war lebensmüde. Ohne meine Kinder hätte ich Schluss gemacht. Aber bei jedem Gedanken daran wusste ich, dass ich ihnen dies nicht antun konnte. *Nein!*

Ich kam in die *Sonnenhalde* in Riehen, eine christlich geführte Klinik für psychisch Kranke. Einerseits wähnte ich mich dort in Sicherheit, andererseits wusste ich nicht, was gleichzeitig mit Edwin geschah. Nein, das

hatte schon lange nichts mehr mit Liebe zu tun, falls
überhaupt jemals. Ich schleppte mich durch die Tage,
schluckte Pillen, ging zu den psychiatrischen Sitzungen
und funktionierte wie ein Roboter. Bis mich Edwin erneut aus meiner geschützten Umgebung riss. Ich müsse
kommen oder er würde eine Überdosis nehmen. Ich riss
mich zusammen, als ich das Gespräch mit meinem dortigen Psychiater suchte. Dabei spielte ich ihm vor, wie
gut ich mich schon erholt hätte, und erwähnte beiläufig,
dass es meinem Freund sehr schlecht gehe, er alleine sei
und mich dringend brauche.
»Wenn Sie die Klinik frühzeitig verlassen wollen, müssen Sie unterschreiben und die Verantwortung für sich
selbst übernehmen.«
Mir war elend, als ich die Klinik verließ, doch ich sah
wieder keinen anderen Weg.
Schließlich kam es so, dass ich wieder nach Hause ging
und Edwin in die Klinik eingewiesen wurde. Da ich ihn
nun gut aufgehoben wusste, konnte ich mich ein wenig auf mein eigenes Leben konzentrieren. Ich kündigte
meine Wohnung und zog zu meiner Mutter. Das Drum
und Dran hatte sie nie erfahren, ich wollte sie weder belasten noch verwirren. Sie freute sich sehr, mich für eine
Weile bei sich zu haben, und wusste dass ich Arbeit und
wieder eine Wohnung suchte. Mutter ging es auch nicht
blendend, damals war sie schon über achtzig Jahre alt.
In der Tageszeitung suchte ich fieberhaft im Stellenange-
bot. Es war nicht einfach, etwas zu finden. Schließlich
meldete ich mich zu einem Schnellkurs als Warenhaus-
detektivin an. Dazu musste ich nach Bern fahren, alles
wurde bezahlt, wenn man versprach, eine offerierte Stelle anzunehmen. So kam es, dass ich in zwei Warenhäu-

sern in Basel als Detektivin funktionierte.

Lange konnte ich diese Arbeit nicht tun; es war so deprimierend, diese armen Teufel beim Stehlen zu entdecken und anzuprangern. Die meisten waren eh Drogensüchtige.

Als Edwin nach meiner Meinung viel zu früh aus der Klinik entlassen wurde, folgte er mir nach zu meiner Mutter. Ich machte ihm klar, dass dies keine gute Idee war, woraufhin er in einem Park übernachtete. Ich fühlte mich mit jedem Tag schlechter. Arbeit hatte ich auch keine mehr, so ging ich stempeln, unter ständigem Beweis, dass ich Arbeit suchte; dies musste ich schriftlich beweisen. Edwin bezog staatliche Hilfsgelder und drängte mich, dies auch zu tun. Ich war zu stolz dazu und weigerte mich so lange, bis ich mich dann doch gezwungenermaßen zu der netten Dame führen ließ, die auch Edwin half.

Frau Waldner war die Liebe selbst. Sie konnte mich auch moralisch immer wieder ein wenig aufrichten, wofür ich ihr heute noch sehr dankbar bin.

Als ich mein Stempelgeld abholen sollte (nicht bei Frau Waldner), erhielt ich keinen Rappen, mit der unsinnlichen Erklärung: »Sie sind noch zu wenig lange in der Schweiz!«

»Aber ich bin doch Schweizerin, ich bin hier geboren!«, konterte ich – und wurde nur belächelt. Ja, das Geld, das ich von der Scheidung ausbezahlt erhalten hatte, verteilte ich auf die Konten von Josie und Lucy, damit sie mich auch ja in ihren Ferien immer besuchen konnten. Was sie auch taten. Graham hatte mir klargemacht, dass er dafür kein Geld ausgeben würde.

Ich suchte weiter nach einer Stelle. Edwin weinte ein

paarmal, wenn ich ihm das Bleiben bei meiner Mutter untersagte. Hin und wieder ließ ich mich erweichen und ihn dort übernachten. Durch Frau Waldner erhielt ich eine monatliche Auszahlung, bis ich wieder auf eigenen Füßen stehen konnte. Sie war immer erstaunt darüber, dass ich wirklich nur einmal im Monat vorbeikam: »Andere kommen schon nach zwei Wochen und wollen mehr!«, meinte sie. Ich lebte eben mit dem, was ich hatte oder bekam.

Einmal, als Edwin im Zimmer mit mir bei meiner Mutter übernachtete, begann er plötzlich, mich zu vergewaltigen. Ich kämpfte, bis ich nicht mehr konnte, dann begann ich laut zu schreien. Irgendeine Hilfe musste doch kommen! Da hörte ich meine Mutter vor der Zimmertür: »So! Was ist denn da los? Seid doch bitte etwas leiser!« Ich konnte ihr nicht sagen, was los war, und wunderte mich, dass sie keinen Einlass verlangte oder nicht die Polizei rief. Typisch Mutter; sie war nie indiskret. Ich fühlte mich wieder missbraucht, verbraucht und dreckig.

Doch am nächsten Morgen ging ich zur Polizei.

»Wenn Sie sagen, dass er Sie vergewaltigte und Aids hat, gibt es eine Gerichtsverhandlung und er wird weggesperrt, überlegen Sie es sich gut!« Als wollte ich dem ohnehin armen Typen noch zusätzlich Steine in seinen Weg legen!

»Also, dann lass ich das weg, aber ich will, dass er mich künftig in Ruhe lässt!«

Wir konnten uns darauf einigen, dass Edwin polizeilich verwarnt werde und bei Nichteinhalten ins Gefängnis müsse. (Wiederholt sich da nicht etwas?) Zwei starke Polizisten kamen bald und ich machte Edwin vor ihnen klar, dass ich nichts mehr mit ihm zu tun haben wolle. Endlich! Ich hatte mich befreit! Natürlich litt ich erneut in Angst und betete zu Gott, mich von Aids verschont zu lassen. Erneut ließ ich bei Dr. G. einen Aidstest machen – und abermals fiel der Test negativ aus! Danke, Gott-Vater!

»Es gibt Menschen, die sind so was wie immun gegen Aids«, sagte mein Arzt, ich erkannte auch seine Erleichterung. Dieser Arzt weiß alles von mir und ist heute noch mein Vertrauens- und Hausarzt. In allerschwersten Zeiten durfte ich zu ihm gehen um zu reden, einfach so; er hatte längst erkannt dass ich mich nirgends aussprechen kann.

Ich fand bald eine schöne Zwei-Zimmer-Wohnug in der Nähe, wo meine Mutter wohnte. Dann ging es Mutter schlechter und sie erlitt einen Herzinfarkt. Ich wurde zu ihr gerufen – von Edith. (Wie schaffte sie es, immer dort zu sein, wo Hilfe nötig war?) Mutter wurde schließlich in ein Altersheim überwiesen. Das erledigte Gigi, die sich mit Behörden und Amts-stellen auskannte. Für meine Mutter war das nicht weiter schlimm, sie konnte ihren Kanarienvogel mitnehmen und war dankbar, gut aufgehoben zu sein. (Ich selber möchte jedoch nie in ein Altersheim!)

Edwin zeigte sich hin und wieder in meinem neuen Zuhause, aber ich versagte ihm (unter Drohungen), bei mir zu bleiben. Er rührte mich nicht mehr an, übernachtete jedoch hin und wieder im zweiten Zimmer. Das gefiel mir überhaupt nicht und so redete ich mit unserem Pfarrer Marc darüber, der meinte: »Lass Barmherzigkeit walten! Solange er dich nicht anrührt, lass ihn dort übernachten, sonst steht er nur auf der Straße und sinkt noch tiefer, er ist eine arme Seele.«

Ich fing an, wöchentlich einmal zur Seelsorge zu Marc nach Hause zu gehen, das half mir, dass ich nicht alles stillschweigend schlucken musste. Als Gegenleistung hütete ich hin und wieder seine drei Kinder. Marcs Frau Annerös wurde mir fast so etwas wie eine Freundin auf Abruf. (Wenn man sich darunter etwas vorstellen kann.) Marc kannte meine Lebensgeschichte, dazu bewegte sich auch Edwin in derselben Gemeinde. Als Seelsorger zeigte sich Marc sehr offen und direkt. Er hatte nie Umschweife gemacht, wenn's darum ging, mich in etwas zurechtzuweisen. Deshalb konnte ich ihm auch vertrauen.

Mein Bruder René wollte mich sehen. Er war vor etwa zwei Jahren an Speicheldrüsenkrebs erkrankt und hatte etliche Chemo-Therapien hinter sich. Ich hatte nie wirklich realisiert, wie schlimm und fortgeschritten seine Krankheit war. Nun wollte er mich sehen. Ich erschrak bei seinem Anblick: er wirkte abgemagert, bis auf seinen Bauch, der aufgedunsen aussah.

»Endlich bist du da! Ich hatte so auf dich gewartet!«

Es klang eher erleichtert als vorwurfsvoll. Der Blick seiner braunen Augen hatte etwas Warmes, Sanftes.

»Es tut mir leid, mein Leben ist so kompliziert geworden; Arbeit suchen, Wohnung suchen und das ganze Drum und Dran.«

Von meinen echten Sorgen hatte er keine Ahnung, denn auch ihm hatte ich mich nicht anvertraut. René lebte seit seiner Diagnose sehr zurückgezogen mit seiner Ehefrau Gigi, meiner Schwägerin.

»Es ist alles geregelt.« René sagte dies mit geschwächter Stimme, er saß kraftlos auf dem Sofa vor mir. »Mit Gigi habe ich alles besprochen«, begann er wieder.

Irgendwie wollte ich nicht verstehen, was er damit meinte, und schob den Gedanken weit weg.

»Kann ich etwas für dich tun? Dir etwas besorgen oder sonst was?« Ich wusste nicht, was ich sonst sagen sollte.

René lächelte müde: »Kommst du nächste Woche wieder?« Er schaute mich treuherzig an.

»Ja, ganz bestimmt!«

Wir verabschiedeten uns, ich sehe ihn jetzt noch vor meinem geistigen Auge, wie er unter dem Türrahmen stand und sich halten musste, um nicht zusammenzusacken. Wir hatten beide Tränen in den Augen. Irgendwie spürte ich, dass es ein Abschied für immer war, doch ich verdrängte das alles, um mich selbst zu schützen.

René winkte mir zu als ich in den Lift stieg.

Eine Woche später starb er.

Gigi erklärte, dass meine Mutter nicht wissen sollte, dass René gestorben sei; das würde sie nur unnötig durcheinanderbringen. Wahrscheinlich war es wirklich besser so, obwohl Mama ein paarmal sagte: »René kommt auch nie, da sieht man, wie schnell man vergessen ist – nun, die haben halt auch immer was los.« Doch bald verlor sie selbst das Zeitgefühl, das bemerkte ich bei meinen täglichen Besuchen an ihren Kommentaren: »Äh? Wie hast du mich gefunden? Wie wusstest du, dass ich hier bin?«, sagte sie jedes Mal freudig; wo sie war, wusste sie wohl selbst nicht.

Edwin bewohnte inzwischen ein Zimmer in einem christlichen Haus für Randständige. Ich besuchte ihn hin und wieder, er wurde immer komischer. Im sonntäglichen Gottesdienst saßen Edwin und ich nicht mehr nebeneinander, die Gemeinde wusste auch Bescheid, mischte sich aber nie ein.

Eines Sonntags stellte sich Edwin vorne vor die Gottesdienstbesucher.

»Ich möchte hier etwas sagen: ich möchte mich vor euch allen bei Liliane bedanken; sie hat mir sehr viel geholfen, als ich nichts und niemanden mehr hatte, und sie hat wegen mir viel Schlimmes ertragen müssen – danke für alles, Liliane.«

Das war eher ein wenig rührselig, aber schön, dass er das so erkannte und sagen konnte.

Edwin magerte zusehends ab. Jetzt gab er sogar Lektionen an Schulen über Drogen und deren Auswirkungen. Doch für ihn selbst war es zu spät. Bald darauf zog er in Basels *Lighthouse* – da waren die Aidskranken, Sterbenden, denn eine Heilung gab es noch nicht. Ich besuchte ihn dort einmal. Er lag in seinem Zimmer auf dem Bett, knochig und geschwächt. Das Zimmer war erfüllt von einem süßlichen Geruch, es roch stark nach Verwesung. Mein Besuch schien ihn zu freuen; ich sah auch, dass er mein Foto an der Wand befestigt hatte.

»Wie denkst du jetzt über Drogen?« Mir fiel nichts Besseres ein.

»Scheiße! Das Schlimmste, was man tun kann: Drogen zu nehmen! Aber für mich ist es zu spät, ich gehe bald.«

Ich legte meine Hand auf die seine und verließ ihn.

Wehmütig erinnerte ich mich an eine Zeit mit Edwin, wo wir oft mit unseren Fahrrädern unterwegs waren; wir liebten beide die Natur. Auch fuhr uns Joël, jetzt erwachsen, einmal zum Neuen Jahr nach Innertkirchen in Gerrys Alphütte, die dann Edith gehörte. Total abgelegen und wunderschön, besonders als am folgenden

Tag Neuschnee fiel. Eine echte Zauberwelt, ich sehe jetzt noch die vielen Farben, in denen der frisch gefallene Schnee glitzerte. Ich hoffte damals noch sehr, dass ich Edwin von den Drogen wegbringen könnte. Leider gelang es mir nicht, und heute mache ich einen großen Bogen um süchtige Menschen; ich habe dies zu nahe miterlebt und bin inzwischen überzeugt, dass es für solche Menschen keine Hilfe gibt, auch wenn sie noch so aufopfernd und gut gemeint ist. Ich traue ihnen nicht mehr.

Selbst musste ich immer noch, und das während etlichen Jahren, Tabletten gegen meine Depressionen schlucken. Gabi sagte mir öfter: »Du bist nicht mehr dieselbe, seit du Tabletten nimmst, dein Geist ist träge, ich seh dich nie mehr lachen.« Es stimmte, mir war auch nach nichts mehr zumute. Ich lebte so was wie gefühllos. Das war nötig, denn meine Gefühle hätten mich erdrückt. Ich funktionierte einfach, wie ein gehorsamer Roboter.

Eines Tages verlor ich meine Stimme, es war, als würde ich erlöschen. Mein Arzt Dr. G. schickte mich zu einer Logopädin. Sie orderte mir an, dass ich laut schreien solle. Um es mir leichter zu machen, sagte sie, ich solle mir vorstellen, dass ich jemandem in Entfernung rufen will. Ich nahm einen Anlauf, doch es tönte nur, als wolle ich nach Luft schnappen; nichts passierte. Ich fing an zu weinen. Darauf musste ich zu einem Spezialisten. Dort sah ich auf einem Bildschirm ins Innere meiner »Stimmboxe«.

»Da, sehen Sie«, meinte der Arzt, »Ihre Stimmbänder kommen nicht mehr zusammen – da kann auch kein Ton rauskommen.«

Das Ganze war schlussendlich »psychisch« bedingt; ich

wollte gar nicht mehr reden, ich wollte ja gar nicht mehr *sein*! Mehr Gespräche und neue Tabletten. Komischerweise fand ich trotzdem eine Stelle in einer Englisch sprechenden Kindertagesstätte. Nie hätte ich gedacht, dass ich diesen Job erhalten würde. Gleichzeitig mit mir stellte sich eine junge Frau vor. Sie schien alles zu wissen, redete über ihre Schulung, die Erfahrung mit Kleinkindern und machte insgesamt einen guten und lebendigen Eindruck. Da ich nicht mitreden konnte, wendete ich mich inzwischen einem Kleinkind zu.

Wir würden von ihr hören, meinte die Leiterin des Heims am Schluss des Gesprächs. Für mich war das schon abgehakt. Doch nach etwa zwei Tagen rief mich Jeanne, die Leiterin, an und eröffnete mir, dass ich schon am nächsten Tag bei ihr anfangen konnte. Ehrlich gesagt, ich konnte mich nicht freuen, nein, ich erschrak. Wieder unter die Leute gehen? Das konnte ich nicht – mit Kindern sein, ja! Aber unter Erwachsenen mich zurechtfinden? Unmöglich!

»Es … es … geht mir nicht so gut, ich kann im Moment nicht kommen.«

Doch Jeanne nahm dies nicht als eine Antwort. »Doch, ich möchte, dass du kommst! Morgen um zehn Uhr, dann bin ich auch dort!«

Schon hatte sie wieder aufgelegt. Ich musste hin. Irgendwie war dies auch meine Rettung, wenigstens der Beginn zurück in ein normaleres Leben.

Die Kinder liebten mich sofort, ich sie natürlich auch. Bei den Erwachsenen hielt ich mich zurück; wenn Eltern kamen um ihre Kleinen abzuholen, versteckte ich mich während der ersten Jahre in der Heimküche und tat so, als hätte ich dort zu tun. Erst mit der Zeit wagte ich mich auch unter die Erwachsenen und erlebte schöne Freundschaften mit Teamleiterinnen, Lehrtöchtern und auch mit Eltern. Ich blieb als Kleinkindererzieherin über zwölf Jahre! Bis hin zu meiner Pensionierung. Mittlerweile studierte ich den Tagesanzeiger für Bekanntschaften, um meiner Einsamkeit auch privat ein Ende zu bereiten. (Internet und dergleichen gab es damals noch nicht.) Ich traf daraufhin wirklich ein paar Typen, doch einer war eigenartiger als der andere. Es war fast eine eher lustige Erfahrung, aber zuweilen auch sehr mühsam. Gefährlich war es nicht, denn ich traf mich mit ihnen nur in öffentlichen Lokalen und ging nie zu einem Fremden nach Hause. Nach ein paar einmaligen Treffen wurde mir das Ganze zu blöd und ich meldete mich nicht mehr.

Josie und Lucy kamen regelmäßig in den Schulferien zu mir, auch später, als sie beide studierten. Das waren meine »Highlights«. Lucy, die sehr kinderliebend war, half bald regelmäßig während ihrer Sommerferien in der Kindertagesstätte *Tiny-Tots*, wo ich arbeitete, mit. Sie wurde so beliebt, dass sie während der sechs Wochen Sommerferien einen richtigen Arbeitslohn erhielt. Mich machte es natürlich besonders glücklich, mit Lucy zusammenarbeiten zu können. Das heißt, sie war sehr selbstständig und arbeitete meist in einer anderen Gruppe. Ansonsten verbrachte ich mit meinen zwei Jüngsten etliche Ferien, oder wir fuhren per Velo über Land. Natürlich konnte ich ihnen finanziell nicht viel bieten, aber das schien überhaupt nicht wichtig zu sein.

Kapitel 19

Es ist schon zwei Wochen her seit unseren Ferien in Kalabrien und es war superschön! Kalabrien ist wider Erwarten sauber, die Leute so freundlich und zuvorkommend, die »saubere Schweiz« könnte sich an vielem ein Beispiel nehmen. Besonders die Gelassenheit hat mir gut getan. Vieles, was wir wichtig nehmen, ist eigentlich gar nicht so wichtig. Aber eben: verschiedene Mentalitäten bewirken unterschiedliche Reaktionen. Da können wir nur lernen. Weitergeben können wir auch nur durch Beispiele, obwohl mir dieser Weg oft zu lange vorkommt. In Kalabrien blühen so viele Blumen in einem Überfluss und mit einer Selbstverständlichkeit, als wäre dies normal. Fast so als existiere das Paradies ja doch noch; man muss es nur wahrnehmen. Und dann die verschiedenen Gäste mit ihren anderen Schicksalen und Gepflogenheiten. Menschen sind interessant. Ja, wir selbst hatten viel Gerangel und Meinungsverschiedenheiten. Ich lasse mir einfach nichts mehr unterschieben und mache klar, was ich will und was mir nicht passt. Aber ich will auch verstehen und verstanden werden. Unser kleiner Beziehungskampf ist irgendwie eine Begleiterscheinung unserer Beziehung. Ob das so bleibt? Trotzdem sind wir uns sehr nahe und, was sehr wichtig ist, wir müssen uns nicht verstellen voreinander, es ist eine ehrliche Beziehung. So sein zu dürfen, wie man ist, ist Erholung in sich selber. Solange wir zusammen lachen können, ist's ja gut. Sicher, wir kommen beide aus so unterschiedlichen Verhältnissen, dass es unwillkürlich Schwierigkeiten geben muss. Doch wir arbeiten daran und für mich ist es eine wichtige Lektion, etwas, das ich noch lernen muss. Stärker denn je bin ich überzeugt, dass wir in dieser Welt sind, um zu lernen. Nicht mehr Aussehen, nicht mehr Sex sind wichtig, sondern das Menschliche. Wir sind nicht auf derselben Höhe, aber wir haben viele Berührungspunkte, und das ist jedes Mal so schön, diese wahrzunehmen. Wir sehen beide das Schöne in der Natur. Manchmal überraschst du mich regelrecht, wenn du mir etwas kundtust, wo ich nicht erwartet hätte, dass du es auch gesehen oder verstanden hast. Was du mir voraushast, ist deine Bodenständigkeit, und ich vertraue dir. Ich glaube nicht, dass du mich in der Misere hängen lassen würdest. Danke. Nein, mein Traummann bist du nicht, aber das weißt du. Und wärest du mein Traummann, würde ich es wahrscheinlich nicht ertragen können; es wäre zu viel.

Du ziehst um! In die Wohnung direkt über mir! Vor ein paar Monaten noch undenklich für uns beide. Alles spielt sich ein und klappt! Das Gröbste ist durch, jetzt bist du noch am Einrichten und du willst dir Zeit nehmen dazu. Richtig so. Obwohl ich viel eher der ungeduldige Typ bin. Sorry. Du lässt mich auch helfend teilnehmen, das ist schön und clever. (Aber so clever hab ich dich nicht eingeschätzt.) Es fühlt sich gut an, dich oben bei mir zu wissen. Jeder hat seine eigene Wohnung mit den eigenen Gezeiten und so. Bei Bedürfnis kontaktieren wir einander. Manchmal kochst du, manchmal ich, manchmal sehen wir zusammen fern, oder jeder guckt sein eigenes Programm. Oft gehen wir zusammen einkaufen, aber nicht immer. Natürlich arbeiten wir zusammen in unserem kleinen Garten, aber auch separat. Und natürlich gehen wir zusammen wandern und laden unsere Familie und Freunde gemeinsam ein. Ich fühle mich irgendwie freier als vorher, und in der Nacht, wenn ich denke, dass du einen Stock über mir liegst, lächle ich.

***

Dann kam Lucy über Weihnachten zu mir. Es war Heiligabend, als wir meine Patin Gotte Rösli besuchten, die mit ihren dreiundneunzig Jahren auch in einem Altersheim war.

Am Tag darauf wollten wir zu meiner Mutter.

Gotte Rösli drückte ihren Unwillen aus: »Ich will nicht hier sein! Ich will nach Hause!« Jeder Hinweis auf den fein gedeckten Tisch und die Feierlichkeiten ließ sie kalt.

»Hey! Du hast sogar ein feines Glas Rotwein!«, versuchte ich's versöhnlich.

»Interessiert mich nicht! Und was soll ich mit all diesen alten Leuten?! Ich will nach Hause!«

Zu Hause konnte sie aber nicht mehr sein, da sie öfter nachts im Nachthemd auf der Straße umherirrend von der Polizei aufgegriffen wurde; sie wusste weder, wo sie war, noch, wo sie wohnte.

Am nächsten Morgen, am Weihnachtstag, erhielt ich einen Telefonanruf: Ich solle bitte ins Altersheim meiner Mutter kommen, sie sei soeben gestorben.

»Nein! Ich komme nicht, ich will sie so nicht sehen, nein!«

Ich legte auf. Mir war alles zu viel. Ich konnte das nicht einfach so aufnehmen, geschweige denn verdauen, nein.

Das Telefon läutete wieder: »Bitte kommen Sie, Sie werden es nicht bereuen, Ihre Mutter sieht ganz friedlich aus, direkt schön.«

Ich kann es nicht ausstehen, wenn Tote als *schön* bezeichnet werden. Lebendiges ist schön, nicht Totes! Hätten wir doch anstelle meiner Patin meine Mutter besucht! Da war sie noch am Leben gewesen! Reue machte sich breit.

»Kommen Sie, es wäre traurig, wenn Sie nicht kämen, und Sie würden es später bereuen ...« Die Stimme am anderen Ende ließ nicht locker.

Ich ging, alleine – Lucy wollte ich den Anblick ihrer toten Großmutter nicht zumuten, und das noch an Weihnachten, nein.

Man erklärte mir, wie meine Mutter starb: Als man sie am Morgen aufnehmen wollte, lehnte sie sich wieder zurück mit einem Seufzer: »Nein, ich will nicht mehr.« Und das war's, ein ganz kurzer Todeskampf – innert drei Minuten war sie weg. Einfach so.

Ich stand vor ihr neben dem Bett; die Hände hatte sie gefaltet um ein kürzlich erhaltenes Rosensträußchen. Den Kiefer straff gebunden, damit er nicht runterfällt. Aber ja, sie sah friedlich aus. Ich legte meine rechte Hand auf die ihren und fühlte die noch vorhandene Wärme: »Tschüss, Mama – mach's gut ...« Ich dachte noch, dass sie jetzt »hinter die Kulissen« sehen könnte und mein ganzes vermiestes Leben wahrnähme. Ich blieb eine Weile und war dankbar, dass ich hinter einer spanischen Wand mit ihr alleine gelassen wurde. Dann ging ich, vorbei am Bett ihrer Zimmergenossin, die allem den Rücken zugedreht hatte. Darüber war ich froh, denn ich war sowieso unfähig, etwas zu ihr zu sagen. Ich wurde so was wie versteinert. Geweint habe ich später, ich weiß nicht mehr, wann, und sicher mit Lucy zusammen.

Ob Mama nun Weihnachten mit meinem Bruder feiern würde?

Marc, mein Pfarrer, hielt eine Abdankungsrede im Altersheim, auf meine Bitte wurde danach Pachelbel gespielt und ich muss heute noch weinen, wenn ich diese wunderschöne Musik höre.

Nach dem Tod meiner Mutter kamen »Geldschenkungen« an meine Halbschwester Heidi ans Tageslicht; Mutter hatte alles fein säuberlich in ihrer Agenda kommentiert. Es gab wüste Streitereien, da auch Valeria, meine Stiefschwester (Heidis Halbschwester), wieder auftauchte. Sie und Heidi hatten plötzlich ein Testament, von welchem niemand anders Kenntnis hatte. Sie wollten mehr Geld. Mein verstorbener Bruder und ich waren nicht darin erwähnt. Das Testament wurde bald für ungültig erklärt, aber ich fühlte mich hintergangen und über den Tisch gezogen. Heidi erklärte mir, ich sei für sie gestorben, weil sie mit ihren Schummeleien nicht durchgekommen war. Ich war sehr verletzt, besonders weil Heidi mir auch jeglichen Kontakt mit ihren beiden Töchtern versagte. Ich suchte Rat bei Marc, der mich beschwichtigte: Ich hätte ja nichts Falsches getan und Christ sein heiße nicht, dumm zu sein; was mir zustehe, könne niemand ändern und sei berechtigt.

Nach einer Gerichtsverhandlung war alles klar. Nun hatte ich also auch meine »kleine Schwester« verloren, das tat weh.

Und ich hoffte, es würde nicht für immer sein.

Die Zeit verging, und Gigi, meine Schwägerin, erzählte mir von einem wieder aufgenommenen Kontakt mit einem alten Freund meines Bruders René. Horst war Deutscher und lebte nach einer gescheiterten Ehe und einem schrecklichen Unfall, bei welchem er ein Bein verloren hatte, in der Toskana. Ich begann mich auch zu interessieren und bat um seine Adresse.

Ich erinnerte mich gut an Horst; er war als Zimmermann in die Schweiz gekommen, wo er René in einer Bar kennenlernte, jung und schlank, blauäugig und blond, in seiner schwarzen Zimmermanns-Kluft. Meine Mutter hatte ihn für ein paar Wochen, in denen René abwesend war, bei uns aufgenommen. Ich verliebte mich ein wenig in seine Erscheinung; oft saßen wir händchenhaltend in Renés Zimmer und träumten vor uns hin. Horst hatte mich nie unanständig angefasst oder so etwas, er respektierte mein zartes Alter. Zu seinem Abschied vor Renés Rückkehr hatte er mir einen kleinen, getönten Spiegel geschenkt: »Wenn du da reinguckst, kannst du dir vorstellen, dass du mit mir an der Ostsee liegst, das ist, wo ich herkomme.«

Das fand ich originell und süß. Ich schenkte ihm ein silbernes Armband.

Nun schrieb ich an die Adresse, die mir Gigi gegeben hatte. Bald erhielt ich einen schönen Brief zurück: Horst wollte mich unbedingt sehen. Da es auf meinen fünfundfünfzigsten Geburtstag zuging, meinte er: »Das ist eine Schnapszahl, das müssen wir zusammen feiern!«

Horst hatte inzwischen meine Telefonnummer. Ich war total aufgeregt, ihn nach so vielen Jahren wiederzusehen. Der Gedanke daran, dass ihm ein Bein fehlte, störte mich überhaupt nicht. Ich erzählte sogar meiner Chefin Jeanne davon, wir waren uns nahe genug durch die tägliche Zusammenarbeit. »Lass einfach dein Herz sprechen!«, meinte sie.

Horst kam per Auto, etwa acht Stunden Fahrt. Zuvor hatte er mich noch telefonisch gebeten, ich solle doch in einem Hotel, eventuell im nahen Elsass, für ein Abendessen mit anschließender Übernachtung reservieren. Dazu befragte ich eine junge Frau in meiner Kirchengemeinde, die im Elsass verheiratet war. Was war ich aufgeregt!

Horst meldete sich an der Gegensprechanlage meiner Wohnung. Ich war in einem langen Hauskleid und ging nach unten, um ihn raufzubitten. Horst stand vor den Briefkästen; eine dünne, etwas zusammengesackte Gestalt, auf eine Krücke gestützt.

»Lili!«, rief er, sichtlich hingerissen von meiner Erscheinung.

»Hallo Horst.« Meine Entgegnung war nicht grad so begeistert wie seine. Aber ich war offen für alles.

Wir fuhren mit dem Lift hinauf. Es blieb nicht allzu viel Zeit für Begutachtungen, meine Wochenendtasche stand schon bereit und Horst war es nach Feiern. Wir fuhren in Horsts Auto und fanden problemlos das Hotel mit einer schönen Gartenlaube, wo unser Platz reserviert war. Das Essen war fein mit allem Drum und Dran.

Horst verströmte eine gewisse Ungeduld und wollte bald »nach oben«. Ich fand ihn eher bedrängend und verhielt mich demnach zurückhaltend. Natürlich hatte er mein Verhalten bemerkt.

»Ob's noch geht, das weiß ich nicht; vor sechs Jahren ging es noch«, sagte er wie beiläufig.

Ich machte keinerlei Anstalten darauf und wünschte mich weit weg.

»Lass uns sehen, ob wir wenigstens ein Spiel zusammen spielen können!« Er packte ein Würfelspiel aus seiner

Tasche und erklärte mir schon leicht genervt die Spielregeln. Mein Schnapszahlgeburtstag wäre wirklich besser gewesen mit etwas Schnaps. Weil ich mich schlecht fühlte und er mir leid tat, streichelte ich zum Einschlafen den übrig gebliebenen Stumpf seines rechten Beines. Zum Glück zeigte er keine Reaktion und bald erlöste mich ein unruhiger Schlaf.

Am nächsten Tag besuchten wir auf meinen Wunsch den dortigen Friedhof; ich war immer ein wenig auf der Suche nach Spuren meiner Vorfahren, fand auch etliche Namen dazu. Später machten wir Halt auf einem Flohmarkt, den wir auf der Heimfahrt entdeckten. Während allen unseren »Spaziergängen« fuhr ich Horst in seinem mitgeführten Rollstuhl herum. Zum Glück gab es immer wieder was zu sehen. Doch nach der Heimkehr zu mir nach Hause machte ich Horst klar, dass es zwischen uns nichts mehr gebe. Auch störte mich sein nervöses Herumgestocher mit seinem Stock.

»Ich will dich trotzdem mit in die Toskana nehmen.«

»Aber meine Töchter von England kommen morgen und bleiben über den Sommer bei mir!«

»Dann kommen sie eben mit!« Horst sagte es bestimmt.

»Es gibt nichts mit uns«, versuchte ich es noch einmal.

»Habe verstanden, bitte nimm's an, ich tue es für deine Mutter – die war so gut zu mir.«

Noch bevor meine Töchter kamen, lud ich Gigi zu einem kleinen *Apero* ein; ihr Urteil war mir auch wichtig. Gigi kam, so aufgeregt wie ich selber zu Beginn gewesen war, erkannte jedoch bald, dass dies nicht der Horst war, den wir in Erinnerung hatten. Horst war nervig und rechthaberisch. Keine gute Qualitäten für eine Beziehung.

Josie und Lucy kamen und wir fuhren in Horsts Auto in die Toskana. Das war eine Reise wert! Wunderschöne Gegenden eröffneten sich uns. Horst wohnte in einem sehr schönen typischen Landhaus. Er zeigte uns die Zimmer. Blau war die vorherrschende Farbe. Horst bot mir an, mit ihm in seinem Zimmer zu übernachten. »Horst, ich habe dir's gesagt: es gibt nichts mit uns – und ich übernachte im selben Zimmer wie meine Mädchen.« Er ließ mich in Ruhe und stellte mir missmutig eine dritte Matratze zur Verfügung, die ich für mich neben das große Bett der Mädchen legte.

Wenn wir nicht auswärts essen gingen, dann kochte ich. Ja, Horst war sehr großzügig mit uns, aber in seinem Verhalten kaum tragbar. Er fand überall etwas zu beanstanden. Ich trug im Haus und beim Kochen eine ärmellose gemusterte Schürze, worauf er sofort meinte: »So kannst du hier nicht rumlaufen – das sieht ja aus!«

Zum Glück waren wir viel unterwegs. Horst kannte einen Kunstmaler, Weinbauern und Schlossbesitzer. Es war immer interessant, diese Leute zu besuchen, und die Gegend war einfach hinreißend. Einmal fuhren wir nach Florenz; Häuser, Plätze und die kleinen Brücken gaben einem das Gefühl, als wäre man in einem Theater. Alles war ganz anders als bei uns in der Schweiz. In den Pizzaläden gab es Pizzen wirklich aller Art, mit allen erdenklichen Belägen. Es gab zum Beispiel Pizza nur mit Kartoffelscheiben, aber auch mit anderen Gemüsen und auch mehr konventionell mit Tomaten. Da waren auch feine Eisbuden.

Nur schade, dass Horst sich über nichts freuen konnte. Er war immer missmutig und kritisierte alles lieblos. Obwohl er mir sehr leid tat, kam ich öfter an einen Punkt, an dem ich wirklich genug von seinem Geschimpfe hatte: »Wenn du nur weniger generös wärest, dafür etwas netter zu uns!« Ich konnte mich nicht mehr zurückhalten. Meine Mädchen und ich wollten den schiefen Turm von Pisa aus der Nähe sehen, so sagte ich zu Horst: »Ich fahre mit den Mädchen für einen Tag nach Pisa!«

»Ja gut, da komm ich mit!«, war Horsts prompte Antwort.

»Nein! Wir fahren mit der Bahn und ich will einen Tag mit Josie und Lucy alleine verbringen!«

»Du bist doch blöd! Ich kann euch doch hinfahren!«

»Nein danke! Ich will mal mit ihnen alleine sein!«

Es war nicht einfach, von Horst wegzukommen. Schließlich fuhr er uns zur Bahnstation und ließ uns dann endlich kopfschüttelnd alleine.

Hei, war das schön! Wir eroberten Pisa, machten lustige Fotos wie die anderen Touristen, indem man von Weitem den schiefen Turm stützte, was auf dem Foto dann wie echt aussah. Wir hatten den ganzen Tag was zu lachen.

Horsts schwarze Katze bekam Junge, es war supersüß, den drolligen Tierchen beim Weltentdecken zuzusehen. Das Ende unserer Ferien nahte und Horst meinte: »Ich fahr euch natürlich auch wieder zurück in die Schweiz – anschließend fahre ich zu Freunden nach Deutschland.« Eine Bekannte von ihm wollte eines der Kätzchen haben, so nahmen wir es mit auf die lange Reise. Josie und Lucy hatten ihre helle Freude an dem kleinen süßen Fahrgast, der ihnen mit seinem Rumkrabbeln die Reisezeit verkürzte.

Trotz viel Schönem, das wir gesehen hatten, waren wir

froh, wieder bei mir zu Hause zu sein.

Als Josie und Lucy wieder zurück nach England geflogen waren, suchte ich erneut nach einer Bekanntschaft im Tagesanzeiger. Gigi tat dasselbe, so passierte es auch, dass wir mal, ohne es zu wissen, denselben Mann trafen. Nach den Treffen erzählten wir einander von unseren Eindrücken. Es waren durchaus auch beruflich interessante Typen dabei, die jedoch meist etwas an sich hatten, das sie unsympathisch machte. Da war nichts für uns dabei, bis Gigi eines Tages sagte: »Jetzt habe ich auf ein Inserat geantwortet mit dem Wortlaut: *Mann ohne Bauch sucht Frau mit Kopf.* Wir fanden das beide eigenartig und lustig. Gigi sagte mir auch, dass sie darauf schon geantwortet habe.

Mich reizte es auch, ich fand das Inserat im Tagesanzeiger und schrieb darauf: *Ich denke, dass ein Mann, der eine Frau mit Kopf sucht, in Wirklichkeit eine Frau mit Herz braucht.* Dazu gab ich diesmal meine Telefonnummer an.

Als ich am nächsten Tag mit Gabi telefonierte, erzählte ich ihr von der ungewöhnlichen Annonce. Sobald ich den Hörer hinlegte, klingelte es wieder. Eine tiefe Männerstimme meldete sich: »Kann ich Sie treffen?«

»Ja klar, wann und wo stellen Sie sich das vor?«

»Jetzt! Wir könnten uns an der Rheinpromenade treffen?«

»Wie bitte? Es ist zehn Uhr abends!«

»Und? Was befürchten Sie denn? Oder müssen Sie sich erst hübsch machen? Ich möchte Sie so sehen, wie Sie sind; ohne Schminke oder speziell aufgetakelt oder was weiß ich! Also, kommen Sie?«

Seine provokative Art war ein wenig aufreizend.

»Klar, in einer halben Stunde bin ich dort.« Sofort rief ich Gabi wieder an und erzählte ihr von dem eigenartigen Anruf.

»Und du gehst?« Ihre Stimme klang fast etwas besorgt.

»Ja, keine Angst, auf der Promenade gibt es noch andere Leute, ich melde mich anschließend! Tschüüss!«

Ich war wieder sehr aufgeregt, fand das aber auch sehr spannend.

Gerhard war groß und schlank, mit langem, meliertem, nach hinten gebundenem Haar. Seine Augen hatten etwas Geheimnisvolles. Eine interessante Erscheinung. Dazu hatte er eine angenehme Stimme und war offenbar gebildet. Wir stellten einander Fragen und erzählten uns gegenseitig etwas aus unserem Leben.

Plötzlich steckte sich Gerhard eine Zigarette an.

»Oh! Sie rauchen? Das wird nichts mit uns! Ich will keinen Raucher mehr«, sagte ich bestimmt.

»Ach das!«, er blickte auf die Zigarette in seiner Hand, »das ist nichts, Sie würden es nicht mal bemerken, wenn Sie es nicht sähen, nach Rauch riechen tu ich auch nicht, ich rauche ja so wenig!«

»Nein, ich weiß nicht ...«, gab ich zurück.

»Und überhaupt, ich will Sie erst mal auch bei Tageslicht sehen, ich glaube Ihre Altersangabe nicht!«, wand er sich heraus.

Meine Eitelkeit ließ sich umgarnen, ich wusste, dass ich immer jünger geschätzt wurde, als ich in Wirklichkeit war.

»Gut. Treffen wir uns morgen an derselben Stelle. Gute Nacht.«

Ich hastete aufgeregt nach Hause; Gerhard hatte schon Eindruck auf mich gemacht.

Auch Gabi ließ sich am Telefon von mir anstecken: »Wow! Klingt interessant! Und das Rauchen, nun, ich rauche ja auch! Man kann nicht einem anderen etwas verbieten, das gehört zu ihm!«

»Aber ich will keinen Raucher mehr!«

»Sag mir's dann, nachdem du ihn am Tag getroffen hast.« Gabi war mindestens so aufgeregt wie ich. Nicht zum ersten Mal dachte ich, dass sie alle meine Liebesabenteuer auf diese Art bequem und geschützt »aus dem Sessel« miterleben konnte. Trotzdem, das wäre nichts für mich, da musste ich schon selber ran.

Am nächsten Tag fuhr ich mit meinem Velo zum Rhein hinunter. Gerhard erwartete mich schon. Ich hatte mir vorgenommen, dass ich ihn nachher nicht mehr treffen würde – aber er fing an, mir zu gefallen. Ich gefiel ihm offenbar sehr, das konnte ich auch ohne Worte an seinem Gesichtsausdruck sehen. Sein Blick kam aus schmalen, fremdländisch anmutenden dunklen Augen. Es stellte sich heraus, dass wir in derselben langen Straße wohnten. Nein, ich ging nicht zu ihm nach Hause, auch lud ich ihn nicht zu mir ein. Auch blieben wir beim Sie.

»Also, jetzt haben Sie mich bei Tageslicht gesehen – das war's denn! Wer weiß, vielleicht sehen wir einander mal in der Gegend.«

Was hieß da *Wer weiß*? Im Innern wusste ich das ja schon, obwohl ich mich dagegen wehrte – aber wie wehrt man sich gegen sich selbst? So verabschiedete ich mich und fuhr auf meinem Velo davon – wissend, dass mich sein Blick verfolgte, bis er mich nicht mehr sehen konnte.

Es kam so, dass wir einander kleine Notizen in den Briefkasten warfen, ein beidseitiger Versuch, irgendwie in Kontakt zu bleiben. Auch enthielten die kleinen Nachrichten immer etwas, das beantwortet werden wollte. Wir telefonierten und trafen uns auch wieder, immer vortäuschend, dass alles nur Zufall und nichts Ernstes sei. Aber ich suchte nicht mehr.

Gerhard war so etwas wie ein Inselbewohner. Er lebte komplett in seiner eigenen Welt, ohne unsere »reale« Welt zu akzeptieren. Sein Wesen faszinierte mich, da auch ich irgendwie meine Umwelt nie richtig akzeptieren konnte. Vielleicht fühlte ich mich deshalb wohl bei ihm?

Zu spät merkte ich, dass er nicht nur Kettenraucher war, sondern auch Alkoholiker. Hatte ich die berüchtigte rosa Brille auf? Oder war es einfach dieses total Unkonventionelle, das mich so in seinem Bann hielt? Ich hatte seit jeher mehr Interesse für das Ungewöhnliche, Banales konnte mich weggraulen. Ich erfuhr, dass Gerhards Vater ein deutscher Schriftsteller war und seine Mutter aus dem Osten kam. Nein, die Eltern lebten leider nicht mehr, wie meine.

Gerhard hatte eine gescheiterte Ehe hinter sich, in welcher er zwei Töchter hinterließ. Ich durfte sie beide kennenlernen, zwei nette Mädchen. Seine Exfrau und Gerhard hatten sich bis zur erstgeborenen Tochter gesiezt! Fand ich gar nicht das Letzte, schließlich bezeugt das einen gewissen Respekt. Siezen ohne Respekt geht kaum. Zwangsläufig lernte ich auch seine Exfrau kennen, ihre Sucht war das Essen; sie war unförmig dick. Nicht so, als sie heirateten, da hatte ich Fotos gesehen. Auch wohnten sie zu Beginn ihrer Ehe auf einer philippinischen Insel. Auch davon zeigte mir Gerhard Fotos. Ich war fasziniert und konnte mir nicht erklären, warum so was auseinanderging.

Nachdem ich Gerhard meiner Freundin Gabi und auch Gigi vorgestellt hatte, bemerkte ich, wie beide mehr oder weniger heimlich von Gerhard schwärmten. Das war weiter nicht schlimm für mich, schlimm war nur, dass Gerhard in ihren Augen immer recht hatte und alles richtig machte – nur ich nicht. Das brachte mit sich, dass ich bei ihnen kein Gehör oder kein Verständnis fand, wenn ich mich über Gerhards Eigenheiten aussprechen wollte. Gerhards größtes Hobby waren die Insekten, allem voran die Ameisen. Er nahm mich mit in Vorlesungen, wo ich so viel Faszinierendes über die kleinen Tierchen erfuhr, dass ich Gerhard noch aufregender fand. Seither weiß ich zum Beispiel auch, dass es Schwebebienen gibt, die stechen nicht, sind jedoch so nützlich wie Bienen, nur dass sie keinen Honig produzieren. Ameisen gibt es in so vielen Größen und Arten, wie ich es mir nie vorgestellt hätte. Für die meisten »normalen« Menschen gibt es einfach nur Ameisen, Bienen und Wespen.

Gerhard imponierte mir mit seinen ungewöhnlichen Kenntnissen, dass sich bei mir Liebe zu ihm entwickelte. Achtung ist wohl etwas der größten Dinge in der Liebe, danach kommt gleich der Respekt. Das sind zwei erstklassige Voraussetzungen für die Liebe. Sex war sehr klein geschrieben, wohl hauptsächlich Gerhards Alkoholkonsum zuzuschreiben. Auch das war nicht weiter schlimm für mich, der intellektuelle Austausch war viel interessanter.

Karin, meine älteste Tochter, heiratete. Es war im Jahr 1998. Da ihr zukünftiger Ehemann Türke war, gab es ein riesiges Fest. Eine Halle wurde gemietet und es kamen 500 Gäste! Das Fest dauerte zwei Tage; am ersten Tag wurde Verlobung gefeiert, am folgenden Tag war die Hochzeit. Auch Josie und Lucy kamen von England, und ich war mit Gerhard zusammen eingeladen. Ich kannte nur meine enge Familie. Das heißt, meine Kinder und Gerrys Schwester und Brüder, die jedoch weit entfernt von mir saßen. Joël saß mit seiner damaligen Freundin neben Edith an einem anderen Tisch. Das stimmte mich etwas traurig, aber ich wollte mir nichts anmerken lassen. Eine türkische Musik spielte, es wurde in einem Kreis getanzt, die Stimmung war fröhlich, aber fremd.

Karin stand wie eine ausgestopfte Puppe auf einer Bühne. Sie war so bleich! Die vielen türkischen Gäste begannen sie mit goldenen Armreifen zu behängen. Karin wirkte steif und unbeweglich. Sie tat mir irgendwie leid, aber ich dachte, dass die vielen Gäste ja auch wieder gehen würden und sie dann endlich ihren Geliebten für sich hätte. Erst später erfuhr ich, dass sie am Anfang einer Schwangerschaft war und das Kleine verloren hatte, nun, da war ja noch kein »Kleines«, da war erst die Hoffnung darauf. Wahrscheinlich ging es durch die ganze Aufregung verloren, ich weiß es nicht. Ich weiß nur, dass Karin ihren Mann auch nachher nie für sich selber hatte; Gürsel war der einzige Sohn neben sieben Schwestern! Man kann sich vorstellen, wo sein Platz in der türkischen Familie war. Auch verheiratet aß er am liebsten bei seiner Mutter. So kam es, dass er seine freie Zeit noch meist bei den Eltern verbrachte. Wenn Karin mit dabei war, huschten alle Frauen (meist waren auch Schwestern dort) immer in die Küche, um sich zu beschäftigen, während die Männer zusammensaßen und diskutierten. Karin verstand kein Türkisch, fand somit auch nie richtigen Anschluss in der türkischen Familie.

Aber zurück zum Hochzeitsfest, oder besser gesagt zu der Zeit danach. Josie und Lucy blieben anschließend ein paar Tage bei mir. Am Samstag gingen wir zusammen einkaufen, und als wir nach Hause kamen, stand meine Wohnungstür offen.

»Hab ich denn nicht abgeschlossen?«, rief ich erschrocken. Beim Aufstoßen der Tür bot sich uns ein erschreckender Anblick: im Gang zerstreut lagen alle meine Schmuckstücke, Unterwäsche und andere Sachen; ein volles Durcheinander.

*

Sorry! Hier gibt es eine Unterbrechung; soeben habe ich einen Anruf aus meiner Vergangenheit erhalten: Chrigi = *Chrigi-big-bear*, aber den kennst du, lieber Leser, ja noch gar nicht; manchmal überfällt einen halt die Vergangenheit aus heiterem Himmel. Nein, der Himmel ist auch nicht heiter, er ist grau-trüb, und wenn's nicht zu schneien anfängt, dann mindestens an zu regnen. Meine Augen wässern auch, nein, ich weine. Es ist kalt.

Chrigi war mein Traummann, und du wirst auch alles über ihn erfahren, aber in meiner Geschichte bin ich noch nicht so weit. Diese Begegnung liegt ungefähr sechs Jahre zurück.

Soeben habe ich mir einen *Grany's Special* gebraut und den trinke ich jetzt, prost!

Du weißt nicht, was das ist, ein *Grany's Special*? Das ist das Getränk, mit dem meine liebe englische Schwieger-

mum, und übrigens auch die Queen Mum, alt geworden sind, sehr alt.
Und so geht's: einen gut abgemessenen Gin (mindestens zwei Finger breit), einen Schnitz Zitrone, Eiswürfel, das Ganze mit Tonicwasser auffüllen – und *cheers*!

*

Zurück zum anderen Durcheinander.
Ich rief die Polizei.»Rühren Sie nichts an! Lassen Sie alles so, wie es ist, und gehen Sie nicht weiter in die Wohnung! Warten Sie vor der Tür, wir kommen sofort!«
So wartete ich mit Josie und Lucy vor meiner eingebrochenen Wohnungstür. Es gab einen kleinen Windstoß und zu unserem Schrecken sahen wir, dass die gegenüberliegende Wohnung auch aufgebrochen war; die Eingangstür bewegte sich im Wind. Meine Nachbarn waren zu jener Zeit in den Ferien. Ich war froh, als die Polizisten eintrafen.
»Dieses Türschloss lässt sich aber auch aufbrechen wie Butter, sehen Sie mal!«
Ich lernte eine Lektion über unsichere Schlösser – man hat ja nie ausgelernt!
Endlich durften wir ins Innere der Wohnung. Ein schrecklicher Anblick! Mir grauste bei dem Gedanken, dass fremde Hände in meinen Sachen gewühlt hatten. Ich empfand einen unbeschreiblichen Ekel. Die kleinen Spardosen meiner Töchter waren weg, was besonders schmerzhaft war. Der alte vererbte Sekretär meiner Großeltern war aufgebrochen. Das Geheimfach war ebenfalls aufgebrochen, wo ich aus Renés Erbe Fr. 2000.- versteckt hielt. Unwillkürlich musste ich an Edwin den-

ken, der immer Geld für seine Drogen brauchte, der jedoch zu der Zeit im Basler *Lighthouse* dahinvegetierte. Er kannte dieses Versteck. Hatte er Informationen an einen Kollegen weitergegeben? Es wurde mir unheimlich, und so bat ich Gerhard, die Nacht in meiner Wohnung zu verbringen. Betten waren genug da. Im Moment hatte ich nur noch einen Gedanken: Wegziehen! Ausziehen! Aber das sollte dann doch noch ein Weilchen dauern. Wie jeder Schreck legte sich auch dieser nach ein paar Wochen. Dazu wurde mein Türschloss noch am selben Tag des Einbruchs erneuert und diesmal war es ein sicheres Schloss, stabil, mit Doppelverriegelung.

Gerhard, der jeweils die Todesanzeigen der Tageszeitung las, sagte mir eines Tages: »Edwin hat's genommen – willst du zur Beerdigung?«

Ohne nachzudenken, erwiderte ich: »Nein, das ist abgeschlossen für mich, ich habe mich schon länger von ihm verabschiedet.« Ich hatte keine Lust, von Verwandten und eventuell von »Drögelern« über Edwin ausgefragt zu werden. Edwin war gegangen oder geholt worden, von seinen Leiden befreit.

Gerhard kannte einen alten Schulkollegen, der eine kleine Insel auf den Philippinen gekauft hatte. Dieser Mann überließ die Insel in Pacht einer einheimischen Familie, da er als Ausländer die Insel nicht offiziell besitzen durfte. Gerhard wusste, dass sein Kollege sich dort ein Haus baute, und fragte ihn, ob wir auf seiner Insel ein paar Tage Ferien machen könnten.

Das schien überhaupt kein Problem zu sein: »Ihr könnt gerne das Haus bewohnen, ich stelle es euch kostenlos zu Verfügung, einzige Bedingung ist, dass ihr ein paar

Sachen für mich mitnehmt!«

Das klang gut, und Gerhard nahm an. Wir besuchten besagten Mann und nahmen etliches Gepäck für ihn mit. Gerhard lud mich und seine jüngere Tochter Tiefa, etwa elfjährig, zu diesem Abenteuer ein. Seine ältere Tochter Sunda war schon mal auf einer Insel gewesen.

Die Reise war unglaublich, wir brauchten gut zwei Tage, bis wir auf der Insel ankamen. Zuerst der Flug nach Frankfurt, dann mit einem anderen Flugzeug nach Manila. Dort wurden wir von einem Einheimischen abgeholt und für eine Nacht in ein entlegenes Hotel in Bolinao gebracht. Wenn wir *Crocodile Dundee* begegnet wären, hätte mich das nicht gewundert. Zum Hotel fuhren wir in einem alten Jeep, dessen Fenster wurden mit Klebeband zusammengehalten, auch die hintere Tür war zugeklebt. Dementsprechend fuhr das Auto. Wir mussten lachen. Angst hatten wir keine, obwohl wir uns ein Kreischen hin und wieder nicht verkneifen konnten, denn der Fahrer raste wie ein Besessener über die holprige Straße und durch die Kurven.

Am nächsten Tag, nach der Hotelnacht, ging es genauso weiter – bis an irgendein Ende der Insel. Im Zwischenhalt auf einem farbenfrohen Markt deckten wir uns mit Essenswaren und Getränken ein. Es wurde ein Boot mit Fahrer angeheuert, alles aufgeladen und los ging´s, weg von der großen Insel, die hinter uns immer kleiner wurde, bis sie ganz verschwand. Nur noch Wasser, tief und endlos. Die Santiago-Insel war unser Endziel. Einer langbeinigen Mücke gleich, fanden wir uns auf dem schwankenden Boot, auf den Wellen gleitend. Auf beiden Seiten des Bootes gab es so Hilfsstützen, eben die »Mückenbeine«, fast wie bei einem Kindervelo, um den mittleren Teil auszubalancieren. Weit und breit nur Wasser, unendlich tief und massig. Ein Abenteuer ins Ungewisse. Nach Stunden erblickten wir in der Ferne einen winzigen Punkt, der langsam größer wurde. Etwas später erkannten wir die Inselbewohner, die einzigen Menschen, die dort wohnten. Die ganze Familie winkte uns vom Strand her zu, um uns willkommen zu heißen. Eine alte Frau, ein Ehepaar und zwei Kinder. Ein Ereignis für beide Seiten! Hinter einem hellen Sandstreifen reckten sich sehr hohe schlanke Palmen gen Himmel, dahinter zu erkennen: der Bungalow der einheimischen Familie und dichtes Grün – Dschungel. Ein faszinierendes Bild! Etwa drei Gehminuten vom größeren Haus, näher dem Meer, stand unsere Bleibe, ein kleines weißes Steinhaus mit Veranda. Die Zimmer waren sehr klein; ein Schlafzimmer mit Doppelbett, zwei kleinere Zimmer mit Einzelbett und ein riesiges Badezimmer mit Dusche. Tiefa hatte ihr eigenes Zimmer und wir bewohnten das Zimmer mit Doppelbett.

Nach dem Einquartieren begaben wir uns zur Inselfamilie Gatchalian. Des jungen Vaters Name war Jhun, er war ganz offensichtlich das Oberhaupt. Sicher war er auch der Einzige, der Englisch verstand und sprechen konnte. Wir sahen uns um. Die alte Mutter war schon mit dem Kochen beschäftigt. Die winzige Küche stand auf Holzbeinen, somit abgegrenzt vom Schlafplatz. Vor dem kleineren Gesamthausteil, in dem Eltern-Schlafraum und Küchenteil untergebracht waren, eröffnete sich eine Art gedeckte Halle. Zwischen den hölzernen Stützbalken war alles offen, unter einem riesigen Dach, fensterlos. Einer Wand entlang schliefen dort nachts die

Kinder, in einer Ecke stand ein kleines Fernsehgerät und in entgegengesetzter Ecke stand unser Esstisch mit vier Stühlen darum. Dazwischen war so viel Platz wie auf einer großen leeren Tanzfläche. Den Wänden und der Innenseite des Daches entlang klebten schläfrige Geckos, die sich hin und wieder bewegten oder runterfielen. Gewöhnungsbedürftig.

Als Gäste kamen wir zu den Mahlzeiten an den einzigen Tisch in der Ecke. Andere Gäste oder Bewohner außer der Familie gab es keine. Die Bedienung war äußerst diskret und das Essen schmeckte uns. Als Beleuchtung hing eine Glühbirne in einem Baum, unter welchem Jhun immer saß, um die Verbindung zur Außenwelt zu pflegen, Neuigkeiten zu erfahren oder Reiseverbindungen zu organisieren. Wie dies genau ging, weiß ich nicht, aber es funktionierte.

Außer Haus, auf der dicht bewachsenen Insel, mussten wir immer eine Machete (Buschmesser) dabeihaben. Da alles schnell wieder zuwuchs, brauchten wir sie, um uns den Weg zu bahnen und uns nötigenfalls durch Lianen oder anderes Buschwerk frei zu hacken. Auf großen, saftigen Blättern warteten schillernde, regenbogenfarbige Käfer auf Beute. Wir entdeckten auch einen riesigen Termitenhaufen, was ich vorher noch nie gesehen hatte. Es gab so viel zu entdecken und zu bestaunen; die ganze Insel war ein einziges Abenteuer. Ich machte schöne Fotos.

Einmal fuhren wir mit einem dieser Mückenboote, samt Bootsmann natürlich, auf eine andere Insel. Die Ankunft war spektakulär! Alle Inselbewohner mit sehr vielen Kindern kamen, um uns zu bestaunen. Sie kicherten schüchtern, aber nicht weniger neugierig. Vor

der Kamera hatten sie Angst und versteckten sich. Unser Bootsmann führte uns durch eine Art Dorf: teils wackelig-schiefe Holzhütten auf Stelzen standen nahe beisammen. Verschiedene Handwerker zeigten uns ihre Arbeit. So konnten wir auch sehen, wie eine Fischfalle geflochten wurde und wie andere Gebrauchsgegenstände entstanden. Dann winkten uns ein paar Männer zu sich hinüber. Unter geheimnisvollen Gesten wurde uns ein selbst gebrautes Getränk offeriert, das in kleinen, ausgedienten Plastikflaschen aufgehoben wurde. Zuerst wollten sie mir nichts davon abgeben: »Zu stark für Frau!« Das wurde uns mit einigen Englischwörtern und sehr vielen Gesten klargemacht. Auf unser Drängen und der Versicherung, dass ich so was ertragen würde, schenkten sie mir schließlich auch in einer Emailletasse vom selbst gebrauten Insel-Gin ein – unter sehr viel Beobachtung! Gläser hatten sie keine. Gerhard und ich sahen einander fragend an; der Trank war überhaupt nicht stark! Da waren wir anderes gewohnt! Doch ihren erwartungsvollen Blicken zuliebe, die wir nicht enttäuschen wollten, gaben wir so »Aah«- und »Wow«-Laute von uns.
Wir (ja, sogar ich!) waren auch schnorcheln. Gerhard ging mit Tiefa voraus, sodass ich alleine am Strand zurückblieb. Die Flossen, Brille etc. hatte ich ja an, aber für mich war es das erste Mal; ich musste sehr mutig sein und den Angsthasen in mir überwinden. ›Jetzt oder nie!‹, sagte ich zu mir selber, und so stürzte ich mich mit geschlossenen Augen schließlich in die Meeresflut.
So lernte ich eine ganz neue Welt kennen, so bunt mit ihren unzähligen Lebewesen, einfach wunderbar! Ein blau-gelb gestreiftes Fischlein ließ sich von mir sogar streicheln. Ich fühlte mich wie in einer Märchenwelt.

Beim Duschen in dem groß angelegten Raum sang ich immer lauthals meine eigenen Melodien. Das hallte so schön wider. Ich bemerkte, dass mich Tiefa imitierte, was ich herzig fand. Am Abend, von der Veranda aus, sahen und hörten wir die Flughunde von einem Baum zum anderen fliegen. Wie riesige Fledermäuse mit dicken Körpern und, im Vergleich mit den Fledermäusen, riesigen Flügeln.

Jhun nahm uns eines Tages mit zu einem Hahnenkampf. Ich war nicht begeistert, dorthin zu gehen. Aber Jhun's Bruder spielte mit eigenem Hahn mit, und Jhun schien es sehr wichtig, dass wir auch kamen. Es war grausam, wie die schillernd gefiederten Hähne mit oberhalb der Füße angebundenen scharfen Klingen aufeinander losgingen. Einzig für die Atmosphäre und zum Beobachten der Wetteifrigen hatte es sich für mich gelohnt. Nie wieder! Ich würde das verbieten. Genauso wie Stierkämpfe. Alles war so faszinierend, aber es durfte nicht klappen mit uns. Bei den Mahlzeiten klagte Tiefa immer wieder über Müdigkeit, sie aß kaum. Ich konnte das nicht richtig einordnen. Gerhard schrie seine Tochter an: »Sitz jetzt mal gerade! Und iss!« Das war kein schöner Zug von ihm, doch als er auch noch zu fluchen anfing, reichte es mir.

»Weißt du was, Gerhard, ich mag keinen fluchenden Freund.«

»So geh doch zurück nach Hause! Ich fluche, wann immer ich will!«

Ich erschrak. Wie schroff er sein konnte!

»Ja, wie stellst du dir das denn vor? Hier aus dem Dschungel von der Insel weg?«

»Das ist deine Sache! Finde jemanden, der dich zurückbringt!« Dann wandte er sich ab von mir. Er sprach nicht mehr mit mir.

In der folgenden Nacht hatte ich keine Lust, mit ihm unter dieselbe Decke zu schlüpfen, so blieb ich draußen. Es war nicht schwierig, ungesehen zu bleiben, denn bald wurde es stockdunkel. Ich versteckte mich auf der Veranda einer kleinen Holzhütte, welche im Wasser aber doch noch am Strand stand. Niemand konnte mich sehen, aber ich sah Gerhard und Tiefa auf Stühlen im Sand sitzen und hörte sie auch reden.

»Wo ist Liliane?«, fragte Tiefa.

»Weiß nicht, irgendwo«, war Gerhards lieblose Antwort. Bald kamen unzählige Glühwürmchen, um das Dunkel zu erleuchten, aber keines zeigte mir den Weg zur Vernunft. Es entstand ein richtiges Lichtergewirre. Ich legte mich auf die hölzerne Veranda, alles war etwas wackelig, auch den steten Wellen zu verdanken. Frösche fingen an zu quaken. Ein klein wenig gruselte mir schon, aber ich steckte fest; ich brachte es nicht über mich, zurückzugehen. Was sollte ich denn sagen? Von meiner Seite her bedurfte es keiner Entschuldigung. Schließlich schlich ich mich hintenrum in unser offenes Schlafzimmer und bediente mich an der neben dem Bett stehenden Whiskeyflasche, ungesehen.

»Ist das nicht gefährlich?«, hörte ich Tiefa besorgt fragen, »wo ist sie denn?«

»Ach, die kommt schon wieder«, war Gerhards selbstsichere Antwort.

Ich schlich mich zurück in mein Versteck. Schließlich schlief Tiefa ein; ich sah, wie Gerhard sie ins Haus trug, dann kam er zurück an den Strand. Ich bediente mich noch ein paar Mal an der Whiskeyflasche, er offenbar auch; ich fragte mich, ob er eventuell genau wusste, wo ich war und was ich tat. Er, der schon mit seiner ersten Frau ich weiß nicht wie lange auf einer Insel gelebt hatte. Gegen Morgen waren wir beide so betrunken, dass wir schließlich nebeneinander im Bett landeten und sofort einschliefen.

Von da an sprachen wir nur noch das Allernötigste miteinander. Traurig. Und das im Paradies! Ich bemerkte, wie peinlich Jhun das Ganze war.

»Wir sind nicht verheiratet und Tiefa ist nicht meine Tochter«, sagte ich zu ihm, weil ich ihm unser Verhalten irgendwie verständlich machen wollte, obwohl es dazu eigentlich keinen Grund gab.

»Das habe ich schon bemerkt«, meinte Jhun etwas verlegen.

Wir erlebten auch einen Monsunregen; es regnete ganz plötzlich, wie feine Fäden, aber so dicht und stark wie ein Vorhang, durch den man bald nichts mehr sehen konnte. Es war unheimlich und schien nie mehr enden zu wollen, jedenfalls konnte man sich kein Ende vorstellen.

»Was machen wir bloß? Morgen ist unser Reisetag! Wie sollen wir je von hier wieder wegkommen?«, meinte ich bange.

»Das hört so plötzlich wieder auf, wie es angefangen hat«, war Gerhards kühle Antwort.

Und es stimmte. Von einer Sekunde zur anderen hörte es auf zu regnen. Für eine kurze Weile stiegen überall Dämpfe auf, doch bald war alles so wie vorher, so als hätte es nie geregnet. Jhun nahm über seine Baumlampe Kontakt zur Außenwelt auf, um sicher zu sein, dass unser Flugzeug von Manila aus starten würde.

Wir verabschiedeten uns bei Familie Gatchalian, es war Zeit, unsere lange Heimreise anzutreten. Ich sog alles Schöne ein, denn da war so vieles auf unserem Weg; zum Beispiel auch eine endlos scheinende Straße mit Reis, zum Trocknen ausgelegt. Nur ein schmaler Streifen war für den Verkehr frei gelassen, die größeren Lastwagen fegten Teile des Reises in die Luft. Es gab viele Reisfelder. Auch begegneten wir Kindern in Schuluniform, das sah herzig aus.

Endlich kamen wir am Flughafen Manila an. Etwas wehmütig, noch voll der unverdauten Eindrücke, ein griesgrämiger Gerhard, eine eingeschüchterte Tiefa und ich.

Kapitel 20

Es ist wieder viel Zeit vergangen. Du, Res, hast dich sehr gut eingelebt in deinem neuen Heim. Eigentlich machen wir lange nicht alles zusammen, das müssen wir auch nicht. Aber die Phasen, in denen wir zusammen sind, sind kürzer, auch eher zweckbedingter. Ist das gut? Nicht wirklich eine Liebesbeziehung. Irgendwie hätte ich mir vorgestellt, dass wir näher zueinander fänden – wieder mal Sex miteinander haben würden. Aber nein, jeder schläft im eigenen Bett am liebsten. So weit ist es gekommen. Wir streiten viel weniger, oder kaum noch. Das ist doch gut, oder? Nun, wir haben die Ausweichmöglichkeit, die das hauptsächlich verhindert. Du siehst es nicht so krass wie ich. Auf eine Art geht es uns viel besser, wir sind freier. Was mir einfach fehlt, sind Zärtlichkeiten, demonstrierte Liebe, Liebe, die sich zeigt, wenn sie da ist, und tiefere Gespräche. Ich habe den Eindruck, dass dir das alles nicht so wichtig ist – aber ich selber vermisse es mehr und mehr. Klar, du bist müde und »geschafft«, wenn du von deinen Arbeiten als Tennisplatz-Hauswart und anderen kleinen Jobs nach Hause kommst. Es scheint mir jedoch auch, dass du gerne so lebst; deine Tagesabläufe sind befriedigend für dich. Dein Einkommen stimmt auch wieder, sagst du. Das ist ja gut so, wahrscheinlich bin ich da viel anspruchsvoller. Was überhaupt nichts mit Geld zu tun hat! Ich stelle mir einen Lebensabend halt anders vor. Wir sind kein altes Ehepaar, das schon alles zusammen ausgeschöpft hat. Ist das für dich eher unbequem, dass wir zwei Individuen sind und Zeit für ein gemeinsames Abenteuer hätten? Ich habe oft den Eindruck, dass du neben Arbeit, Essen, Schlafen, Tagesblatt lesen und Wettbewerbe machen nichts vermisst. Du hast ja auch noch deine Familie und ein paar Kumpels. Oh ja, es gibt TV-Programme, vor allem über die Natur, die wir uns zusammen ansehen. Wir treffen uns auch verschiedentlich in unseren Wohnungen zum Essen, jedoch nicht alle Tage; nun, das müssen wir auch nicht. Ja, wir machen Spaziergänge und einmal monatlich Wanderungen mit Freunden, aber sonst? Was ist mit dem »Einanderliebhaben« geschehen? Dieses Gefühl von »Etwas fehlt« habe ich schon länger.

Bedenke nur: wann haben wir das letzte Mal zusammen geschlafen? Eben! Ich weiß es noch ziemlich genau, auch weiß ich noch, wie. Einen Orgasmus hatte ich seit über zwei Jahren nicht mehr! Vielleicht sind es sogar drei Jahre! Hättest du ein Gebrechen, würde ich dies nie erwähnen. Ich habe sehr viel Verständnis und kann mich gut in jemand anders hineinfühlen. Sex ist mir auch nicht das Wichtigste, aber irgendeine Art davon gehört meines Erachtens in eine Beziehung. Gegenseitige Körpermassage oder auch nur Streicheln ist doch etwas, das unsere Sinne bereichert! Aber eben gegenseitig. Dass ich eine Oma bin, ist super! Aber dass ich nun nur noch ein Oma-Dasein fristen soll, geht nicht; ich bin immer noch Frau!

Seit ich kürzlich die drei Gegenstände – Chrigis Lieblingsgürtel, seine Uhr und seine Haarbürste – nach sechs Jahren an ihn zurückgeschickt habe, um in meinem Leben »aufzuräumen«, und wider Erwarten eine Antwort erhalten habe, wird mir alles noch viel stärker bewusst. Ehrlich, ich war mir sicher, dass seine Frau die Sachen verschwinden ließe, oder dass es Chrigi gar nicht mehr gäbe. Und dann der Telefonanruf, der mich total durchschüttelte und durcheinanderbrachte.

Nachdem ich darüber geschlafen hatte, riss ich mich zusammen. ›Also‹, sagte ich mir, ›Chrigi lebt, und das ist doch schön! Und jeder hat schon lange ein anderes Leben, alles ist gut so.‹ Doch immer wieder ertappe ich mich dabei, dass ich an Chrigi denke, und mit jedem Tag spüre ich mehr, wie sehr ich seine Zärtlichkeiten, Berührungen, die Gespräche, das Zusammensein mit ihm und ihn selber vermisse. Und das nach gut sechs Jahren! Immer stärker »nach-erlebe« ich die Zeit mit ihm, als wäre es erst gestern gewesen. Meine Telefon- und Mobilnummer hatte ich ihm nicht geschickt, doch er hatte sie noch!

Danke, Res, dass ich ehrlich zu dir sein kann. Ich liebe dich ja auch, aber es ist anders. Du bist mir vertraut, und danke, dass ich mich auf dich verlassen kann. Was in dir wirklich vor sich geht, weiß ich allerdings nicht. Diese Ruhe und Gelassenheit, mit der du meine Offenbarungen hinnimmst, ist fast schon unnatürlich für mich. Macht dir das alles nichts aus? Bin ich dir etwa gleichgültig? Ist dir alles egal? Hast du, was du willst?

Gegen Ende 2016 war ich für zwei Wochen bei meinen Töchtern, es war intensiv, aber superschön. Natürlich habe ich mich all meinen drei Töchtern mitgeteilt. Die kennen mich, sie kannten Chrigi, und sie erlebten mich am Boden zerstört. Joël habe ich noch nichts gesagt, ich rechne ehrlich gesagt auch nicht mit seinem Verständnis. Auch ist seine eigene Beziehung irgendwie nicht befriedigend für ihn – in Kürze: er hat selber genug Sorgen.

Männer, teilt euch mit! Es gäbe sicher positive Überraschungen zu erleben!

Weil Chrigi im November Geburtstag hatte, sandte ich ihm eine Karte aus England. Nach meiner Heimkehr bedankte er sich bei mir telefonisch, was ich nicht unbedingt erwartet hatte. Seine Stimme ging mir unter die Haut. Ich sandte ihm auch eine Weihnachtskarte, besonders weil ich jetzt auch wusste, dass seine Frau an Demenz litt und er sie alleine pflegte. Daraufhin telefonierte er mir wieder. Per SMS auf Mobiltelefon fragte ich ihn, ob ich ihm schreiben dürfe; auch wollte ich, dass er endlich erfuhr, was nach unserer forcierten Trennung geschah und wie ich das erlebte. *Ja, du kannst mir schreiben*, antwortete er mir per SMS zurück, worauf ich ihm folgenden Brief schrieb:

31.12. (noch) 2016

Lieber Chrigi-big-bear,
so hattest du dich mir in deinem ersten SMS an mich vorgestellt. Es war im September 2010! Lange her? Mehr als sechs Jahre! Aber für mich ist alles noch so präsent.

Danke, dass ich dir schreiben darf, und bitte und danke, dass du den ganzen Brief lesen wirst, auch wenn dir einiges nicht so gefallen wird.

Ich hatte dich nicht willkürlich kennengelernt. Es war etwas komisch, Ende September in Schupfart beim Country-Festival. Karin, meine älteste Tochter, hatte mich dazu eingeladen, weil wir beide die Country-Musik lieben. Von Karin war es ein verspätetes Geburtstagsgeschenk an mich. Nun, eigentlich hatte sie mir das

Ticket schon im Juni geschenkt, aber das Festival war eben erst im September. Gut aufgelegt tranken wir etwas weißen Wein (um uns wach zu halten) und diskutierten. Dann sagte Karin plötzlich zu mir: »So und jetzt bist du dran! Du findest den Mann deiner Träume! Ich bin noch jung und habe noch genug Zeit, *but now it's your turn!*« (Chrigi, verstehst du mein Englisch noch?) Nun, Karin und ich, wir lachten beide, denn daran glauben, das war etwas anderes. Übermütig schoben wir uns durch die Menge nach vorne.

»Nichts«, wandte ich mich an Karin, »da ist kein Typ für mich dabei.«

Dann wirbelte ich weiter durch die Menge – an dir vorbei – *a lonesome Cowboy* – und dann, wie in einem Sog, wieder zu dir zurück. So stand ich denn vor dir und musste wohl etwas sagen: »Hey! Bist du alleine?«

Schon erwartete ich, dass sich eine Frau aus dem Hintergrund melden würde; aber niemand kam, außer deiner Antwort: »Ja, seit zwei Tagen.« Und weil du so traurig dreingeschaut hast, sagte ich: »Oh, wie traurig, das tut mir leid.«

»Ja, es ist traurig, sie hat mich am Donnerstag verlassen, ist ausgezogen.«

Ich fühlte mich etwas hilflos und konnte nicht anders, als dich ein wenig zu streicheln, nur kurz und ganz sanft über die Wange. Dabei ist eine wärmende Nähe entstanden, nicht gut zu beschreiben, aber sehr spürbar. Meine nächste Verlegenheitsfrage war: »Von wo bist du?«

»Von Bern.« Plötzlich schautest du nach oben mit den Worten: »Es gibt doch noch eine Gerechtigkeit.« Du hast es nicht laut gesagt, aber ich hatte es gehört. »Wir müssen unsere Telefonnummern austauschen« – und schon hattest du deine Nummer auf ein Fetzchen Papier gekritzelt.

»Meine Nummer weiß ich nicht auswendig, aber jetzt hab ich ja deine, das reicht auch«, meinte ich. Ich musste somit die Erste sein, sich zu melden.

Dann sagtest du plötzlich: »Ich muss ein wenig raus, frische Luft schnappen« – und weg warst du.

Karin, die alles aus nächster Nähe beobachtet hatte, meinte aufgeregt: »Das ist er! Hast du seine Nummer?«

»Ähm, nein, kann sie in dem Halbdunkel nicht finden ...«

»Mutter! Such!« Aber ich fand sie nicht.

»Nun, er trauert ja sowieso um eine andere – komm, lass uns weiter nach vorne gehen!«

Nach nicht allzu langer Zeit schossest du in einem Tempo hinter der Bühne hervor. »Da bist du ja!«, war deine erleichterte Antwort. Du stelltest dich hinter mich und begannst gefühlvoll die Formen meines Körpers nachzumodellieren. Es war, als hättest du etwas in mein Ohr geflüstert, doch irgendwie ging alles unter in unseren Bewegungen zur Musik. Etwas später sagtest du: »Ich habe einen weiteren Weg und fahre jetzt nach Hause – kann ich euch irgendwohin mitnehmen?«

»Nein danke, wir wohnen in entgegengesetzter Richtung und bleiben noch.«

Das war's mal für unsere erste Begegnung. Deine Nummer fand ich zu Hause wieder.

Nein, es war nicht »Liebe auf den ersten Blick«, doch ich brauchte nicht lange, um zu wissen, dass ich dem Mann meiner Träume begegnet bin.

Und als du mich zum ersten Mal bei mir zu Hause besucht hast? Ohne Cowboyhut, mit einer riesigen Sonnenblume in der Hand! Weißt du das alles auch noch? Ich hoffe es irgendwie, denn erzählen will ich dir ja das, was du eventuell nicht mehr mitgekriegt hast.

Also, nach einer sehr intensiven Zeit des Kennenlernens (ich weiß alles noch) hatten wir beschlossen, am nächsten Tag das neue Bett für meine Wohnung zu kaufen. Damals hatte ich nur ein breites Einzelbett mit Sprungfedermatratze. Wir hatten uns auf ein Doppelbett geeinigt, in dem zwei separate Matratzen nebeneinander Platz fänden, ohne Mettallfedern.

Wir saßen an meinem runden Esstisch in Pratteln.

»Morgen holen wir unser Bettchen, Bernsteinäuglein.« Ich sehe dich jetzt noch, wie du mir dabei über den Tisch tief in die Augen sahst. Dann erhobst du dich mit der Weinflasche in der Hand: »Der letzte Schluck ist noch für dich …«

Doch der Wein floss neben das Glas.

»Hey! Was machst du?«, rief ich, dann fielst du neben mir in die Knie. Leicht schwankend erhobst du dich wieder, mitten in der Küche.

»Chrigi! Mach nicht dumm!«, rief ich noch, bevor mir klar wurde, dass dies kein Spiel war. Deine rechte Seite, Auge, Lippe, Arm, Bein, alles hing schief herunter, dann fielst du erneut zu Boden.

»Nein! Neeiiin!«, schrie ich verzweifelt. So etwas hatte ich noch nie erlebt, doch ich spürte, dass etwas ganz Schlimmes passiert war. Mit all meiner Kraft riss ich dich vom Boden auf, um dich aufs Sofa zu hieven. Es klappte nicht; du warst viel zu schwer für mich. Dann lagst du auf dem Teppich in der Stube, dich windend und stöhnend. Mein Herz wollte zerreißen, aber ich musste stark sein.

»Ruhig, nur ruhig, Chrigi, ich helfe dir.« Ich griff zum
Telefon und wählte den Notruf:»Bitte kommen Sie sofort! Ich glaube, mein Partner hat einen Hirnschlag er-
litten! Bitte beeilen Sie sich!«

Nachdem ich mit zitternder Stimme meine Adresse an-
gegeben hatte, wendete ich mich dir wieder zu. Ich schob
dir ein Sofakissen unter den Kopf, dich sanft streichelnd.
Klar denken konnte ich kaum mehr, aber handeln. Du
hast sehr stark geschwitzt.

Endlich läutete es an der Tür. Die zwei Sanitäter mussten zusätzlich einen Polizisten herbeirufen, da ich nicht
stark genug war, dabei zu helfen, dich auf die bereitgestellte Bahre zu hieven. Dann ging's los, mit Blaulicht
zum Kantonsspital Basel. Ich ließ dich keine Sekunde
alleine, auch nicht, als sie dir die schweißdurchtränkten
Kleider abnahmen. Die Kleider nahm ich zu mir, um sie
zu waschen, aber vorerst wich ich nicht mehr von deiner
Seite. Ich suchte nach einem Arzt, bis sie mir sagten,
dass ich jetzt draußen warten müsse, da du genauer untersucht würdest. Wie hab ich gelitten und konnte mich
niemandem mitteilen! Ich hörte einen Mann stöhnen
und fragte einen Pfleger, ob du das seiest; nein, es war
jemand anders. Du wurdest im Bett mit dem Lift nach
oben gebracht, mich wieder an deiner Seite. Nochmals
eine genauere Untersuchung, ich musste im Nebenraum
warten. Endlich kam der Arzt:»Wir müssen sofort ein-
greifen, sonst wird es zu spät sein – doch da der Patient
nicht zurechnungsfähig ist, müssen wir Ihr (mein) Einverständnis haben.«

»Bitte machen Sie den Eingriff, oder was nötig ist, auf
jeden Fall, bitte schnell! SOFORT!« Ich wollte es schrei-
en, aber meine Stimme war schwach – doch ich wurde

verstanden und ernst genommen.

»Sie können jetzt nach Hause gehen und sich etwas ausruhen, wir melden uns telefonisch bei Ihnen.«

»Ich gehe nicht nach Hause, ich bleibe hier!«

Sie brachten mich in ein Nebenzimmer mit einem Bett in grellem Neonlicht. »Legen Sie sich dort hin und ruhen Sie, es ist schon spät.«

Die Tür fiel ins Schloss. Ich wanderte von einer Wand zur anderen, ausruhen konnte ich unmöglich, alles drehte sich, das Neonlicht blendete und ich fühlte mich nicht mehr wie an einem Stück. Ich wollte dich nicht verlieren! Ich hatte dich ja erst gefunden! Einmal kam ein Pfleger und nahm mich wortlos in die Arme; ich zitterte und weinte. Stunden vergingen.

Endlich, es war schon frühmorgens, öffnete sich die Tür: »Es scheint alles gut gegangen zu sein, er schläft noch, aber Sie dürfen jetzt zu ihm reingehen.«

Du lagst bewegungslos in einem weißen Bett, zum Atmen und was weiß ich, an Schläuche angeschlossen. Endlich wurden wir alleine gelassen. Ich betrachtete dich innig und lange. Es tat so weh, dich so zu sehen! Ich wagte es nicht, dich anzurühren, aus Angst, ich könnte etwas beschädigen. Mich fröstelte, ich fühlte mich selber so schwach.

»Chrigi, alles ist gut, ich bin bei dir – hörst du mich?«

Keine Reaktion. Da brach ich in Tränen aus.

Schließlich näherte sich mir eine Schwester. »Kann ich Ihnen einen Kaffee bringen?«, fragte sie sanft.

»Ja, gerne«, hauchte ich, meine ganze Lebenskraft schien mich verlassen zu haben. ›Oh Gott! Bitte bitte hilf ihm!‹, schrie es in mir. Es war, als gäbe es keine Welt mehr dort draußen, nur noch dich und mich in einer unendlichen

Leere. Schließlich konnte ich nicht anders, ich küsste dich zärtlich auf die Stirn.

»Chrigi«, flüsterte ich. Wieder kam eine Schwester, zog deine Augenlider hoch und blendete dich mit einer kleinen Art Taschenlampe. Endlich begannst du zu blinzeln. Dein Blick öffnete sich und du sahst mir direkt in die Augen. In der Art, wie du mich ansahst, merkte ich, dass du mich erkanntest.

Dann ging ich nach Hause, wie, das weiß ich nicht mehr. Ich fühlte mich halb tot. Aber du lebtest!

›Ein wenig ruhen‹, sagte ich mir, ›alles kommt gut, du lebst.‹ Ich versuchte rational zu denken: ›Dr. Vogt, deinen Haus- und Vertrauensarzt, anrufen, dann Chrigu, deinen Adoptivsohn.‹

Dr. Vogt, der als Vertrauter alles über dich wusste, auch über unsere Beziehung, war erstaunt, jedoch sehr dankbar über die Information.

»Er wird in die Rehabilitation müssen, mal sehen, ob ich es so einfädeln kann, dass er nach Rheinfelden kommt – das wäre näher zu Ihnen.«

»Das wäre wunderbar! Danke!« Ich war erleichtert, Dr. Vogt auf unserer Seite zu wissen. Er wusste ja auch darüber Bescheid, wie schlecht und bösartig Beatrice zu dir war. Auf der Straße schrie sie dir einmal »Sauhund!« nach, ich war dabei. Ein anderes Mal wollte sie die Tür bei dir einschlagen – auch da war ich dabei. Sie nahm dir Hund, Möbel und alles, was ihr sonst noch passte, weg. Sie nahm eine andere Wohnung – für welche du aufkommen musstest! Sie hatte dich verlassen. Sie empfand nur noch Ekel für dich – und das hatte nichts mit mir zu tun, denn sie verließ dich, bevor wir uns trafen. Aber dass du jetzt »eine andere« haben solltest, das passte ihr nicht!

Dr. Vogt hatte uns beiden unser gemeinsames Glück gegönnt. Zu mir sagte er, dass ich ihn jederzeit anrufen dürfe. Ja, er gab mir sogar seine Privatnummer. Ich war ihm so dankbar und versprach, ihn auch anzurufen, falls sich etwas mit dir verändern sollte.

Dann rief ich Chrigu an. Er war etwas geschockt, bedankte sich aber dafür, dass ich ihn anrief.

»Du weißt, dass ich Beatrice informieren muss?«, fragte er vorsichtig. Er kannte wohl seine eigene Mutter.

»Ja klar, das weiß ich.« Beatrice wünschte dir ja ohnehin nur Schlechtes und würde sicherlich nichts an deinem Krankenbett zu suchen haben.

Ich legte mich ein wenig hin, schlafen konnte ich nicht. Dann machte ich mich frisch und fuhr erneut nach Basel zu dir. Ich brachte deine Daten, wie Krankenkasse, Adresse, Versicherung etc., was ich in deinem Portemonnaie fand. Zu meiner großen Erleichterung warst du wach. Deine Daten wurden entgegengenommen, während der Arzt mir genauer erklärte, was alles an dir gemacht wurde und warum.

»Sie haben das Richtige getan, da muss man schnell handeln!«, sagte er noch zu mir. Und etwas später: »Nach der Krankenversicherung von Herrn Schwarz müssen wir ihn nach Bern überführen, sonst bezahlt sie nicht.« Wieder ein kleiner Schock für mich; so musste ich auch nach Bern ziehen, um in deiner Nähe zu sein. Schade, so war auch nichts mit Rheinfelden.

»Sie dürfen mitfahren im Krankenwagen«, meinte ein Sanitäter. Doch nun musste ich Nein sagen; du würdest die Fahrt über so oder so durchschlafen und ich hatte Etliches zu erledigen, vor allem mich selber ein wenig auszuruhen. Wir winkten einander noch zu, als du im Bett in den Krankenwagen verladen wurdest. Ein halb schiefes Lächeln; reden konntest du nicht, dann schlossen sich die beiden hinteren Türhälften des Krankentransporters.

Wieder fuhr ich nach Hause. Jetzt nur noch eines: ruhen! Doch dazu sollte es nicht kommen.

Sobald ich mich hinsetzte, um mich zu sammeln, läutete mein Mobiltelefon. Es war Beatrice.

»Bringen Sie mir die Schlüssel nach Bern! Ich will die Schlüssel!« Sie hatte nicht einmal gefragt, wie es dir ging, nur dass sie die Schlüssel wolle.

»Nein«, antwortete ich, worauf sie anfing mich anzuschreien und schließlich zu fluchen. Ich habe großen Abscheu vor Menschen, die fluchen, speziell vor Frauen, und dazu in einer solchen Situation!

»Nein.«

Als sie nicht aufhörte, mich zu beschimpfen und zu schreien, sagte ich: »Hören Sie auf, das bringt jetzt sicher nichts! Nein!«

Schließlich wurde ihr der Hörer aus der Hand gerissen und Chrigus Frau Eliane schrie ins Telefon: »Bring die Wohnungsschlüssel! Und zwar sofort!« Darauf Chrigu: »Ja, gib die Schlüssel raus.«

»Nein.« Ich blieb dabei. Schließlich wird das deine Entscheidung sein, wer die Schlüssel haben soll und wofür. Beatrice hat dir schon so viel weggenommen, will sie nun während deiner Abwesenheit deine Wohnung ganz ausräumen?

»Dann wird die Wohnung eben aufgebrochen!«, schrie Beatrice in mein Ohr.

Mit meiner Ruhe war es vorbei. Ich wusste, dass ich ohne zu zögern nach Bern fahren musste; wer wusste, wozu Beatrice alles imstande war. Ich packte ein paar Sachen für meinen Eigengebrauch und fuhr über Olten nach Bern.

(Hey! Inzwischen sind wir schon inmitten der ersten Januarwoche 2017 angelangt! Über Nacht hat es geschneit. Es sieht schön aus; die Häuser auf dem Hügel mir gegenüber sehen von Weitem aus wie gezuckerte Lebkuchenhäuschen. Siehst du den Schnee bei dir auch? Über der Straße auf dem großen Feld?)

Deine Wohnung kannte ich schon gut, da wir abwechslungsweise beieinander wohnten. Dort packte ich ein paar Sachen für dich ein und fragte einen Mann an der Bushaltestelle nach dem Weg zum Insel-Spital. Denn in Bern selber kannte ich mich noch nicht aus. Ich war glücklich, dich wiederzusehen. Gleichzeitig musste ich meine Tränen zurückhalten; dich großen starken Mann so ausgeliefert und hilflos zu sehen, war sehr schmerzlich. Für Ärzte und Pflegepersonal war ich sofort die einzige Ansprechperson. Ich half, dich zu waschen, beim Essen und bei allem, was anfiel. Auch half ich dem Pflegepersonal, dich zu verstehen, da du ja noch nicht reden konntest. Wir waren so innig verbunden, dass ich dich auch ohne Worte verstand. Als Erstes sagtest du wieder das Wort »Nein«, ein wenig später auch: »Ja«, aber öfter: »… kann es nicht sagen«. Womit du klarmachtest, dass dir die Worte fehlten.
Die richtigen Worte zu finden, oder Worte überhaupt, schien dich furchtbar anzustrengen. Ich übte täglich mit

dir, vor allem beim Reden und beim Greifen mit deinen Händen. Verstanden hast du immer alles. Einmal hast du zu mir gesagt: »Mutter?« Ich verstand, dass du dir Sorgen um deine im Altersheim wohnende Mutter machtest. Schließlich hatten wir sie schon zweimal zusammen besucht. »Ich werde sie besuchen und ihr sagen, was passiert ist.« Und auf deinen besorgten Blick: »Keine Angst, ich weiß, wie ich es ihr sagen muss.«
So fuhr ich zum ersten Mal allein mit dem Bus zur Elfenau. Deine Mutter mochte mich. Ich denke, weil ich einfühlsam bin und sie nicht verurteilte, wie es Beatrice und Eliane taten – wozu auch? Ich sagte ihr, dass ich mich gut um dich kümmere, dass ich dich jeden Tag besuche, mit dir übe, und dass es dir bestimmt bald wieder besser gehe und du wieder mitkommen kannst, sie zu besuchen. Sie sank erleichtert in ihr Kissen zurück.
Ich hielt deine Wohnung sauber, besuchte dich täglich während Stunden und brachte jeweils ins Spital, was du brauchtest.

Doch dann kam sie! Die Luft durchspaltend stürmte sie ins Zimmer und hielt vor deinem Bett, auf welchem ich saß, an.
»Was machst du denn da?!«, fragte sie dich. Dann begann sie pausenlos auf dich einzureden, so Dinge wie: »Weißt du noch?« Und dann so und so und: »Gell?« Alles aus der Vergangenheit, mit der ich nichts zu tun hatte. Dann wandte sie sich strahlend mit einem Siegerlächeln an mich: »Ich kenne ihn halt schon viel länger und besser als Sie!« Sie nahm keine Notiz davon, dass dir das Gerede lästig fiel. Du versuchtest dich im Bett zu drehen und sagtest: »Mag nicht mehr ... mag nicht mehr.«

»Chrigi möchte seine Ruhe haben«, sagte ich.

Aber das war doch Beatrice egal, sie redete weiter. Selbst hilflos, legte ich mich schützend wie in einer Umarmung über deinen Oberkörper.

Beatrice stellte sich darauf ans Fußende des Bettes und lachte laut: »Ha ha ha! Wie ein Hund! Ich nehme ihn Ihnen nicht weg! Ha ha ha!« Womit sie mich meinte.

Besser wie ein Hund als wie eine Hexe! Das denke ich jetzt.

Von da an kam sie fast jeden Tag, aber immer erst kurz vor Ende der Besuchszeit. Mitgeholfen hat sie nie etwas mit dir oder für dich. Dann wartete sie so lange, bis die Besuchszeit um war – und blieb! Ich wandte mich an das Pflegepersonal, das mir sagte, sie sei halt deine Frau, und handeln könnten sie nur mit deinem Einverständnis. Aber da konntest du noch nicht so viel reden.

Schließlich rollten sie dein Bett am Ende der Besuchszeit weg in ein anderes Zimmer und gaben nur mir den Zutritt. Das wusste Beatrice natürlich und gottlob nicht. Von da an machtest du wieder Fortschritte, bald konntest du dich besser verständigen. Schließlich wolltest du alleine mit dem Chefarzt reden und anschließend mit Chrigu, deinem Adoptivsohn. Da ich nicht wusste, worum es ging, wartete ich eine bange Stunde in einem Nebenraum.

Endlich kam Chrigu auf mich zu.

»Ich möchte mich bei dir entschuldigen; Papa hat mit mir geredet, Mutter darf nicht mehr kommen und du wirst nicht mehr belästigt – das ist Papas Wille! Geh jetzt wieder zu ihm rein!«

Dann küsste er mich auf beide Wangen. Endlich konnte ich aufatmen: Friede und Gerechtigkeit!

Du kamst dann auf eine andere Abteilung in ein Einzelzimmer, mit einem Vermerk an der Tür, dass sich jeder Besucher erst beim Pflegepersonal melden müsse. Ich nicht; alle kannten mich, ich ging ein und aus, wie ich wollte. Bald besuchten dich auch deine besten Freunde Kurt und Daniela sowie deine Lieblingscousine Monika. Sie wollte mich auch näher kennenlernen und schlug vor, dass wir nach deiner Entlassung zusammen essen gehen würden.

Bald durftest du aufstehen und hattest ein strenges Reha-Programm zu erfüllen. Hin und wieder ging ich mit, aber meist kam ich einfach für den ganzen Abend. Wir aßen zusammen am Tischchen in deinem Zimmer. Du teiltest das Essen mit mir. Deine Lippe hing immer noch schief herunter und tropfte aus dem Winkel, aber das störte mich nicht. Manchmal brachte ich dir etwas Spezielles mit, das du gerne mochtest. Oft nach dem Essen sagtest du zu mir: »Komm her!« Und nachdem ich mich auf deinen Schoß gesetzt hatte, fuhrst du unter Tränen fort: »Ich will nie mehr eine andere Frau, nie mehr! Nur dich! Nur noch dich!« Du hieltest mich fest an dich gedrückt. Dies wiederholte sich mehrere Male – und ich glaubte dir.

Nach jedem Abschied hast du mir von deinem Fenster nachgewinkt, bis wir uns nicht mehr sehen konnten. Ich lebte nur noch für dich. Meine ganze Familie und die Freunde, die dich kannten, hatten Verständnis für meinen totalen Einsatz, sie alle wussten, was du mir bedeutetest.

Dann fing Beatrice wieder an zu telefonieren. Sie durfte beim Pflegepersonal nachfragen, wie es mit dir stehe. Getan hatte sie die ganze Zeit nichts für dich. Schließlich gelang es ihr, dich zu erweichen; sie durfte dich wieder direkt anrufen. Sie begann erneut, dich zu beeinflussen. Schließlich wusste sie nach etwa vierzig (?) Ehejahren, wie sie am besten etwas bei dir erreichen konnte.

Allerdings wusste ich von dir, dass während euren letzten zehn gemeinsamen Jahren überhaupt nichts mehr bei euch gelaufen ist. Ihr hättet euch nicht mal mehr zum Essen getroffen. Das Schlafzimmer wurde auch nicht mehr geteilt. Das geht mich nichts an, aber ein schlechtes Gewissen hatte ich somit nie, zumal sie ja nach ihrem eigenen Willen bei dir ausgezogen war. Vor meiner Zeit. Daniela hatte mich vor Beatrice gewarnt: »Pass auf! Sie ist falsch und kennt Chrigis schwache Stellen genau!« Und weiter: »Mit Liebe hat das längst nichts mehr zu tun, aber sie will gewinnen! Die Wohnung, das Einkommen und die Macht übernehmen, jetzt, wo Chrigi schwach und hilflos ist!« Ich sah sie mit großen Augen an, worauf sie nochmals sagte: »Pass auf, die nimmt sich, was sie will!«

Was sollte, was konnte ich tun? Beatrice hatte dich ja verlassen, beschimpft und gedemütigt! Ich hatte dir nur meine Liebe gegeben – und du liebtest mich doch zurück!

Du durftest heimkommen, zuerst nur einen Tag, ohne Übernachtung, doch bald übers ganze Wochenende. Wir waren glücklich; endlich durfte ich dich wieder ein wenig verwöhnen.

Dann hattest du einen Bluterguss im rechten Bein. Das war schmerzhaft und du musstest wieder für einige Zeit das Bett im Spital hüten, leider länger als erwartet.

Beatrice bombardierte dich mit Anrufen. Ich kann mir vorstellen, dass sie dir ins Gewissen redete, so wie:

»Siehst du jetzt?«, auf diese Art. Du wurdest merklich stiller. Dann ihre nächste Masche. Sie erzählte dir, dass sie nur noch weine. Das machte dich besorgt. Warum hatte sie dich denn verlassen? Hatte sie dir nicht gesagt, dass du sie anekelst? Aber damals gab es keine »Rivalin«, sie konnte machen mit dir, was sie wollte. Aber jetzt, da war eine »andere«: ich, voller Liebe und bereit, alles für dich zu tun. Nun musste sie dich zurückhaben, mit allen Mitteln, nein, es ging nicht um Liebe.

Du fingst an, auf Beatrice zu hören. Langsam wuchs eine immer größer werdende Angst in mir. Ich stand alleine da mit meiner Liebe. Einmal begegnete mir Beatrice in einem Laden, sie sah mich abschätzig an und lachte! Was war das für ein Mensch? Eine gefühllose Hexe? Bald gelang ihr der nächste Schritt: Sie erweichte dich in deinem Besuchsverbot und fing an, dich zu besuchen, wenn ich garantiert nicht bei dir war. Das wurde mir erst später klar. Wie unehrlich, falsch und hässlich! Du wurdest komisch; deine Fortschritte stoppten wieder wie am Anfang, als sie sich einmischte.

Es war Karneval in Bern. Ich hatte das noch nie gesehen und sagte mir: ›Jetzt seh ich mir das mal an, so eine kleine Abwechslung wird mich auf andere Gedanken bringen.‹ Doch inmitten dem Menschengewühl verspürte ich plötzlich ein solches Verlangen nach dir, dass ich mir sagen musste: ›Was mach ich denn hier? Das interessiert mich ja gar nicht! Ich gehöre nirgendwo anders hin als zu dir, an deine Seite!‹ Ich wühlte mich durch die dichte Masse zurück, nahm das rote Tram und kam zu dir. Doch du warst nicht mehr derselbe Chrigi; entfremdet hast du auf dem Bett gekauert, meinen Kuss wolltest du nicht entgegennehmen.

»Was ist denn, Chrigi?« Dann entdeckte ich auf dem kleinen Esstisch ein Lebkuchenherz, worauf stand: *Ich hab dich gern.*
»Wo hast du denn das her?«, fragte ich.
»Trixle war hier – und sie kommt wieder.«
Nein! Hatte sie es wirklich geschafft? Mich erfüllten Ohnmacht und Angst, es war, als würde ich in ein bodenloses Loch fallen.
Es kam noch schlimmer; während deines ganzen Spitalaufenthaltes hatte ich dir immer eine frische Rose gebracht; sobald diese nicht mehr ganz schön war, hatte ich sie durch eine neue ersetzt. Da stand meine Rose in ihrem Väschen, gebrochen, offenbar gewaltsam geknickt; ihr Köpfchen hing leblos herunter.
So etwas konnte nur Beatrice tun.
»Du kommst jetzt besser nicht mehr«, kam es vom Bett herüber.
»Chrigi! Was? Was ist los? Warum?«
»Es ist besser so.«
Ich wollte nicht darauf eingehen, das konnte nur ein schlechter Traum sein, ein ganz böser Albtraum.
Ich versuchte normal zu bleiben: »Komm, gib mir deine Wäsche mit zum Waschen.«
Doch du sträubtest dich und wolltest mir die Wäsche nicht geben. »Nein! Die macht jetzt Trixle!«
Du kamst mir vor wie ein kleines trotziges Kind. Hatte sie dich verhext? Nachdem ich keinen Zugang mehr zu dir fand, ging ich bald nach Hause – in Bern, denn dein Zuhause war schon seit Wochen auch mein Zuhause. Mir war schlecht, alles drehte sich, ich schrie und weinte, bis mein Mobiltelefon klingelte.
Es war Beatrice, wie am Anfang, doch jetzt total sie-

gesbewusst: »Jetzt gibst du mir die Wohnungsschlüssel! Pack deine Lumpen und verschwinde!«, schrie sie mich an.

»Nein.« Ich blieb ruhig. »Chrigi hat mir die Schlüssel anvertraut, und ihm gebe ich sie zurück!«

»Dann wirst du eben polizeilich rausgeworfen!« Und wieder fluchte sie.

Wolltest du wirklich zu einer solchen Frau zurück? Was war geschehen? Die ganze Nacht verharrte ich im Gang der Wohnung, jeden Moment das Aufbrechen der Tür erwartend. Ich war total kaputt und eingeschüchtert, hatte nicht geschlafen und konnte nicht mehr klar denken.

Am frühen Morgen suchte ich den Polizeiposten auf, ich konnte kaum mehr gehen. Auf dem Posten erklärte ich meine Situation und fragte, ob sie mich wirklich aus der Wohnung holen würden. Die Beamten zeigten sich sehr freundlich und verständnisvoll.

»Nein, so etwas macht die Polizei nicht! Aber sichern Sie sich Ihre Rechte! Es könnte sein, dass Sie nach so langer Zeit sogar ein Recht haben, in der Wohnung zu bleiben.«

Doch was nützte mir das, wenn du nicht mehr wolltest?

»Es wäre wichtig zu wissen, ob dieses Ehepaar offiziell – das heißt: gerichtlich – getrennt ist, dann kann die Frau nichts machen. Schauen Sie in seinen Papieren nach!«

»Nein, das kann ich nicht machen, das darf ich nicht.«

»Doch! Das dürfen Sie! Zu Ihrem eigenen Schutz!«

Ich erhielt sogar eine Adresse, wo ich bei einem Juristen gratis Rat holen könnte. Ich ging hin. Dort sagte man mir dasselbe: ich solle die Papiere finden, von denen ich nicht wusste, ob es sie überhaupt gab. Die Beratung kostete fünfzig Schweizerfranken.

»Aber ich habe kein Geld mehr ...«

»Also geben Sie mir zwanzig Franken, aber sagen Sie das niemandem.«

Nahe an einem Zusammenbruch schleppte ich mich zurück in deine Wohnung. All mein Geld hatte ich fürs Hin- und Herreisen und sonstige Notwendigkeiten verbraucht. Ja, ich weiß, zwischendurch hattest du mir etwas Geld gegeben, obwohl ich das nie gerne annahm; alles, was ich tat, tat ich aus Liebe zu dir. Ich hatte sogar Blümchen in deinem Vorgärtchen angepflanzt, damit du dich bei deiner Heimkehr freuen würdest.

Aber du kamst nicht und die drohenden Anrufe gingen weiter. Allerdings nur noch von Beatrice. Chrigu hielt sich da raus, seit er mich akzeptiert und geküsst hatte. Beatrice drohte mir weiter mit der Polizei.

»Also, schick sie her, ich warte!«

Zu meiner Beruhigung wusste ich nun, dass die Polizei so nicht handelte. Anstelle der Polizei kam dann die alte Hausmeisterin an ihrem Stock. Ich öffnete ihr.

»Geben Sie mir sofort den Wohnungsschlüssel!«

»Nein, Herr Schwarz hat mir die Schlüssel gegeben, und nur ihm gebe ich sie auch wieder zurück«, war meine feste Antwort.

»Dann rufe ich die Polizei!«, wetterte sie.

»Bitte, tun Sie das, ich warte.« Ich ließ mich nicht mehr einschüchtern.

Beatrice wartete irgendwo draußen. Kann man so feige sein? Dann endlich kamst du!

»Chrigi, was ist los? Wie geht es dir?« Ich wollte dich umarmen, aber du wehrtest meine Nähe ab: »Nein! Nicht anrühren!«

Musstest du ihr das versprechen? Wieder kamst du mir vor wie ein kleines Kind. So kannte ich dich nicht, hatte sie dir etwa eine Droge gegeben? Es kam mir so vor; du warst nicht mehr du.

»Komm, sieh dich um, es ist alles noch da, die Wohnung ist sauber, alles so, wie es sein soll.« Ich wollte, dass du das auch siehst.

»Ja, schön, ich muss den Schlüssel haben.« Worauf du ins Schlafzimmer gingst und mit deinem Kopfkissen wieder zurückkamst.

»Was willst du denn damit?«, fragte ich ungläubig.

»Zur Mutter, ich geh zur Mutter«, war deine verstörte Antwort; natürlich meintest du Beatrice.

Ich konnte nichts mehr ertragen, es schien nicht mehr aufzuhören.

»Ich verlasse die Wohnung und lege den Schlüssel in den Briefkasten«, meinte ich matt. Ich hätte genauso gut auf ein Schafott steigen können, um meinen Kopf zur Abtrennung hinzuhalten. Dann bist du gegangen – ohne ein weiteres Wort und ohne dich umzudrehen.

Ich rief meinen Sohn Joël an. Dann ging alles sehr schnell. In einer Stunde war Joël bei mir. Ohne viel zu fragen, lud er meine Sachen ein und fuhr mich zurück nach Pratteln. Danke, Joël!

Bis dahin hast du vieles sicher noch mehr oder weniger selbst mitbekommen. Doch von da an war ich aus deinem Leben verbannt. Niemand konnte es verstehen, am wenigsten ich selber. Du hattest meine ganze Familie kennengelernt, alle meine Kinder und Freunde.

Kurt und Daniela, deine besten Freunde, hatten sogar gesagt, wenn du zurück zu Beatrice gingest, wollten sie nichts mehr mit euch zu tun haben. Ich konnte das nicht glauben. Auch wusste ich, dass es gerade jetzt dringend wäre, dass du gute Freunde an deiner Seite hättest.

Ich rief Dr. Vogt an.

»Das Problem ist«, so sagte er mir, »Beatrice ist auch meine Patientin – so muss ich in erster Linie für meine Patienten da sein.«

Ich fühlte mich entsorgt, einfach so, weggeworfen wie Dreck. Was am meisten weh tat, außer dass ich von dir weggedrängt wurde, war, dass sich nie jemand nach mir und meinem Befinden erkundigte. Nicht ein einziges Mal in sechs Jahren!

Ich rief dich damals wieder an, weil ich das alles einfach nicht glauben konnte, dass man als Mensch einfach so entsorgt wird. Beatrice antwortete auf meinen Anruf, was mir klarmachte, dass sie dich nun wieder ganz in ihrer Gewalt hatte. Darauf kamst du ans Mobiltelefon und sagtest mühsam: »Du sollst uns nicht mehr anrufen.« Ich hatte immer auf dich gehört und rief nicht mehr an, aber bevor ich auflegte, schrie ich in totaler Verzweiflung:

»Aber ich liebe dich!«

Du solltest es wissen und nie vergessen.

Ich meldete mich noch einmal bei Dr. Vogt, der sagte nur, dass es ihm leid täte für mich, aber dass es so für dich stimmen würde. Das konnte ich nicht glauben, doch ich musste es wohl oder übel so zur Kenntnis nehmen.

Darauf erlebte ich die schlimmste Zeit meines Lebens. Ich weinte jeden Tag, ging nicht mehr unter die Leute. Meine Freiwilligenarbeit im Altersheim hatte ich für immer abgesagt. Ich erhielt von verschiedenen Bekannten

Anrufe, doch ich musste jedes Mal so sehr weinen, dass ich nicht mehr reden konnte. Niemand verstand, was geschah und warum. Ich selbst am wenigsten. Besorgte Freunde kontaktierten mich und drängten darauf, professionelle Hilfe anzunehmen. Ich konnte und wollte es nicht; wieder Tabletten zu schlucken, um als Zombie durchs Leben zu gehen, bot für mich keine Lösung. Und meine innersten Gefühle wollte und konnte ich nicht mit Fremden teilen. Entweder ich schaffte es – oder ich ging kaputt daran.

Ich litt wie wahnsinnig. Immer wieder legte ich mich dort am Boden auf den Teppich, wo du zusammengebrochen gelegen hattest. Ich wollte dich riechen, dich spüren, dir irgendwie nahe sein.

Das dauerte drei Monate lang, es ging mir immer schlechter. Ich schleppte mich weinend durch die Tage, wollte nur noch schlafen und am liebsten nicht mehr aufwachen.

Es ging so, bis Lucy, meine Jüngste aus London, mich kurzerhand für sechs Wochen zu sich nahm. Auch dort weinte ich noch während der ersten fünf Wochen täglich. Liebevoll kümmerten sich Familie und Bekannte um mich. Während jener Zeit las ich fünf Bücher von Paulo Coelho. Kathy, eine englische Freundin von mir, lud mich in ein Café ein, doch das war peinlich, denn auch dort musste ich immer weinen. Darauf ging sie mit mir im Alexandra-Park spazieren.

»Möchtest du einen Baum umarmen?«, fragte sie mich mitfühlend. »Such dir einen aus!«

Ich ging durchs Gras auf einen Baum zu und umarmte ihn lange; für mich warst du es, dieser Baum.

Erst in der letzten der sechs Wochen bei Lucy weinte ich nicht mehr jeden Tag. In einem Bücherladen entdeckte ich ein Buch über ADS, das Syndrom, an welchem einer deiner zwei Großkinder litt. Ich kaufte das Buch. Dann flog ich wieder nach Hause.

Ich rief Chrigu an und fragte, wie es dir ginge.

»Ja, gut.« Es klang nicht sehr überzeugend.

»Kannst du auf Englisch lesen?«, fragte ich ihn dann, was er bejahte. Ich schickte ihm daraufhin das Buch, danach hörte ich nichts mehr von ihm.

Ich fuhr auch nochmals nach Bern in die Elfenau, um deine Mutter zu besuchen. Ich brachte ihr Preiselbeeren-Saft und ein kleines Pflänzchen. Sie freute sich sehr darüber und wusste, dass du wieder mit Beatrice zusammen bist. »Nun, mal abwarten, das geht vielleicht nicht so lange. Beatrice fühlt sich jetzt halt wieder sicher, alles in der Hand zu haben, aber Christoph (dir) geht es nicht gut.« Ich bat sie, nichts von meinem Besuch zu erwähnen.

Dann fuhr ich zurück nach Pratteln und wusste, dass ich da nicht mehr bleiben konnte. Ich schrieb nochmals an Dr. Vogt und legte auch einen Brief an dich bei, den Rest musste ich dem Schicksal überlassen.

Ich suchte nach einer neuen Wohnung auf der Strecke nach Bern, immer noch mit dem Hintergedanken, dass du so den Weg einfacher zu mir finden würdest. Da war eine Wohnung in Olten, in der ich kein so gutes Gefühl hatte. Fast nahm ich dann eine sonnige Wohnung in Gerlafingen, weil man bei schönem Wetter vom Balkon aus die ganze Bergkette sehen konnte.

Meine Familie sagte: »Was willst du dort? Ohne Familie und Freunde? Was, wenn Chrigi nicht mehr zurück-

kommt?«
Ich konnte mich nicht entschließen.

Auf mehrfaches Drängen meiner ehemaligen Chefin der
Freiwilligenarbeit im Altersheim schloss ich mich einer
Wandergruppe an. Es kostete mich große Überwindung,
da mitzumachen. Bei der ersten dieser Wanderungen,
die nur einmal im Monat stattfanden, schaute ich im-
merzu auf den Boden; ich wollte niemanden kennenlernen, nur wandern.
Plötzlich, bei einem Rast-Halt, vernahm ich Bern-
deutsch-Dialekt – das war wie Balsam auf meine ver-
wundete Seele. So lernte ich Andreas kennen. Es war
im September 2011, ziemlich genau ein Jahr, nachdem
ich dich traf. Andreas ist der Jüngste einer Bauernfami-
lie mit neun Kindern, natürlich alle längst erwachsen.
Er kommt von einem Gehöft in Geristein, in der Nähe
von Bolligen BE. Die Eltern leben nicht mehr. Andreas
pflegt regen Kontakt mit seinen noch fünf übrig gebliebenen Geschwistern.
Andreas, seit zehn Jahren geschieden, lebte alleine in
Liestal. Er hat drei erwachsene Töchter. Zu jener Zeit
war er noch in einer Beziehung, von der ich damals
nichts wusste. Andreas half mir dann auch bei der Wohnungssuche und schlussendlich auch beim Umzug, wofür ich ihm sehr dankbar war; ich hätte es alleine nicht
geschafft. Er ist bodenständig und lieb, aber so anders;
ohne Feingefühl und ohne große Menschenkenntnis. Er
ist äußerst kontaktfreudig und sehr gesprächig, da bin
ich gerade das Gegenteil. Manchmal geht mir sein Ge-
plapper auf die Nerven und wir streiten uns oft, aber nur
verbal. Andreas weiß auch, dass du, Chrigi, mein Traum-

mann bist; wir sind offen und ehrlich zueinander, jedenfalls was mich von meiner Seite betrifft. Komischerweise fragt er mich nie aus über dich, auch nicht, als du mich kürzlich anriefst; er sagte einfach nichts darauf.

Vor Kurzem zog Andreas in die leer gewordene Wohnung direkt über mir. Ein Zusammenziehen kam für mich nicht mehr in Frage. Aber ich wollte Ordnung in mein Leben bringen, weshalb ich dir die paar Sachen geschickt habe, um endlich das Letzte von dir zu entfernen. Obwohl mir dies nie gelingen wird; du bist eingraviert in meinem Herzen.

Als ich dir deine Sachen schickte, hatte ich eher erwartet, dass Beatrice sehr wahrscheinlich alles fortwerfen würde. Auch musste ich, nach sechs Jahren, mit dem Gedanken rechnen, dass es dich eventuell gar nicht mehr gäbe. Aber dass du mich anrufst und dich bei mir bedankst, das hätte ich nie erwartet. Deine Stimme nach so vielen Jahren wieder zu hören – das hat mich fast umgehauen. Ich habe mich ziemlich verändert. Keiner kann mehr mit mir machen, was er will. Ich habe endlich gelernt, mich zu wehren. Auch schrumpfe ich nicht mehr zusammen aus Angst vor anderen – nein, ich stelle mich, und wenn es ein muss, auch quer.

Andreas hat mich wieder leben und lachen gelernt, dafür bin ich ihm auch ewig dankbar. Aber mein Traummann ist er nicht, dem begegnet man eh nur einmal im Leben – wenn überhaupt.

Seine große Familie hat mich liebevoll aufgenommen. Doch seit Res, so nenne ich ihn, den Platzwart-Posten im Tennisclub Pratteln angenommen hat und dazu noch andere Nebenarbeiten macht, bin ich wieder viel alleine. Nein, das stört mich überhaupt nicht; ich kann tun und lassen, was ich will, Langeweile kenne ich nicht. Kürzlich habe ich mich beim Roten Kreuz für Freiwilligenarbeit angemeldet. Ich besuche nun wöchentlich einmal eine ältere Dame. Sie hatte vor nicht langer Zeit eine schwere Kopfoperation, ist aber als Mensch sehr zugänglich und interessant. Nächste Woche nehme ich an einem Kurs über Demenz teil, um zu lernen, wie man am besten damit umgeht.

Ansonsten habe ich öfter lieben Besuch aus England, wenn ich nicht selbst hinfliege.

Frenkendorf, wo ich jetzt wohne, liegt genau zwischen Liestal und Pratteln. Es ist ein herziges kleines Dorf. Da kennt man bald (fast) jeden.

Meine Wohnung ist sehr klein. Ich fühle mich hier zu Hause. Die Einkaufsmöglichkeiten sind sehr gut, auch die Bus- und Bahnverbindungen.

Vor bald drei Jahren habe ich mir einen kleinen Schrebergarten gekauft, das heißt, ein Häuschen mit Grill, der Boden ist in jährlicher Miete. Der Garten liegt nur etwa zehn Minuten zu Fuß von meiner Wohnung, im Sommer sind wir viel dort.

Das gibt dir ein kleines Bild davon, wie ich heute lebe. Aber vielleicht interessiert dich das gar nicht mehr? Nun, mir hat es gut getan, dir endlich erzählen zu können, wie alles war – aus meiner Sicht.

Wie geht es dir denn wirklich? Hast du nach meinem »Wegfall« noch Fortschritte gemacht?

Oder blieb für dich alles so stehen? Ich hatte so vieles mit dir geübt. Nun, es ist so, wie es ist, und zu allem gehören zwei. Ich hoffe aber sehr, dass es dir gut geht.

Zu meinem Schrecken habe ich gespürt, dass du auch nach über sechs Jahren, in denen wir nichts voneinander gehört haben, immer noch in meinem Herzen wohnst. Einseitig brächte dies allerdings auch nichts.

Ich hätte noch so viele Fragen, wie: Lebt deine Mutter noch? Habt ihr den Hund noch? Und die alte Hausbesitzerin am Stock – humpelt sie noch herum? Die Holländerin im Obergeschoss, ist sie noch eine gute Freundin von Beatrice? Kannst du deine Fremdsprachen noch? Fährst du noch Auto? Hast du mal eines der kleinen Zettel zwischen den CD's oder den Lexikonbüchern gefunden? Worauf steht: *s'Längizytibäbi wott hei cho!* (Das Heimwehbaby will nach Hause kommen!)? Ich hatte gehofft, dass du, wenn du die Zettelchen findest, an mich denkst und mich vielleicht doch zu dir zurückrufst. Country-Musik, zu der wir tanzten und die wir so liebten, habe ich nie mehr gehört – ich hätte es nicht ertragen können. Das Haus, wo du wohnst, das Gärtchen davor und das große Feld sehe ich immer noch plastisch vor mir. Und falls ich mich recht erinnere, wirst du in diesem Jahr siebzig?

Ich glaube an Gott, und ich glaube, dass wir auf dieser Welt sind, um zu lernen – und das ist gut so. Am besten ist es, wenn wir uns nicht gegen Gottes Willen sträuben, sondern das, was vor uns liegt, so aus Gottes Händen akzeptieren und annehmen. Er hat uns aber auch einen eigenen Willen, die Freiheit der Selbstbestimmung, geschenkt. Die Feinheit darin beruht auf der Frage: Was würde er dazu sagen? Könnte Gott meine Gedanken, mein Tun segnen?

Gott meint es gut mit uns; er liebt uns. Doch welchen Weg wir gehen wollen, das müssen wir selber entscheiden.

Solltest du einmal das Bedürfnis oder sonst einen Grund haben, mich anzurufen, dann bitte tu es! Ich weiß nicht, wie das von deiner Seite her aussieht. Es wäre jedoch schön, hin und wieder voneinander zu hören – meinst du nicht?

Von ganzem Herzen wünsche ich dir nun alles Liebe und Gute – wer weiß, vielleicht sehen wir einander eines Tages wieder – hier, dort oder in einer anderen Welt oder unter ganz anderen Umständen? Wir wissen es nicht. Hab Mut zum Leben! Und trage Sorge zu dir – du bist etwas Kostbares.

Tschau, Chrigi-big-bear,
and God bless!

Liliane

Diesen Brief habe ich an Chrigi geschrieben.

Jetzt wieder zu dir, Res. Natürlich hat mich das alles sehr aufgewühlt. Erwartet hatte ich es so schon gar nicht. Ich wollte etwas zum Abschluss bringen, doch statt abgeschlossen habe ich es aufgeschlossen! Erschrocken muss ich feststellen, dass meine Gefühle für Chrigi noch genauso stark vorhanden sind wie vor sechs, bald sieben, Jahren.

Und das ohne jeglichen Kontakt!

Mir ist klar, dass dies gar nicht gut ist für unsere Beziehung. Leider wird mir auch erschreckend klar, was ich schon lange vermisse, was mir fehlt und wonach ich mich sehne.

Was tun? Nach vielem Nachdenken und ein paar Telefonaten mit Chrigi denke ich, dass es am besten wäre, mich mit ihm zu treffen. Nur so können wir uns ein klares Bild voneinander machen. Du stimmst mir zu und hoffst, dass ich von Chrigi so enttäuscht bin, dass dann »der ganze Spuk« wieder vorbei ist. Ich hingegen habe das Verlangen, Chrigi wiederzusehen, ihm in die Augen zu schauen, mit ihm zu reden und ihm zuzuhören. Gleichzeitig werde ich bei diesem Gedanken so nervös, dass ich mir diese Begegnung kaum vorstellen kann – nicht in nüchternem Zustand. Ich habe den Eindruck, dass du dich etwas mehr um mich bemühst. Leider bringt dies nichts, ich ertrage es noch weniger als vorher. Unsere Beziehung ist ja seit Jahren nicht mehr, was sie sein sollte – nach dem ersten »Durstlöschen«. Wir sind uns selten oder nie auf gleicher Ebene begegnet. Was für mich Zärtlichkeiten sind, hast du immer noch nicht begriffen. Wir sind zu verschieden, mit separaten Bedürfnissen. Das hat alles nichts mit Chrigi zu tun. Das weißt du auch, aber du willst es nicht wahrhaben. »Das kommt dann schon wieder«, sagst du gerne, aber das ist so unrealistisch, wie Schwarz nicht Weiß wird, auch wenn du noch so genau hinschaust. Es tut mir alles so weh! Ich möchte dich nicht verletzen! Andererseits kann ich mir nicht vorstellen, dass du lange alleine bleiben würdest. Für mich hingegen wäre es das Ende – Chrigi oder Singleleben. Mit dir, lieber Res, möchte ich auf gleicher Basis weiterfahren wie bisher, wie Bruder und Schwester, oder wie beste Freunde. Wobei unsere Freundschaft sich sehr verbessern könnte: ich müsste nicht mehr an dir rumnörgeln und dir Dinge beibringen, die du immer noch nicht verstehst. Ich habe jeden Tag Bauchweh und

Flattern in mir – echt: Herzschmerz; so kann ich auch nicht weitermachen. Es könnte ja auch sein, dass Chrigi mich nach einem Treffen nicht mehr möchte, klar, das könnte auch sein. Ich will mir nichts einbilden. Aber so aus der Ferne kann man das nicht beurteilen. Es kann auch sein, dass du mich verlässt und ich dann alleine dastehe, auch damit muss ich rechnen. Aber ich kann keine Lüge leben.
Danke, dass du so weit immer noch zu mir hältst.

Chrigis Frau Beatrice hat Demenz, seit über einem Jahr. Das hat er mir am Telefon gesagt. Er pflegt sie ganz alleine; ein 24-Stunden-Job. Bevor ich mehr sagen kann, muss ich ihn treffen, hoffentlich geht das bald! In mir drinnen brodeln meine Gefühle wie wild – wie schon seit Jahren nicht mehr.

***

Philippinen, Manila-Flughafen. Nach dem Einchecken saßen wir in einem offenen Warteraum.
»Ich möchte meiner Mutter ein Geschenklein von hier mitbringen«, meinte Tiefa etwas schüchtern. Dabei schaute sie unmissverständlich ihren Vater an.
»Nein! Von mir kriegst du kein Geld für diese Frau, vergiss es! Ich bin doch wohl nicht blöd oder?!« So Gerhards schroffe Antwort.
Tiefa war den Tränen nahe, sie tat mir furchtbar leid, es war doch verständlich, dass sie ihrer Mutter von der ersten weiten Reise etwas mitbringen wollte.
»Schau«, sagte ich zu Gerhard, »da ist ein Raucherraum, geh und entspanne dich ein wenig! Ich sehe mich mit

Tiefa etwas um.«

Dann nahm ich Tiefas Hand. Wir fanden schließlich ein kleines Mitbringsel für ihre Mutter. Sie hatte ja selber kein Geld, aber für mich war das kein Problem.

Tiefa strahlte wieder. Bald war die Wartezeit um und wir begaben uns zum Rückflug in unser angekündigtes Flugzeug. Gerhard war furchtbar missmutig, ja, gehässig. Ich hatte es schwer.

»Schau nicht so drein, Gerhard, wir brauchen dich doch – ich brauche dich«, meinte ich beschwichtigend; gleichzeitig war mir bewusst, dass ich lüge. Aber die Reise war doch noch so lang – und da war Tiefa.

»So, meinst du«, kam es träge von Gerhard.

Wieder half uns eine Schlaftablette, den Flug einigermaßen entspannt zu überstehen.

Gerhard, der immer noch für das Sorgerecht um seine zwei Töchter bemüht war, hatte gehofft, dass das mit mir in seinem Haushalt eventuell klappen könnte. Ich war indessen überzeugt, dass ihm das Sorgerecht weder zugesprochen würde, noch dass er es erhalten sollte; er war total ungeeignet als Vater. Gegen alle Vernunft wollte ich ja immer, dass meine Beziehungen klappen sollten. So bemühte ich mich auch um Gerhard. Denn im Grunde genommen war er innerlich sehr einsam. Was mich immer noch am meisten an ihm reizte, waren seine Intelligenz und seine leicht arrogante Art. Doch Gerhard hatte auch eher befremdende Rituale. Zwangsverhalten? Und Sex? Nö, vergiss es! Aber das war ja nicht die Hauptsache. Liebe? Wo? Die wäre meines Erachtens schon eher wichtig, sehr wichtig! Aber eben, mit meinen damaligen Minderwertigkeitskomplexen hätte ich ja selber Hilfe gebraucht!

Irgendwie hielten wir doch fest aneinander und beschlossen, zusammen eine Wohnung zu nehmen. Erst suchten wir seinen Psychiater auf, der uns an einen verständnisvollen Paar-Psychiater verwies. Wir hatten etwa zwei bis drei Termine, eine Psychologin war auch dabei. Doch viel änderte sich nicht; Gerhard benahm sich eher kontraproduktiv und wollte an den Sitzungen nicht mehr teilnehmen. In der Zwischenzeit fanden wir eine Vier-Zimmer-Wohnung, nicht weit von meiner Freundin Gabi entfernt. Die Zimmer waren sehr klein, aber so hätten wir auch genug abgegrenzten Platz, wenn wir Besuch von unseren Töchtern bekämen. Die Küche war groß und wir hatten zwei Balkone mittlerer Größe. Ich freute mich sehr und war voller Hoffnung, dass sich alles einspielen würde.

Gerhard zog vor mir ein. Ich brachte nach und nach von meinen Sachen und blieb oft schon vor meinem offiziellen Einzug dort. Gerhard verhielt sich sehr eigenartig. Zum Beispiel markierte er an den Küchenschränken, welche Pfannen wem gehörten, Größe inklusive. In unserem Wohnzimmer mussten beide Fernsehgeräte nebeneinander stehen; so konnte jeder sein eigenes Programm schauen. Mir wurde mehr und mehr unheimlich.

Gabi kam uns frohgemut besuchen, sie freute sich, dass wir in solcher Nähe zueinander wohnen sollten. Wir saßen alle in der Küche, während ich mein Besteck in die Schublade legte. Gerhard brauste auf: »He! Lass das! Ich brauche dein Besteck nicht!« Um zu zeigen, wie ernst er es meinte, stand er auf, zog mein Besteck aus der Schublade und warf es auf den Boden. Gabi bekam Angst. Dann ging Gerhard in den Flur, kam zurück mit meinen extra neu erstandenen Kleiderbügeln, ging auf den Balkon und warf sie mit großem Schwung in säender Manier in die Hinterhöfe. »Und den Mist brauche ich auch nicht!«, rief er.

Ich blickte hinunter; meine neuen Kleiderbügel lagen an so vielen verschiedenen Orten verstreut, dass ich sie nicht mehr hätte holen können. Gabi wurde hysterisch: »Hilfe! Mutter! Hilfe! Soll ich die Polizei rufen?« Nach einem »Nein« von mir rannte sie davon.

Du meine Güte! Schon wieder ein Albtraum? Ich versuchte ruhig zu bleiben, aber mir war nicht mehr wohl. Gigi, meiner Schwägerin, fiel damals auf, dass ich mich auf meinen finalen Umzug plötzlich nicht mehr freute. Aber der Mietvertrag war unterzeichnet und ich musste wohl oder übel dranbleiben.

Bald wurden auch meine größeren Möbel, das Bett und etliche Schachteln geliefert. Kasten, Bett und Kommode fanden ihren Platz, die Schachteln ließ ich ungeöffnet. Ich hatte Angst, Gerhard würde auch den Rest meiner Sachen rausschmeißen. Er hatte ein selbst gebasteltes Bett aus grünen Gemüsekisten in starkem Plastik, mit einer alten Rosshaar-Matratze belegt, »sein« Bett. Dieses »Bett« stellte er auf den Estrich, damit er nach Bedarf dort oben schlafen könne. Ich verstand nicht mehr, warum wir überhaupt zusammengezogen waren.

Am Abend rief er mich zu sich in sein Büro. »Komm mal her! Hörst du das? Hörst du es?!«

»Was?« Gerhard schien leicht angetrunken; ich wusste nicht, wovon er redete. »Nein, was meinst du?«

»Da! Den Lärm von den Leuten oben!«

Ich strengte mich an, konnte jedoch nichts außergewöhnlich Lautes wahrnehmen. Er riss mich näher: »Da!

Hörst du es nicht?!«

»Kaum, das sind doch nur die Leute im oberen Stock, vielleicht haben sie Besuch? Es ist ja Samstagabend.«
Gerhard holte aus und begann mich auf den Kopf zu schlagen. Ich spürte seine harten Knochen, es war sehr schmerzhaft. »Und deine Sachen hast du auch nicht ausgepackt! Warum nicht?!« Gerhard schrie und schlug auf mich ein. Mit letzter Kraft konnte ich ihm entwischen.
Ich war nur in meiner Unterwäsche, hatte aber keine Zeit, mir etwas überzuziehen, und rannte im letzten Moment durchs Treppenhaus nach oben, wo ich klingelte.
Eine Frau öffnete mir. »Bitte helfen Sie mir! Rufen Sie die Polizei! Bitte!«
»Kommen Sie mal rein, was ist denn passiert?« Die Frau reichte mir eine große Schürze, in die ich mich wickelte.
»Er schlägt mich, ich habe Angst, ich gehe nicht mehr runter.«
Ich zitterte. Ein paar Familienmitglieder oder Gäste umringten mich und jemand rief die Polizei herbei. Ich war komplett am Durchdrehen. Die Nachbarn waren sehr freundlich und gaben mir etwas zu trinken. Dann kam die Polizei.
Hatte ich so was nicht schon einmal erlebt? Nannte sich das Leben? Lebte ich überhaupt?
Mit stockender Stimme versuchte ich den drei Polizisten zu erzählen, was passiert war und dass ich nicht mehr runtergehen wollte: »Auch ist er im Besitz eines Revolvers.« Damit hatte er mir schließlich auch noch gedroht, als ich davonrannte.
Ein Polizist holte sich die Waffe und kam wieder herauf. »Er ist stockbetrunken, kommen Sie mit, ziehen Sie sich

an und nehmen Sie nur das Nötigste mit; Papiere etc.«
Als er die Angst in meinen Augen sah, meinte er beruhigend: »Keine Angst, wir kommen mit!«
Gerhard lachte und grapschte nach mir. Doch er wurde festgehalten, dann gingen wir wieder nach oben.
»Ist er in psychiatrischer Behandlung?«, wurde ich gefragt. Ich gab den Namen unseres Paarpsychiaters an. Dr. v. D. kam unerwartet schnell. »Da, nehmen Sie das, Sie brauchen es dringend!« Er verabreichte mir ein Beruhigungsmittel, dann ging er zu Gerhard.
Darauf brachten mich die Polizisten ins Basler Frauenhaus. Endlich war ich in Sicherheit. Ich wurde in ein winziges Einbettzimmer geführt und endlich allein gelassen. Mit dem Beruhigungsmittel schlief ich bald ein.

Am folgenden Morgen frühstückte ich alleine an einem der einladenden Tischchen. Da waren sonst nur zwei andere Frauen am Frühstücken, sie machten mir einen eher bedauernswerten Eindruck, trotz der freundlichen Atmosphäre. Danach wurde ich zu einem Klärungsgespräch im Büro aufgefordert.
»Ist Ihre Wohnung, aus der Sie ausgezogen sind, noch frei?«
»Das weiß ich nicht.«
»Finden Sie es raus! Telefonieren Sie dem Hausbesitzer! Am besten gleich! Geben Sie mir die Nummer, ich rufe für Sie an.«
Ich fühlte mich so schlapp und war dankbar, dass ich möglichst wenig selber reden oder entscheiden musste.
»Die Wohnung ist noch frei, geben Sie jetzt mir die Telefonnummer Ihres neuen Vermieters.«
Und kurz darauf: »Sie stehen unter Vertrag, im Mini-

mum müssten Sie drei Monate den geteilten Mietzins bezahlen, der Vertrag kann nur unter außergewöhnlichen Umständen aufgelöst werden.«

»Ich kann unmöglich während drei Monaten zwei Mietzinse bezahlen«, meinte ich erschöpft.

»Das müssen Sie mit Ihrem neuen Vermieter besprechen, ich mache einen Termin für Sie aus.«

Ich bedankte mich, nahm meine wenigen Sachen und verließ das Frauenhaus. Ich ging zu Gigi, meiner Schwägerin. Das ehemalige Zimmer meines verstorbenen Bruders hatte sie als Gästezimmer umfunktioniert, bis auf den PC war es leer. Gigi nahm mich liebevoll auf, so konnte ich von dort aus zur Arbeit gehen.

Als mich meine Chefin sah, fragte sie mich: »Wie geht es dir?«

»Beschissen«, war meine Antwort.

»Warum? Was ist passiert?«

»Er hat mich geschlagen.«

»Waaas? Das geht nicht!«, meinte sie energisch, »wir holen dich da raus!«

Jeanne, meine Chefin, war eine Frau der Tat. Am folgenden Wochenende mietete sie einen Van, mobilisierte ihren Mann als Chauffeur und das gesamte Personal des *Day-Centers*, in dem auch ich arbeitete. Die Umzugsequipe war zusammengestellt und los ging's.

»Hab keine Angst, wir stehen alle hinter dir!«

Sie holten alle meine Möbel, Teppiche, die Küchenuhr und alle meine Schachteln, mein Geschirr, alles runter aus der vierten Etage; einen Lift gab es keinen. Gerhard versuchte ein paarmal den Eingang zu blockieren, doch es gelang ihm nicht. Er war stockbesoffen und wurde von Jeanne schroff zurechtgewiesen. Meine Katze von

England ließ ich ihm, da ich wusste, dass er insgeheim an ihr hing und er nicht auswärts arbeitete, somit immer zu Hause war.

Der Hausmeister meiner alten Wohnung freute sich sehr, mich zurückzuhaben, da hatte ich kein Problem. Aber beim neuen Vermieter musste ich immer noch vorsprechen, und das mit Gerhard zusammen. Erstaunlicherweise war Gerhard nüchtern und kooperativ. Um den Vertrag aufzulösen, mussten wir einen Rapport von der Polizei bringen und beide mit einer Unterschrift das Geschehene bestätigen. Auf dem Papier stand, dass Gerhard mich geschlagen hatte – und er unterschrieb! Ich war erleichtert, dass das so einfach ging. Gerhard hatte spürbar so etwas wie Respekt für mich, vielleicht seinerseits auch eine Liebe, die ich nicht verstand. Ich war wieder frei!

Doch ich war psychisch angeschlagen und musste weiterhin Antidepressiva einnehmen, ich war nicht mehr hundertprozentig arbeitsfähig. Gerhard zog bald in eine kleinere Wohnung. Doch erst musste ich mit ihm kommen und einwilligen, dass ich ihn dort auch hin und wieder besuchen würde. Gerhard meldete sich oft telefonisch bei mir. Seine offizielle Scheidung stand bevor. Er kämpfte immer noch um das Sorgerecht seiner beiden Töchter und wirkte ziemlich angespannt.

Da ich Lucy zu Besuch hatte, schlug ich einen kleinen Ausflug per Fahrrad vor. Das Wetter war gut und ich dachte, dass dies seine Gedanken etwas lockern würde. So fuhren wir hintereinander; ich vorne, nach mir Lucy und hinter ihr Gerhard, durch eine Seitenstraße Richtung Stadtwald. Plötzlich hörte ich einen Fall, worauf ich mich umdrehte.

Gerhards lange Gestalt lag gekrümmt auf der Straße, Lucy stand neben ihrem Velo.

»Steh auf!«, rief ich ihm etwas unwillig zu und: »Was ist denn passiert?«

»Ich kann nicht aufstehen«, war Gerhards kleinlaute Antwort.

»Mach jetzt keine Späße, du liegst auf der Straße!«, gab ich zurück.

»Nein! Ich kann nicht aufstehen!«

Ein junger Mann, offensichtlich unter Drogen, machte sich seinerseits einen Spaß daraus, den spärlichen Verkehr umzuleiten. Ich rannte zum nächsten Haus und fragte, ob sie mir bitte einen Krankenwagen herbeirufen würden. Die Polizei kam.

»Haben Sie getrunken?«, wollte einer wissen.

»Zu wenig!«, war Gerhards blöde Antwort. Ich war echt froh, nicht mehr mit ihm zusammen zu sein. Wie das passiert sei? Gerhard touchierte im Spaß mit seinem Vorderrad Lucys Hinterrad und fiel. So was von blöde! Er wurde bald in den Krankenwagen geladen, Lucy und ich fuhren wieder nach Hause.

Später besuchte ich ihn im Spital und brachte ihm ein paar Sachen, die er benötigte. Gerhard hatte einen Oberschenkelhalsbruch. In der Folge brachte ich ihm seine Post und was er sonst noch brauchte. Seine Scheidung musste ohne ihn über die Bühne gehen. Sein Anwalt hatte ihn vertreten, das Sorgerecht erhielt er wie erwartet nicht.

Ich lebte wieder mein eigenes kleines Leben, arbeitsam und bescheiden. Meine Höhepunkte bildeten die Besuche meiner beiden Töchter aus England. Doch ich wollte nicht unbedingt alleine leben. Wieder beantwortete ich Partnersuch-Inserate aus der Zeitung. Es kam nichts Gescheites daher; mit den meisten war etwas nicht gut. Mit meinen Töchtern lachte ich darüber, doch mit der Zeit wurde es etwas frustrierend. Lucy redete mir zu, statt auf ein Inserat zu antworten, selber eines aufzugeben! »Dann kannst *du* aussuchen!«

Das leuchtete mir ein. Ich gab ein sehr einfaches Inserat auf, nicht viel meines Äußeren preisgebend, ich wollte nach anderen Qualitäten beurteilt werden. Ich erhielt etwa fünf oder sechs kurze Briefe.

Nachdem ich fast alle Interessenten getroffen hatte, mehr als enttäuscht und immer noch alleine war, wusste ich auch nicht weiter. Da wurde so viel gelogen oder falsch vorgespielt. Plump und langweilig.

»Aber du hast doch noch eine Zuschrift!« Lucy ließ nicht locker.

»Ja, aber die Art des Schreibens gefällt mir nicht; der Typ hat eine stabilisierende Unterlage genommen, damit seine Sätze gerade stehen, das ist mir nicht sympathisch.«

»Man kann auch zu kleinlich sein, der wollte sich halt speziell Mühe geben!«, war Lucys Antwort.

Vielleicht hatte sie ja recht; telefonisch vereinbarte ich ein Treffen.

Das Erste, was ich von Joe sah, war sein rasierter Hinterkopf. ›Mag ich nicht, nein, der gefällt mir nicht‹, so meine Gedanken. ›Aber ich will ja nicht mehr so aufs Äußere schauen!‹, dachte ich weiter.

»Grüezi, Herr H.!« Ich streckte meine Hand zu ihm aus. »Bleiben wir doch beim ›Du‹ wie am Telefon! Hallo Liliane!«

Okay, denn halt. Joe war wirklich nicht mein Typ, so äußerlich. Andererseits schien er ziemlich normal und ehrlich, aber sehr wortkarg, ein Witwer.

Wir tranken etwas zusammen, redeten ein wenig, bis er plötzlich sagte: »Jetzt fällst du dann gleich vom Stuhl: Ich war während fünfzehn Jahren in der Fremdenlegion.«

Ich fiel keineswegs vom Stuhl, fand dies höchstens mal interessant. Diese Fremdenlegionäre hatten ja nicht gerade einen guten Ruf, doch ich fühlte mich da nicht voreingenommen.

Als Joe nichts mehr von sich erzählen wollte, außer dass er eben verwitwet sei, verabschiedete ich mich mit den Worten: »So, lassen wir uns das alles mal durch den Kopf gehen, die Telefonnummer haben wir ja voneinander, falls es zu einem Wiedersehen kommen soll.«

Joe fuhr auf seinem Motorrad weg und winkte mir kurz zu. Ich war froh, als ich nach Hause gehen konnte. Nun hatte ich wirklich für eine Weile genug.

Aber nach zwei Tagen rief mich Joe an. »Wie ist das jetzt? Treffen wir einander wieder? Wir könnten ja zusammen was essen gehen?«

»Hm ja, ich weiß nicht.«

»Ich weiß ein nettes Gartenrestaurant – das ist doch eine Idee, oder?«

Ich liebe Gartenrestaurants, und hungrig war ich meistens, also willigte ich ein.

Wir trafen uns im Garten eines Gasthofs in Binningen, wo Joe auch wohnhaft war. Unerklärlicherweise wurde ich so nervös, dass ich das Essen kaum anrührte; es schmeckte mir überhaupt nicht. Dafür trank ich etwas mehr und war auch bald nicht mehr so nervös.

»Komm, wir machen einen Abstecher bei mir zu Hause, dann siehst du, wo ich wohne«, meinte Joe, als wäre dies eine gute Idee.

Eigentlich gehe ich nie zu einem Mann beim ersten Treffen nach Hause, aber nun, es war ja eher das zweite Treffen. Reinschauen konnte ich ja mal. Joe hatte von Anfang an nie den Eindruck gemacht, dass er eine Situation ausnutzen oder eine Frau schlecht behandeln würde. Dennoch hatte ich Glück, dass Joe ein Gentleman war. Später erfuhr ich mal von ihm, dass er den Umgang mit Frauen in der Legion gelernt hatte. Legionäre sollten immer und überall einen guten Eindruck machen.

Die Einrichtung seiner Stube schreckte mich jedoch gleich ab: da standen schön ordentlich auf dem Boden hintereinander und fein säuberlich hinter Glasvitrinen insgesamt dreihundert weiße Porzellankatzen! Wie viele es waren, sagte er mir selber; eine Sammlung seiner verstorbenen Frau. Die Möbel hingegen waren schwarz, was das Ganze noch grotesker aussehen ließ.

»Wuff! Ich muss raus, das ist zu viel für mich! Ich brauche Luft!« Mit diesen Worten ging ich auf den angrenzenden Balkon.

Joe folgte mir und deutete auf die leeren Blumenkistchen mit den Worten: »Da könntest du vielleicht mal was rein anpflanzen!«

Ich schaute ihn schief an, während ich dachte: ›Pflanz du mal selber!‹

Nachdem er mich anzufassen begann, sagte ich: »Ich gehe jetzt wieder zu mir nach Hause.« Was ich auch tat.

Joe war nicht uninteressant und hatte gute Umgangsformen, aber wie er wohnte, auch wie er aussah: Er war nicht mein Typ. Für mich sind Augen immer etwas vom Wichtigsten; ich muss mich darin versinken lassen können. Joe's Augen waren hellblau und wässerig, nicht unergründlich meerestiefblau wie Gerrys oder goldbraun voller Wärme. Auch liebte ich es, wenn ich einem Mann mit den Fingern durch die Haare fahren konnte, was bei Joe mit seinem rasierten Schädel unmöglich war. Andererseits wollte ich ja vom schönen Männerbild wegkommen, da ich so oft enttäuscht wurde.

Vorerst ließ ich alles mal so stehen, bis Joe sich selber wieder meldete. Das nächste Mal holte er mich mit seinem Auto ab, um mir sein Sommer- und Wochenendhäuschen zu zeigen. Das war in Mumpf am Rhein, schön gelegen auf einem großen Art Campingplatz, mit verschiedenen Wohnwagen und Häuschen mit kleinen Gärten, ohne Zelte. Es gab auch ein kleines Restaurant. Alles eher gesittet und neu für mich, ich fühlte mich am Anfang gar nicht so wohl dort.

Doch es war besser als sein Zuhause und auch ich schloss langsam neue Bekanntschaften. Wohl fühlte ich mich erst richtig, als ich den ganzen Innenbereich des Häuschens nach meinem Geschmack verändern durfte. Das ging nicht so einfach, Joe meinte bei allem, dass es gut sei so, wie es war, und man nichts verändern müsse. Doch solange alles so blieb, fühlte ich mich als Eindringling und Fremde. Für mich waltete immer noch seine verstorbene Frau in allem. Schlussendlich konnte ich Joe mit guten Ideen, freundlichen Vorhängen und Kissen von meinen Veränderungen überzeugen, sodass er sich selber besser fühlte und mir sogar Komplimente machte. Nach einigem Drängen durfte ich mir auch ein Blumen- und ein Kräuterbeet einrichten. Nun kannte ich Joe so weit; er musste immer erst ein deutliches »Nein!« aussprechen, ohne Erklärung oder Kommentar, dann musste ich das Ganze nicht mehr erwähnen, bis Joe plötzlich in meine Ideen einwilligte oder gar selber Hand anlegte. Unsere ersten Ferien führten uns nach Korsika. Eine eher wilde Insel, aber ausgestattet mit allem, was man für tolle Ferien braucht. Joe kannte sich dort von der Legion her aus. Wir fuhren mit seinem Auto. Auf der Insel wuchsen unter anderem sogenannte Korkbäume, aus deren dicker Rinde Korkzapfen und viele andere Sachen hergestellt wurden. Es gab auch viele Kastanienbäume und gefleckte Schweine, die im Wald frei herumliefen. An einer Stelle nahe dem Meer sagte Joe:»Hier irgendwo liegt eine Leiche, ich kenne den Geruch.«

Es roch wirklich sehr penetrant und unangenehm, ich beeilte mich, diesen Ort so schnell wie möglich hinter mir zu lassen.

Die Ferien auf Korsika waren für mich ein tolles Erlebnis, aber an Joe's Nähe konnte ich mich nur schlecht gewöhnen. Er redete selten, machte jedoch so ekelhafte Geräusche, wie wenn man bei einer Erkältung Nase und Hals klären will, bevor man ausspuckt – aber er spuckte nicht. Es klang so abstoßend, dass ich es sagen musste:»Wenn du das weitermachst, dann küsse ich dich nicht mehr!«

Joe lachte nur:»Gut, dann küsst du mich eben nicht mehr.« Punkt und Schluss. Das gehörte irgendwie auch zu seinem Charme, dass er sich nicht verbiegen ließ. Das ekelhafte Gehabe war eine schlechte Angewohnheit von ihm. Und meine Drohung konnte ich schließlich auch nicht einhalten. Joe verwöhnte mich mit gutem Essen; da kannte er sich natürlich auch aus, er war überhaupt sehr aufmerksam. Zu sehr; denn das war ich nicht gewohnt, ich konnte nicht damit umgehen.

In der letzten Nacht stieß ich ihn von mir weg, da ich

seine Nähe nicht mehr ertrug. Joe drehte sich nur um und schlief. Männer können das. Auf dem Heimweg sprachen wir kaum. Joe brachte mich nach Hause und wollte mit mir raufkommen.

»Nein«, sagte ich, »ich muss jetzt alleine sein – ich glaube nicht, dass es mit uns funktioniert.«

Joe's Augen wurden noch wässeriger. »Was? Was meinst du? Willst du mich nicht mehr sehen?«

»Nein«.

Jetzt weinte er. Ich wusste bisher selber nicht, dass ich so gemein sein konnte, aber ich wollte nichts anderes als weg von Joe.

Als ich dann mit mir alleine war, wurde ich so etwas wie krank. Ich schlief fast nur noch. Nach drei einsamen Tagen sehnte ich mich plötzlich nach Joe. Ich entwickelte unsere Ferienfotos doppelt und fuhr zu seiner Wohnung, um ihm seine Bilder zu bringen.

Ich stand vor seiner Wohnungstür, als Joe öffnete.

»Schsch! Geh weg, ich habe Damenbesuch!«

Das war wie ein Schlag ins Gesicht, mit so was hatte ich nicht gerechnet. Geschah mir recht! Was hatte ich mir denn da eingebildet? Ein bisschen schnell ging das ja schon; es war meine »Vorgängerin«, mit welcher er selber Schluss gemacht hatte (da sie unter anderem vier Mal pro Nacht Sex wollte). Das alles hat er mir dann später erzählt.

Zerstört ging ich nach Hause, beließ es jedoch nicht dabei. Am nächsten Tag meldete ich mich wieder bei Joe. Diesmal war er alleine und ließ mich ein. »Was willst du denn?«

»Ich bin eben keine Dame, sondern eine Frau, und ich will mit dir reden!« Ich sagte ihm, dass ich erst wieder zu mir selber finden musste und jetzt bereit sei, es mit ihm zu versuchen.

»Ich kann mit dieser Frau doch nicht nochmals Schluss machen! Nur weil du – nein.« Er schüttelte den Kopf.

»Ich habe eine faire Idee«, sagte ich. »Triff während einer ganzen Woche weder sie noch mich, und finde heraus, zu welcher es dich zieht!«

Joe schüttelte nochmals den Kopf, willigte aber ein.

Ich ging beruhigt nach Hause. Nicht nach einer Woche, sondern nach drei Tagen rief mich Joe an.

»Ich habe mich entschieden – für dich! Kann ich dich abholen?«

»Ja!«

Etwas Neues machte langsam Sinn in meinem Leben. Wohl oder übel musste ich mich an Andersartigkeiten gewöhnen, die mir bis dahin eher fremd waren. Nicht gut vorstellbar? Nun, ich musste auch die andere Seite zu akzeptieren lernen: Wortkargheit, Joe's unangenehmen »Geräuschetick«, seine Rechthaberei und Sturheit. Bevor ich Joe kennenlernte, war ich überall mit meinem Velo hingefahren, jetzt ging nichts mehr ohne Auto. Dazu waren wir so oft auswärts essen, dass ich schnell zehn Kilos zulegte. Auch meine Haare, die ich fast mein ganzes bisheriges Leben lang getragen hatte, wurden kurz geschnitten. Joe liebte burschikose Frauen mit kurzem Haar. Anpassungsfähig war ich immer, aber ich denke im Nachhinein, dass ich etwas zu viel von mir aufgab. Als Gegenleistung hatte es mir an nichts gefehlt: Essen, tolle Ferien, Ausgang und und und. Sogar Sex war zur Abwechslung mal oft und super! Doch Joe blieb wortkarg. Neuigkeiten über ihn erfuhr ich immer nur am Stammtisch, wenn er genug getrunken hatte. Aber komisch: betrunken sah ich ihn nie. Joe musste drei Mal täglich Bier trinken gehen. Sein erstes Bier trank er morgens um neun Uhr in seiner »Stammbeiz«. Dann wieder am Mittag vor dem Essen, Wein mit dem Essen und abends wieder Bier und Wein und wieder Bier. Bier sei das Letzte, was er in seinem Leben aufgeben würde, sagte er mehr als einmal; damit mir dies auch klar sei.

»Kommst du mit mir auf ein Boot in die Ferien?«, fragte er mich eines Tages.

»Sicher!«, sagte ich, denn so was kannte ich noch nicht.

»Es gibt viele Frauen, die haben Angst.«

»Angst? Nein! Das fände ich toll!«

»Weißt du, das machte ich während vieler Jahre mit meiner Frau.«

Nun, da fand ich es grad nicht mehr so toll, aber es musste doch fantastisch sein …

Und das war es auch. Joe mietete ein Hausboot, immer für vier bis sechs Personen, aber bewohnt wurde es nur von uns zwei.

»So hat man genügend Platz«, war Joe's Rechtfertigung

Mir war's nur mehr als recht, ich musste ja nichts bezahlen. Von da an fuhren wir jeden Sommer per Auto nach Südfrankreich zum Hafen, wo »unser« Boot wartete, dann während zwei Wochen den Kanal runter bis zum Meer. Wir hielten, wo wir wollten; an so romantischen Orten, wie man sie nur von Filmen kennt, traumhaft. Natürlich wurde nur auswärts gegessen: französische Spezialitäten, dazu der Wein, hmmm! Verwöhnung pur. Allerdings mit Abstrichen der »begleitenden Gesellschaft«: Joe. Nur dieses Nase-Hals klärende Gegrunze hin und wieder, sonst Stille. Damit musste ich mich abfinden, was allerdings nicht einfach war. Die ganze Unterhaltung während der Fahrten war ich. Wenn ich mal still vor mich hin träumte oder einfach ruhig war, fragte Joe gleich: »Was ist? Warum sagst du nichts? Stimmt etwas nicht?«

Manchmal kam ich mir vor wie eine Art Spielpuppe, wo man ein Knöpfchen drückt und sie beginnt zu singen und zu tanzen. »Frauen reden doch immer so viel?«

Ich halt nicht; aber dafür hatte Joe kein Verständnis. Sicher war er ein Gentleman, aber zugleich ein großer Macho, für den Frauen zur Zierde und zum Wohlgefallen einen Mann zu umgarnen hatten. Warum ich ihn als Gentleman sehe? Trotz der Rotzgeräusche? Nun, er hatte hervorragende Manieren, zum Beispiel beim Sich-Hinsetzen, bei der Weinauswahl, beim Gehen auf der Straße; die »schutzbedürftige« Frau geht immer an der Innenseite, nie auf der Straßenseite. Treppen aufwärts geht die Frau vor dem Mann, damit er sie auffangen kann, falls sie fällt, und die Treppe runter geht die Frau hinter dem Mann; aus demselben Grund. Alles so Kleinigkeiten, welche Joe auch, nebst vielem anderen, in der Legion gelernt hatte. Das hat er mir mal erzählt. Auch hatten sie dort ihr eigenes Bordell. Als ich ihn erstaunt dabei ansah, meinte er nur: »Nun, bedenke, die Männer hätten durchgedreht; zwei Jahre in der Wüste ohne Frauen! Da gab es auch eine Bar mit Whiskey und die Menüs waren immer mehrgängig!«

Joe war fünfzehn Jahre lang in der Legion gewesen. Er sprach fließend Französisch und erhielt dort auch einen französischen Pass. Joe hatte sich auch zwei oder drei Ränge raufgearbeitet, doch der letzte Rang blieb ihm versagt, weil sein Bruder ihn anzeigte. Nun, ich fange besser mal von vorne an über das, was ich weiß.

Joe desertierte als Neunzehnjähriger nach ein paar kleineren Einbrüchen und vor der Schweizer Rekrutenschule nach Südfrankreich in die Fremdenlegion. Als Erstes erhielt er dort einen neuen Namen; so konnten Deserteure nicht aufgefunden werden. Joe hieß von Haus aus *Ottfried H.*, sein von der Legion gegebener Name war dann *Horst T.* Ursprünglich kam er mit seiner Familie: der Vater als Auslandschweizer aus dem Appenzell, die Mutter war Deutsche aus Dresden. Die Familie flüchtete während des Krieges aus Deutschland in die Schweiz ins Appenzell, wo ihnen als Großfamilie ein Haus zugeteilt wurde. Joe hatte acht Geschwister. Den Namen *Joe* gab ihm einmal eine jüngere Schwester, und da dieser Name viel einfacher und auch praktischer war als *Ottfried*, blieb es dabei.

Solange Joe in der Legion war, und gleichzeitig in der Schweiz gesucht, durfte er nicht in die Schweiz zurück, auch nicht zu Besuch. Einer seiner Brüder, ein Coiffeur, hatte eine kleine süße Frau mit zwei kleinen Töchtern. Joe verliebte sich in diese Frau. Wie und wo, das weiß ich nicht, aber er sehnte sich nach ihr und kam heimlich in Zivil zu Besuch in die Schweiz. Die Frau trennte sich darauf von ihrem Mann, und nachdem der wahre Grund für die Trennung herauskam, meldete Joe's Bruder der Fremdenlegion, dass Joe unerlaubterweise in die Schweiz zu Besuch gekommen war. Bei seiner Rückkehr wurde Joe, ich weiß nicht für wie lange, eingesperrt. Gleichzeitig wurde ihm sein höherer Grad gestrichen. Joe litt sehr darunter, denn er war ehrgeizig und ein echter »Militärkopf« mit Polterstimme zum Rumkommandieren. In der Folge konnte er nicht mehr in die Schweiz reisen, um seine Geliebte zu besuchen. So kam sie mit ihren zwei kleinen Töchtern zu ihm. Joe baute ihnen ein kleines Liebesnest in einem Häuschen, wo er sich in seiner Freizeit zusammen mit seiner Geliebten erholte. Seinem Bruder schwor er Rache.

Gegen alle Vorstellungen absolvierte Joe die fünfzehn Jahre Legion wie geplant. Dann kam er zurück und heiratete seine – inzwischen geschiedene – Geliebte. Die beiden Töchter trugen ja eh schon seinen Namen, da es sich bei deren Vater um Joe's Bruder handelte. Als die Töchter flügge waren und schon nicht mehr zu Hause wohnten, erkrankte ihre Mutter an Krebs und starb etwas später. Eine der Töchter sagte einmal, dass die Mutter wohl zu sehr an Joe's Tyrannei gelitten habe. Auch ich litt zusehends unter seiner Härte, die sich vor allem im Befehlen und seiner unbeugsamen Sturheit äußerte. Doch noch genoss ich, was ich noch nie gehabt hatte: keine Geldsorgen mehr, erstklassiges Essen, teure Weine, tolle Ferien und mehr guten Sex, als ich mir wünschen konnte. Es gab sogar Momente, in denen ich Joe's Avancen abwehrte: »Nein! Nicht schon wieder.« Joe zeigte sich auch generös, wenn meine zwei Töchter von England zu Besuch kamen. Er hatte seine guten Seiten, wusste sie jedoch nicht zu präsentieren.

Kapitel 21

Die wiederhergestellte Verbindung zwischen Chrigi und mir verstärkt sich spürbar; aus einem dünnen Goldfaden entsteht langsam so etwas wie eine schwere Goldkette. Wir senden einander SMS-Nachrichten per *Natel*. Erst nur über belanglose Dinge, doch den Nachrichten haftet bald etwas mehr und mehr Persönliches an – bis wir, erst noch mit Zurückhaltung, über unsere Gefühle reden. So ruft mich Chrigi auch telefonisch an, ungefähr einmal in der Woche – wenn er zum Einkaufen unterwegs ist oder so – aus einer öffentlichen Telefonkabine. Nach einem solchen Telefonat könnte ich Bäume ausreißen, wie man so sagt; ich erlebe einen regelrechten Vitaminschub. Auch dir, Res, fällt das auf. Als ich mal nicht so gut drauf war, hast du mich neckisch gefragt: »Hat denn dein Schatz noch nicht angerufen?« Ich sag dir ja so ziemlich alles, was passiert, und es erstaunt mich, wie gelassen du das hinnimmst. Komisch finde ich, dass du nie fragst, wie Chrigi aussieht und so, aber vielleicht tun das nur Frauen? Zwischen Männern und Frauen wird immer ein beträchtlicher Unterschied bestehen, da hilft keine sogenannte Gleichberechtigung, und das andere, das, was ist, muss wohl genetisch bedingt sein.

Hab ich schon erwähnt, und hast du das auch bemerkt, dass es uns beiden, seitdem wir »nur« Freunde sind, viel besser geht? Du genießt deine totale Freiheit; niemand fragt mehr, was du tust, wo du warst und warum etc. Und bei mir ist ein großer Druck weg; ich habe nicht mehr das Gefühl, dass ich etwas tun muss, das ich nicht will, wie (ja leider) Sex haben mit dir. Mein Herz ist sowieso schon längst woanders.

Jetzt hat mir Chrigi gesagt, dass auch er mich sehen will und dass er diesen Zustand so nicht mehr hinnehmen kann. Ich fühle mich sehr glücklich, bin aber auch ziemlich aufgeregt; werde ich Chrigi noch gefallen? Wir haben uns über sechs Jahre nicht mehr gesehen! In unserem Alter ist dies eher eine lange Zeit.

Chrigi hat sich für Montag in einer Woche angemeldet. Da er mit seinem Auto fährt, musste ich ihm schon die Route beschreiben. Lange bleiben kann er ja noch nicht; weil er »seine Frau« nicht zu lange alleine lassen kann. Wie das genau geht, weiß ich nicht – nun, wir werden einiges zu reden und erzählen haben.

Jetzt fahre ich mit dir, Res, für zwei Tage ins Glarnerland. Das war lange so abgemacht: eine zweitägige Wanderung. Ja, ich freue mich aufs Wandern mit dir. Unsere Ferien habe ich allerdings abgesagt. Ich fände es nicht mehr richtig, mit dir in die Ferien zu fahren. Dazu wollen Chrigi und ich die seit bald sieben Jahren geplanten Ferien miteinander verbringen. Es steht eine große Aufholzeit bevor, wenn alles klappt und er mich wirklich immer noch liebt. Ob ich ihn noch liebe? Für mich ist das keine Frage; meinen Gefühlen nach habe ich nie aufgehört, ihn zu lieben.

***

Den Höhepunkt unserer Bootsferien bildete immer das Treffen mit einem Ehepaar aus Nord-Deutschland. Jedenfalls für mich. Victor und Herma trafen wir meist so ungefähr nach drei Tagen. Das war ein Begrüßen und

Erzählen! Natürlich mit feinem Essen und dem richtigen Wein dazu. Klasse-Unterhaltung für mich! Wir besuchten einander gegenseitig auf unseren Booten. Victor gab jedes Mal ein Lammessen à la Victor auf seinem Boot, ein Hochgenuss in fröhlicher Gesellschaft! Der Rest der Fahrten, ohne Herma und Victor, wurde mit jedem Mal mühsamer. Ich war dann wieder die einzige Unterhalterin, ohne Rückdialog zu erhalten. Trotzdem zog ich etwa nach den ersten zwei Jahren Beziehung bei Joe ein. Wir wollten es beide und hofften auch, dass vieles dadurch vereinfacht würde. Vorher hatte ich Kleider bei mir zu Hause, in Mumpf im Wochenendhäuschen und bei Joe zu Hause. Joe entledigte sich der schwarzen Möbel und verkaufte die ganze Katzensammlung. Ein Liebesbeweis an mich.

Zuerst ging alles gut, doch mehr und mehr entpuppte sich Joe als richtigen Tyrannen. Mittagessen musste Punkt zwölf auf dem Tisch sein. Alles ging nach strengen Regeln, wahrscheinlich wie in der Legion. So wurde ich auch laufend mit seiner verstorbenen Frau verglichen, die, so hörte ich von Joe, alles besser machte als ich. Die ersten drei Jahre wurde ich immer mit seiner Frau verglichen, das tat weh. Mehr als einmal ging ich zu ihrem Grab auf dem Hügel in Binningen. Ich pflanzte sogenannte Hauswurzeln, die wie grüne Röschen aussehen, rund um den Grabstein. Dann sprach ich mit ihr: »Lass doch Joe endlich los und geistere nicht mehr in seinen Gedanken herum – es ist nicht einfach für mich.« Nachdem wir fast drei Jahre zusammengewohnt hatten, hielt ich das Rumkommandieren nicht mehr aus.

Wir fuhren zur Abwechslung im Sommer auf die Insel Elba und wohnten in einem kleinen Bungalow. Alles war wieder traumhaft schön, aber unsere Beziehung verlor täglich an Glanz. Schon auf der Hinfahrt im Auto schrie mich Joe so fürchterlich an, dass ich am liebsten davongerannt wäre. Aber wohin in einer wilden Landschaft, wo ich mich nicht auskannte? Ich schwieg und fasste den Entschluss, nach unserer Rückkehr bei Joe auszuziehen. In der ersten Nacht sprang er fluchend aus seinem Bett, weil er im einen Bein »den Krampf« hatte. Dieses Fluchen empfand ich als so hässlich, dass ich ihn beim Frühstück ansprach:»Joe – ich möchte nicht mehr mit dir zusammen wohnen, ich will wieder meine eigene Wohnung haben.« Gut, war es endlich raus, das hatte mich viel Mut gekostet.

Joe nahm es ruhiger hin, als ich erwartet hatte. Mir wurde leichter. Nach unserer Heimreise wurde alles in die Wege geleitet.

Ich fand ziemlich schnell eine nette Zweizimmer-Wohnung in Basel. Eigentlich wollte ich die Beziehung mit Joe (nicht zum ersten Mal) beenden. Ich distanzierte mich fast ganz, hatte Ausreden, war beschäftigt und lebte wieder mehr mein eigenes Leben. Doch Joe's Mietwohnung in Binningen wurde renoviert und ausgebaut. Die Mieter suchten sich etwas anderes. So auch Joe. Eigentlich wollte er in Binningen wohnhaft bleiben, aber der Zufall (?) wollte es, dass er etwa kaum fünf Gehminuten von mir eine andere Wohnung fand. Niemand glaubte ihm den »Zufall« wirklich. Das Restaurant an der Ecke meiner Straße wurde zu seiner neuen »Stammbeiz«. Natürlich liefen wir uns dauernd über den Weg, und natürlich half mir Joe beim Einrichten.

Eines Tages, als er mich an seinen Stammtisch mitnahm, legte er vollkommen unangekündigt einen Revolver auf den Tisch. Die ganze Runde verstummte blitzartig, als hätte man den Ton abgeschaltet.

»Nimm dieses Ding weg!«, schnaubte ich Joe an. Das war nicht mein übliches Selbst; es kam wie ein Fauchen aus mir heraus. Was er damit bezwecken wollte, erfuhr ich nie. Joe besaß drei verschiedene Revolver und eine Winchester, alle mit Waffenschein, das wusste ich. Angst hatte ich deshalb nie.

In unserer ganzen Beziehung, welche immerhin neun Jahre dauerte, versuchte ich dreimal mit Joe Schluss zu machen. Einmal gelang es mir für zwei Monate; ich ging dann auch alleine in die Ferien nach Griechenland. An einem Abend saß ich wie gewöhnlich am Hafen in einem der romantischen Restaurants zum Abendessen. Ein gut aussehender Mann meines Alters saß auch alleine an einem der Tischchen und beobachtete mich wohlwollend. Dann klingelte mein Mobiltelefon: es war Joe. In seiner Nachricht beschrieb er, wie sehr er mich vermisse. Ich schaute nicht mehr zu dem netten Mann hinüber und kehrte nach meiner Rückkehr zu Joe zurück.

Nach dieser Erfahrung beschloss ich, nie mehr alleine in die Ferien zu gehen. Erst später wurde mir klar, dass ich die Chance zu einem klaren Schnitt verpasst hatte.

Joe litt seit Jahren unter Herzproblemen und musste dafür Tabletten schlucken. Die Tabletten mussten nach ein paar Jahren verstärkt werden. Das schadete seiner Libido, was für mich kein Problem war, vor allem wenn die Liebe stärker als der Sexfaktor gewesen wäre. Jedes Mal, wenn ich meine Beziehung zu Joe beenden wollte, hatte er eine Herzattacke – oder täuschte sie vor. Es war schlimm anzusehen und sah so echt aus, dass ich nie

wusste, ob es echt oder gespielt war. Ich blieb. Joe wurde
ekliger; er duschte sich nur noch einmal in der Woche,
obwohl er eher zum Schwitzen neigte, mit der Erklärung,
er sei jetzt pensioniert, arbeite ja nicht mehr und müsse
sich demnach auch nicht mehr so oft waschen. Dasselbe
mit der Bewegung; er sei genug gelaufen während des
Berufslebens, das reiche. Wenn wir in Mumpf waren,
ging ich jeden Tag alleine ins nahe gelegene Bad Säckin-
gen nach Deutschland. Die erste Zeit dem Rheinufer
entlang zu Fuß, später, nachdem ich es »durchringen«
konnte, mein Fahrrad mit nach Mumpf zu nehmen, ra-
delte ich. Joe schlief derweilen jeden Nachmittag gute
zwei Stunden oder mehr. Danach war es schon wieder
Zeit für sein Abendbier.

Es gelang mir, Joe zu überzeugen, das große Doppelbett
im Chalet-Wohnwagen zu entfernen und an dessen Stelle zwei Einzelbetten, nicht nebeneinander, zu stellen. So
wurden die Nächte etwas angenehmer. Doch ich konnte
Joe »nicht mehr riechen«; sein Geruch begann mich an-
zuwidern. Wenn ich nachts aufwachte, dachte ich immer: ›Es ist ja bald Morgen, dann kann ich wieder raus.‹
Ich wollte definitiv weg von ihm.

Ein geselliger Mann setzte sich vermehrt zu uns, wenn
wir im Garten des Campingrestaurants saßen. Er sah
nett aus mit seinen welligen Haaren und den braunen
Augen. *Walter* war sein Name. Leider war er Alkoholiker. Die dortige Wirtin, Maria, (nein, keine Schönheit)
hatte ein Auge auf ihn geworfen, obwohl sie mit einem
lieben Mann verheiratet war.

Joe musste ins Spital, um seine Hüfte operieren zu lassen.
Was es mit sich brachte, dass ich so mindestens während
drei Wochen alleine im Camp war. Walter und ich ka-

men uns ein wenig näher. Sein Charme wickelte mich ein, wir lachten viel zusammen. Lachen tat gut und war so erfrischend! Aber leider merkte ich auch, dass er ein echter Frauenheld war. Seine letzte Beziehung endete mit dem Tod einer langjährigen Partnerin, sie starb an Krebs. Walter hatte auch einen Zwillingsbruder, Heinz. Als die beiden jung waren, sahen sie sich so ähnlich, dass sie sich oft einen Spaß erlaubten, indem sie ihre Freundinnen tauschten. Walter zeigte mir alte Fotos; es stimmte. Heinz lebte in einem ganz anderen Teil der Schweiz. Mit dem Älterwerden verlor sich diese Ähnlichkeit zwischen den Brüdern. Beide waren gelernte Schreiner. Walter hatte während seiner Berufslaufbahn beide Daumen verloren, das heißt, sie wurden ihm wieder angenäht, waren jedoch von da an gefühllos. Weil er so einen Gang hatte und zwei große eher ungelenkige Hände, nannte ich ihn liebevoll *Grizzly*. Im Gegensatz zu Joe hatte er etwas so Leichtes, fast Lausbubenhaftes an sich; die Frauen liebten ihn.

Es gab vieles, das mir an Grizzly nicht gefiel. Zum einen machte er mir klar, dass er, wenn er Frauen begrüße, diese immer auf den Mund küsse. Das fand ich eklig. Zum anderen hatte er nie Geld; entweder er »vergaß« seine Geldbörse oder er ließ anschreiben. Ganz am Anfang glaubte ich ihm den Trick mit der vergessenen Börse und bezahlte. Dass Grizzly kein Mann für eine Beziehung war, wusste ich. Trotzdem bot dies eine Möglichkeit, von Joe wegzukommen. Joe besuchte ich regelmäßig im Spital, doch er widerte mich mehr und mehr an. Es war seine Art, seine Sprüche und sein Geruch. Ich begann mit Grizzly ein wenig zu flirten, das tat gut.

Joe hatte mir sein Austrittsdatum aus dem Spital mitgeteilt, kam aber unerwartet zwei Tage früher und direkt nach Mumpf ins Camp. Ich war nicht dort; ich war mit dem Fahrrad unterwegs und traf Grizzly. Als ich zurückkam, saß Joe an einem Tisch im Gartenrestaurant.

»Wo kommst du her? Wo bist gewesen? Das ist doch allerhand! Ich komme aus dem Spital zurück und du bist nicht einmal da!«, polterte er mit seiner Kommandostimme los.

»Du hast dich doch erst für übermorgen zurückgemeldet! Warum sollte ich denn da sein?«, gab ich zurück und dachte bei mir selber: ›Ach, dieser Spielverderber! Jetzt wird es wieder so ungemütlich wie vorher.‹ Ich fühlte mich eingeengt wie in einer Zwangsjacke.

Auf dem Rückweg zum Wohnwagen sah ich Grizzly vor seinem Wohnwagen. Schnell ging ich rüber und raunte ihm zu: »Lass dir ja nichts anmerken, dass ich mit dir unterwegs war!« Schon kam Joe an seinen zwei Krücken, schnaufend rief er: »Ah! Der ist's! Mit dem warst du im Bett!«

»Ich war mit niemandem im Bett und bitte schrei nicht so«, antwortete ich. Wir gingen schweigend zu unserem Chalet. Von da an war es nicht mehr auszuhalten mit Joe. Ich musste pünktlich das Essen parat haben und ihn unterhalten; schwieg ich, dann wurde er fast hysterisch: »So sag etwas! Warum sagst du nichts?« Er erzählte sowieso nie was, aber ich sollte zur Unterhaltung plappern, und das hat mir noch nie gelegen.

Dieser Zustand dauerte nicht lange; es kam noch viel schlimmer. Joe sah mich wieder mit Grizzly in einer Unbefangenheit, die ich mit Joe längst verloren hatte. Joe trieb mich förmlich zurück ins Chalet und fing an, meine Sachen auszuräumen und rauszuwerfen. »Da! Raus! Ich hätte nie eine andere Frau mehr nehmen sollen!«

»Gib mir wenigstens Zeit! Wie soll ich denn all die Sachen von hier nach Basel zurückbringen? Ich gehe ja, aber lass mich erst einen Transport organisieren!« Ich war dem Verzweifeln nahe.

»Kann ich helfen?« Ein lieber Freund und Nachbar näherte sich mit seiner Frau. Ich mochte dieses Ehepaar sehr.

»Weg! Geh weg! Du bist wohl auch einer dieser falschen Schweine!«

Das Paar schickte mir einen bedauernden Blick und ging Joe aus dem Weg. Joe schnaufte und fuchtelte mit seinen Krücken umher. Robi, der Mann des Paares, sandte mir eine SMS, um zu fragen, wie sie mir helfen könnten. *Bitte frag Walter, ob er mich nach Basel führen kann!* Grizzly hatte einen kleinen Transporter.

Es dauerte nicht lange und er fuhr vor. In einer Seelenruhe packte er mein Fahrrad und Stück für Stück in den Transporter, unbeeindruckt von Joe's Rumgeschreie und Gefuchtel. Das war das einzige Mal, wo ich echten Respekt für Grizzly empfand; ich bewunderte seine Gelassen- und Selbstsicherheit.

Von da an sollte mein Leben zur Hölle werden. Zurück in meiner Wohnung, sollte ich keine Ruhe mehr finden. Am Anfang rief mich Joe an einem Abend bis zu zweiunddreißig Mal an!

Doch dem war nicht genug.

319

Kapitel 22

Die zwei Tage im Glarnerland mit dir, Res, waren wunderschön, ganz umgeben von Schneebergen. Auf einer Sonnenterrasse genossen wir ein feines Mittagessen mit allem Drum und Dran. Da ich dir regelmäßig die Haare und das Schnäuzchen schneide, legst du das »Coiffeurgeld« jeweils auf die Seite. Das war deine schöne Idee, denn ich verlange nichts für diesen »Dienst«. Mit diesem Geld machen wir dann einmal im Jahr einen Ausflug mit Essen. Somit muss ich nichts bezahlen, darf nur genießen. Toll! Wirklich eine schöne Idee. Doch in meinen Herzen verspüre ich schon heftige Sturmwellen; Chrigi ist überall dabei, da kann ich gar nichts machen, meine Gefühle sind zu stark. Trotzdem haben wir es gemütlich und auch lustig zusammen. Auch bin ich froh, dass du über alles Bescheid weißt, so muss ich mich nicht verstellen, und das ist so wertvoll!

Seither sind wunderschöne, aber leider auch schwere und schmerzhafte Wochen vergangen; ich konnte nicht mehr schreiben, will und muss mich aber jetzt dazu aufraffen; sonst bleibt alles stehen, doch alles muss weitergehen. In meinem Herzen klafft immer noch eine offene Wunde.
Chrigi schrieb mir so viele SMS-Nachrichten, immer liebevoller mit einem klaren und deutlichen *Ich liebe Dich!* am Ende. Ich schwebte wortwörtlich auf Wolke sieben; mein Gang wurde federleicht, auf meinem Gesicht zeigte sich ein stetes Lächeln, mein Blick war verträumt und

warm, ja, ich fand mich selber von Tag zu Tag schöner. Ich war so glücklich! Dass ich das in meinem Leben noch erfahren durfte! Fast zu schön, um wahr zu sein. Doch die Beweise dazu erhielt ich fast täglich. Chrigi rief mich auch, wenn immer möglich, aus einer Kabine an. Ja, er seufzte ins Telefon:»Liebes, ich halte es nicht mehr aus – jetzt komme ich ganz bald! Ach, ich kann es kaum erwarten, dich in meine Arme zu nehmen! Spürst du mich?«

Ja, ich spürte ihn, durch die ganze Telefonleitung von Bern bis mitten in mein Herz hinein. Ich war so gut drauf, verschönerte meine Wohnung, wo ich konnte, strahlte jeden Tag ein wenig mehr, sodass ich sicher war, dass mir jedermann meine Glück ansehen musste. Res wusste natürlich Bescheid, ich sagte ihm auch, dass er mich am 3. April auf keinen Fall stören dürfe.

»Nein, ich denke, ich gehe am besten den ganzen Tag aus«, war seine Antwort.

Zwischen Res und mir war es schon länger klar, dass unsere Beziehung »nur noch« auf freundschaftlicher Basis beruhte, auch ohne das Wiederauftauchen Chrigis. Doch jetzt wurde es offensichtlich und unwiderruflich. Meine Kinder und engsten Freundinnen wussten schon Bescheid, auch weil ich mich ohnehin nicht verstellen kann.

Am Montag sollte der große Tag sein, der mein ganzes Leben ändern würde. Am Samstag davor wollte mich Chrigi nochmals anrufen, doch er rief mich schon am Donnerstag an.

»Ich hielt es nicht mehr aus, bis Samstag zu warten – freust du dich auch so? Ach, Schätzchen …«

All die Innigkeit, welche uns vor über sechs Jahren zusammenschweißte, wurde wieder spürbar. Chrigi wieder riechen und spüren zu können, ihm tief in seine warmherzigen Augen zu sehen, um mich darin zu verlieren: Ich konnte mir nichts Schöneres mehr vorstellen. Das Wochenende davor war nahezu unerträglich.

Dann kam der Tag: Montag, 3. April 2017. Chrigi wollte am späteren Nachmittag kommen und mindestens vier Stunden mit mir verbringen. Ich hatte im Sinn, so was wie ein kleines kaltes Buffet bereitzustellen. Vor seiner Ankunft wollte ich mir einen *Grany's Special* genehmigen; zu meiner Beruhigung.

Aus Gewohnheit sah ich wieder mal auf mein *Natel*, erwartet hatte ich ja an diesem Tag keine SMS mehr – doch, da war was: *Ich kann nicht mehr kommen; Beatrice braucht mich jetzt. Es wäre ein Fehler gewesen, einander zu treffen. Leb wohl und alles Gute für die Zukunft.*

Ich stand da mit diesem Text in der Hand und konnte meinen Augen nicht trauen; diese eiskalte Nachricht sollte von demselben Mann sein, von dem ich während Wochen die liebevollsten SMS und Anrufe erhalten hatte?

»NEIN!« Ich lief in meiner Wohnung hin und her, antwortete mit einem Gegentext, wollte es nicht glauben und erhielt fortan keine Antwort mehr.

Was war passiert? Ich hatte nie verlangt, dass Chrigi »seine Frau« verlassen müsse. Im Gegenteil, ich hatte volles Verständnis für die Situation. Aber dass er sich mit einem *Lebwohl* und *Alles Gute für die Zukunft* bei mir verabschiedet – dazu noch per SMS! NEIN!

Mir wird jetzt noch schlecht, wenn ich daran denke. (Habe einen *Grany's Special* neben mir.) Ich verspürte unbeschreibliche Schmerzen; mein Nacken versteifte sich und ich heulte (eine Woche lang ohne Unterbrechung).

Am selben Tag schrieb ich seinem Vertrauensarzt, alles schien sich zu wiederholen, wie ich es vor über sechs Jahren erlebt hatte. *Bitte! Ich brauche eine Antwort, eine Erklärung! Irgendein Zeichen!* Ich schrieb auch an Chrigi. Ich rannte rauf zu Res, zum Glück war er noch zu Hause. Auch Res verstand nichts mehr. Ich überredete ihn, am Abend bei mir zu sitzen, was er ohne Ausrede tat. Ich konnte jetzt nicht alleine sein. Alles tat mir weh, der Schock zeigte sich in meinem Gesicht. Doch irgendeine körperliche Nähe konnte ich nicht ertragen, nur einfach nicht alleine sein.

Seither ist wieder Zeit vergangen. Ich habe nie eine Antwort von Chrigi erhalten. Auch von seinem Arzt nicht, der unsere Liebe vor sechs Jahren sehr unterstützt hatte. Ich nahm allen Mut zusammen und rief den Arzt an. Er ließ mir durch die Rezeptionistin ausrichten, dass er nicht mit mir reden wolle, sollte es sich um Herrn Schwarz handeln.
Nach einer Woche, nicht erst nach drei Monaten wie vor sechs Jahren, habe ich größtenteils zu weinen aufgehört; mir ist bewusst, wie alt ich bin und wie wenig Zeit mir, je nachdem, noch bleibt. Genau genommen werde ich zu diesem Zeitpunkt, übermorgen, fünfundsiebzig Jahre alt.
Meine Gefühle für Chrigi sind immer noch so stark wie vor sechs, bald sieben Jahren.
Ich versuche vernünftig zu sein. Für meine Lieben verliere ich an Glaubwürdigkeit; so etwas gibt es nicht, vor

allem in meinem Alter. Aber meine Gefühle kann ich nicht ändern. Ich beschäftige mich mit allem Möglichen, gehe wandern und tue, was sonst noch in meinen Möglichkeiten liegt. Res ist gut zu mir, aber mich mit ihm neu zu verbinden steht außer Frage; das möchte und könnte ich nicht, nie mehr. Mit Chrigis Wiedererscheinen wurde mir mehr denn je bewusst, was ich all die Jahre vermisst habe und wie ich leben möchte; leben *will*.

Inzwischen war ich für eine Woche bei meiner jüngsten Tochter Lucy und ihrer liebevollen Familie in London. Wie nach Chrigis erster schmerzvollen Trennung von mir, nur damals war ich für sechs Wochen dort, nach drei Monaten ununterbrochenem Weinen. Diesmal redeten wir nicht über meine Situation, außer dass Lucy mich ermahnte, endlich aus diesem Traum zu erwachen. Für mich ist es kein Traum, ich habe das alles erlebt und es ist wahr. Ich genoss meine zwei jüngsten Großkinder und Lucys Liebe. Sogar Josie kam aus Südengland zu Besuch und wir konnten wunderbare Stunden zusammen genießen. Graham, meinen Exmann, traf ich zweimal. Auch seinen Cousin Frank mit seiner Frau Sylvia. Wir hatten es lustig. Ich riss mich zusammen und machte mit. Es tat gut und war sehr schön und vielseitig, aber auch anstrengend; die Hektik Londons bekommt mir nicht mehr. Die Menschen und deren Mentalität allerdings schon, und das sehr!

Jetzt bin ich wieder bei mir zu Hause in meiner kleinen Wohnung in Frenkendorf. Es ist schön hier. Aber irgendwie bin ich einsam; Chrigi hat alle Liebesgefühle in mir wiedererweckt, und diese Gefühle möchte ich jetzt leben, solange ich noch kann. Ich will Chrigi sehen, auch wenn es nur noch ein einziges Mal sein sollte. Ich will wissen, was wahr und echt ist, denn ich glaube immer noch, dass seine Nachrichten echt waren. Etwas ist passiert, aber *was*?

Sollte ich bei einer Begegnung herausfinden, dass ich für Chrigi wirklich nicht mehr existiere, dann suche ich mir einen liebevollen Partner. Was in meinem Alter kein leichtes Unterfangen sein wird. Ob ich mich nochmals verlieben kann? Sollte ich herausfinden, dass Chrigi mich immer noch liebt und alles so echt war, wie ich glaube, dann will ich auf ihn warten, bis er sich frei genug fühlt, mich in seine Arme zu schließen. Wenn ich dann noch lebe. Ja, ich fühle mich noch fit und kann es mit Frauen, die zehn Jahre jünger sind als ich, noch gut aufnehmen. Und wenn ich endlich meine zurückgehaltene Liebe ausleben darf, werde ich grad nochmals um mindestens zehn Jahre jünger.

So. Mein *Grany's Special* ist intus und Res hat mich nach oben zu seinem selbst gekochten Mittagessen eingeladen. Res sucht sich übrigens eine neue Lebenspartnerin. Gut, er muss ja nicht mit mir trauern und soll sein Leben noch genießen, solange er kann. Ich kann ihm nicht geben, was er möchte, und er kann mir nicht bieten, wonach ich mich sehne. Im Alter alleine zu sein wäre zu traurig. Ich hoffe, mein fünfundsiebzigster Geburtstag wird nicht allzu schlimm für mich …

Selbstmitleid ist ein ausgerissenes Unkraut; unbrauchbar und, wenn es wächst, zerstörerisch. Mein Garten gedeiht prächtig.

***

Joe kramte alles Mögliche hervor, was er von mir noch finden konnte, und stopfte meinen Briefkasten voll damit. Was kein Platz darin fand, häufte er vor die Eingangstür des Mietshauses, in dem ich wohnte. Meist von Zetteln begleitet wie: *Deine neuen Nachbarn sollen dich kennenlernen* – oder mit sonst etwas Negativem. Das wiederholte sich jeden Tag! Ich lebte in konstanter Angst und Sorge, dass diese aufgetürmten Gegenstände jemandem auffallen könnten. Dementsprechend verließ ich das Haus erst, nachdem ein neuer Haufen gelegt worden war, um ihn wegzuräumen. Gleichzeitig fing er an, gelbe Zettel mit schwarzer Druckschrift prominent im Mumpfer-Camping aufzuhängen. Darauf stand fett gedruckt mein Name, und dass ich ihn (Joe) des Sexes wegen verlassen hätte! Das war blanker Rufmord und so entfernt von der Wahrheit wie der Nordpol vom Südpol. Da ich beliebt im Camp war, rissen etliche Camper die Zettel herunter. Viel brachte das nicht; es wurden täglich neue aufgehängt. Ich machte den Fehler, auch ein Weilchen mit Grizzly in seinem Wohnwagen zu leben, weil ich mich im Camp so wohl fühlte. Das machte alles noch schlimmer. Folglich zog ich ganz aus. Ich und Joe wegen dem Sex verlassen! Eine größere Lüge gab es kaum! Im Gegenteil, viel zu lange hatte ich bei Joe ausgeharrt! Sex mit Grizzly war so unattraktiv; er war Alkoholiker und konnte mir diesbezüglich nichts bieten. Mit ihm erlebte ich eher eine fröhlich-unbeschwerte Zeit – nun, *unbeschwert* ist auch nicht der richtige Ausdruck, wir hatten es einfach lustig. Und das brauchte ich nach den strengen Jahren mit Joe, wo alles wortkarg und militärisch verlief.

Nachdem mir schnell auffiel, dass Grizzly sehr selten

Geld hatte, sich aber deshalb nicht einschränkte, stellte ich bald fest, dass er auch noch log. Nun, das ging irgendwie zusammen mit seinem Lebensstil. Trotz allem war er es, der sich von mir löste (wahrscheinlich hatte ich für seine Verhältnisse zu wenig Geld). Da ich nicht gerne alleine bin, litt ich für eine geraume Weile. Nun, ich litt, bis ich erkannte, dass ich so nicht leben wollte; ich musste wieder raus unter die Leute, was ich mit Hilfe meiner Tochter Karin tat – und so meinem Traummann Chrigi begegnete.

Den Anfang kennst du aus meinem Brief an Chrigi im zwanzigsten Kapitel meiner Geschichte. Und wo ich jetzt stehe, weißt du auch – was mich zu meinem dreiundzwanzigsten und letzten Kapitel bringt, also in die Gegenwart.

Kapitel 23

Hier sitze ich also vor meinem Laptop und schwitze, dass mir der Schweiß unter meinem leichten Röckchen dem Körper entlang runterläuft; wir haben zwischen 32 und 34 oder mehr Grad im Moment. Es empfiehlt sich, trotz des prächtigen Wetters drinnen zu bleiben. Also reiße ich mich zusammen und setze meine Geschichte fort.

Nachdem ich nicht das geringste Zeichen mehr von Chrigi erhalten hatte und in meinen Liebesgefühlen immer noch aufgereizt bin, stelle ich auch fest, dass ich immer noch *lebe* und auch leben *will*. Die Gefühle, die Chrigi in mir neu geweckt hat, sind zu schön, um sie jetzt wieder zu begraben – nein, diese Gefühle will ich jetzt wieder leben; ausleben, genießen, erfahren, solange ich kann. Nix da von *Chrigi oder keiner*, nix da von *nur noch ein einsames Leben in Trauer führen* und dann mal »gehen«. Nein, *jetzt* lebe ich noch, und das will ich auch! So, genug der Rechtfertigungen. Ich kann mich jetzt nicht einfach ersticken.

Also, zwei Monate, nachdem mich Chrigi »abgehängt« hat (ohne weitere Worte der Erklärung oder sonst was), entschließe ich mich, (nochmals) Klarheit in mein Leben zu bringen. Ich schreibe einen Abschiedsbrief an Chrigi, ich will einen sauberen Abschluss. Damit verbaue ich mir auch (bewusst) jegliches erneute Weichwerden, sollte mich Chrigi nach Wochen, Monaten oder Jahren doch wieder vermissen. Nein. Ich beginne mich sogar zu fragen, ob Chrigi nicht doch irgendwie hirngeschädigt ist. Nicht böse gemeint; es wäre ja möglich, von seinem Hirnschlag her, denn sein Handeln ist nicht normal – auch wenn »Normalität« relativ ist. Leider gab mir ja sein Arzt keine Auskunft mehr. Also mache ich in meinem Brief klar, dass dies ein Abschiedsbrief ist. Punkt, fertig.

Liebe? Das kann ja auch nicht Liebe sein seitens Chrigi. Diesmal »ziehe ich das Schwert«.

Mit jeder Zeile beginne ich mich von Chrigi zu lösen, bis ich, am Schluss des Briefes, so etwas wie Erleichterung empfinde: Ich bin wieder frei! Ich bin frei!

Hier eine Wiedergabe meines Briefes an Chrigi:

4. Juli 2017

Lieber Chrigi,

da ich nichts und rein nichts mehr von dir höre, muss ich annehmen, dass du unserer Liebe den Todesstoß gegeben hast. Klingt furchtbar, und das ist es auch. Aber keine Angst, ich will hier nicht mehr alles auseinandernehmen, es ist so, wie es leider ist. Du wolltest es so.

Was ich hier jetzt mache: Ich will dir sagen, wie es mit mir weitergeht und was sich verändert hat. Res hat eine neue Partnerin, ich sehe nicht mehr viel von ihm. Das musste endlich so kommen, da wir überhaupt nicht zusammenpassten. Seit Längerem waren wir eh nur noch Freunde. (Auch zu deiner Orientierung: Joe, der mich während fünf Jahren verfolgt, *gestalked* hatte, ist schon seit über drei Jahren tot.)

Durch all diese Jahre hast du mir gefehlt.

Wie du mich jetzt zum zweiten Mal sitzen gelassen und entsorgt hast, ist unmenschlich und hat nichts mehr mit Liebe zu tun.

Aber was du auch noch gemacht hast: Du hast alle erdenklichen und seit Jahren unterdrückten Liebesgefühle in mir wieder erweckt. Ich bin so voller Liebe, dass es manchmal fast schmerzhaft ist. Ich muss und will meine Gefühle endlich wieder ausleben, voll erleben.

Geweint habe ich nun lange genug, jetzt hast du mir sogar den Glauben an dich und unsere Liebe kaputt gemacht. Ich habe dir lange genug Zeit gegeben. Jetzt will ich wieder leben und lieben!

Also habe ich mich im Internet an einer Stelle für Partnersuche angemeldet. Ja, etwas, das ich nie tun wollte. Doch wie und wo soll ich jemanden kennenlernen, wenn ich nicht ausgehe?

Dies scheint mir der einzige Weg zu sein.

Ich habe genug von einsamen Sommernächten, in denen ich alleine und traurig auf meinem Balkon sitze, in den Himmel starre und vor lauter Sehnsucht fast zergehe.

Fortan stehe ich dir nicht mehr im Wege. Ebenso denke ich nicht mehr an dich.

Sollte ich den liebevollen Mann treffen, der mit mir vieles teilen und erleben möchte, will ich ganz da sein für ihn, wieder lieben und lachen, Gefühle erwidern, ohne Angst, ohne Berechnung und ohne Unsicherheit.

Warum du nicht wenigstens den Kontakt mit mir aufrechterhalten hast, verstehe ich nicht.

Jetzt kannst du ganz ungestört und für immer mit Beatrice zusammen bleiben. So, wie du es willst.

Alles Liebe und Gute, und jetzt ein *Tschau* und *Mach's gut* von mir; wie du es mir auf deinem letzten SMS gesandt hast – du wolltest es so.

Und: Nein, ich erwarte keine Antwort mehr von dir.

Nochmals: Tschau, Chrigi-big-bear,

Lili

Ich habe mich freigeschrieben! ICH BIN FREI!
Mein Leben wird wieder spannend; ist es schon! Welche
Erleichterung! Ich schulde niemandem etwas, nur noch
mir selber – und ich lebe noch! Solange ich fühle, lebe
ich.
Ja, eben, ich bin bei einer Partnersuche angemeldet. Erst
habe ich nur die kleinen Komplimente der verschiedenen Anwärter gelesen und zugewartet. Dann habe ich
realisiert, dass ich darauf antworten sollte, und dann
fing ich an zu antworten. Erst war es wie ein Spiel –
ich brauchte die Ablenkung. Oft war es ganz lustig, aber
vor allem fühlte ich mich wieder wahrgenommen, ernst
genommen und akzeptiert – sogar erwünscht. Nach so
vielen Jahren ist das alles wieder wie neu und so schön;
ich kann wieder Konversationen führen mit Menschen
(Männern!) auf meinem Level! Meine Zweitjüngste,
Josella, nennt dies *in meinem Radar*. Sehr zutreffend. Ich
fühle mich nicht nur wieder als Mensch, sondern endlich auch wieder als Frau! Gibt es etwas Schöneres? Ja,
das gibt es; auf diesem Level geliebt zu werden. Und? So
wie du mich inzwischen kennst, musste es wieder passieren – nach dieser langen Durststrecke unvermeidlich.
Oder? Ja, es ist viel, sehr viel passiert seither und es geht
weiter.
Der erste Anwärter, der mir am besten gefiel, mit ihm

hatte ich viele anregende Gespräche, Dialoge. Es war interessant und leicht im Steigern. Dann, plötzlich, während vier Tagen, hörte ich nichts mehr, ich erhielt keine Antwort mehr. Dabei lief alles so gut! Schlussendlich kontaktierte ich die Partnervermittlung und fragte, ob dieser Anwärter überhaupt existiere? Ja, war die Antwort, und: Manchmal müsse man etwas Geduld haben. Dann meldete sich B. wieder: *Es tut mir leid, dass du so lange auf meine Antwort warten musstest, aber ich war während vier Tagen zu Besuch bei meiner Schwester, jetzt bin ich wieder da. Ich bin zu dem Schluss gekommen, dass es besser wäre, mich zu vergessen, ich habe Angst, mich in dich zu verlieben (!), aber 50 km Distanz zwischen uns ist zu viel. Ich hatte schon zweimal eine Beziehung, die daran zerbrach; an der dazwischen liegenden Distanz. Bitte vergiss mich, und sei vorsichtig: es meinen es nicht alle ernst – ich lasse dir hier meine E-Mail-Adresse. Du kannst mich gerne kontaktieren bei Unsicherheiten. (!) DANKE VIELMAL! (Von mir)*

Ich habe B. darauf noch geschrieben, was Liebe in Kauf nimmt oder überwinden kann – ohne je wieder von B. gehört zu haben. Was ich ihm auch noch erwähnte: dass vor seinem Besuch bei seiner Schwester alles ganz anders ausgesehen hat. Wahrscheinlich hat B. von seiner Schwester eine »Gehirnwäsche« erhalten. Nun, ich habe mich relativ schnell abgekühlt; wenn einer mehr auf seine Schwester als auf seine eigenen Gefühle hört – hmm, nein, das brächte eh nichts.

Irgendwie fragte ich mich, ob B. nicht doch nur ein Lockvogel war – was weiß ich? Nun, das war der Einstieg.

Dann fing ich an, mich mit »Interessenten« zu treffen,

denn ich dachte: ›Vielleicht muss ich schneller handeln?‹ Es war interessant, zu Beginn und immer noch, wie ein Spiel. Ich traf einen netten Geschäftsmann, mit dem ich auch anregende Gespräche führte. Dann der Schock beim ersten Treffen: Der Mann war schon nett, aber alt! So hatte er auf seinem Foto nicht ausgesehen. Ich war fast alleine diejenige, welche die ganze Konversation leitete. Sein Gang war schon leicht schleppend und zweimal hatte er während unseres Gesprächs gegähnt! Ich konnte nicht im Geringsten an irgendeine Nähe zu ihm denken. Also habe ich mich nachträglich per Mail, sehr höflich und möglichst nicht verletzend, bei ihm verabschiedet. Er hat verstanden. Ich bin doch noch viel zu quirlig und lebendig!

Dann der Nächste, ein Psychotherapeut, sehr interessant (vom anderen Ende der Schweiz, aber er wollte mich partout treffen). Nächster Schock: Auch P. war viel älter als auf seinem Bild. Sein Dialekt gefiel mir schon gar nicht, und die gelben Zähne, welche er bei jedem Lachen entblößte – wie könnte ich je einen solchen Mund/ Mann küssen? Nie im Leben! (Ich liebe, es zu küssen – nach so langer Durstzeit erst recht!) Ich war wieder nett und höflich und habe es P. auf meine einfühlsame Art per folgendem Mail klargemacht – was immer klarzumachen war. Er fragte mich trotzdem noch, ob ich mir vorstellen könnte, zu ihm (ans andere Ende der Schweiz) zu ziehen; er habe eine sehr große Wohnung und ich sei genau das, was er sich als Partnerin wünsche. Er war nicht der Einzige. Ich erhielt viele Komplimente in Bezug auf mein Aussehen und meine Persönlichkeit, dass ich genau das sei, was sich ein Mann wünschen würde. Aber ich bin keine Ware, und es muss vor allem auch für mich stimmen.

Dann traf ich E. Ein echt gutaussehender Mann. Obwohl (wie er mir gestand) sein Foto schon zehn Jahre alt war, sah er nicht schlechter aus als damals. Wir tranken etwas zusammen und redeten. E. war liebenswert und eben gut aussehend, aber – es ist kaum ein Jahr vergangen, seit seine geliebte Frau starb. E. hatte mir unter Tränen ihr außergewöhnliches Begräbnis geschildert (ich hielt dabei seine zitternden Hände) – und dann sprach er fast ausschließlich vom Tod und vom Sterben. (Makaber!) Armer E., er muss noch viel Trauerarbeit leisten, bevor er an eine neue Partnerin denken kann. Das habe ich ihm dann auch nachträglich mitgeteilt. Wir bleiben Freunde.

Doch jetzt: Ich verabrede mich mit einem Mann, der mir zu Beginn etwas unklar scheint; er gibt nicht allzu viel von sich selber preis, aber er interessiert mich. M. Wie kann ich unsere erste Begegnung schildern? Am Punkt, wo wir uns miteinander verabredeten, gingen wir erst aneinander vorbei, aber ich fühlte, dass *er* es war, und hielt an. So auch er. Gleichzeitig kam es über unsere Lippen:

»Lili?«

»Martin?«

Die Begegnung war fast schüchtern und hatte etwas Zärtliches an sich. Martin ist groß und schlank. (Ich habe eine Schwäche für große Männer.)

Wir setzten uns in ein Restaurant am Rheinufer. (Romantisch.) Wir redeten miteinander, als würden wir uns endlich wiedersehen (nein, wir hatten uns zuvor noch nie getroffen). Mehr und mehr fühlte ich mich verstanden, es war wie ein Nachhausekommen nach langer Zeit. Seit

Jahren hatte ich mich in Gesellschaft eines Mannes nicht mehr so wohl gefühlt. Das Gespräch war anregend, interessant, für ihn wie für mich – kurz, es war wundervoll. Ich konnte seinem Blick nie zu lange standhalten – seine Augen faszinierten mich so, dass ich hin und wieder wie geblendet wegsehen musste. Das Blau seiner Augen überwog all die wärmende Ausstrahlung brauner Augen. Ein volles Blau, wie ich es noch nie in anderen Augen gesehen habe, unbeschreiblich faszinierend. Ach, wie schön, sich auf diese Weise mitteilen zu können und sich so verstanden zu fühlen! Es war wirklich wie ein Treffen auf gleicher Ebene, obschon Martin etliche Studien absolviert hatte und ich mich »nur« selber weitergebildet habe. Sich auf der gleichen Ebene zu treffen ist wie ein Spielplatz, auf dem man viel Freude zusammen erlebt; etwa wie mit einem bunten Ball zu spielen, der bei jedem Wurf wieder zurückgeworfen wird. Ein Spiel von Wörtern, Gesten, Erkennen – wie wenn man mit zwei delikaten Gläsern anstößt, die erstklassigen Champagner enthalten. Der Klang. Ein Feuerwerk sozusagen. Auch stellte sich heraus, dass wir beide »Sonntagskinder« sind! Wir haben die gleiche Generation durchlebt. Nach drei ausgefüllten Stunden trennten wir uns (ich konnte kaum mehr sitzen) – fast schüchtern, wie zu Beginn, verabschiedeten wir uns voneinander. Und ja, wir wollten uns wiedersehen.

Meine Reise nach England stand bevor. Ich würde nur fünf Tage weg sein, um dann mit meiner Enkelin (der Tochter meiner Jüngsten) zurückzukehren. Cloe, meine neunjährige Enkelin, würde zwei Wochen bei mir bleiben, bevor ihre Eltern samt dem kleinen Brüderchen nachkommen würden. Alle wollten dann bis gegen Ende August bei mir bleiben. So war es schon länger geplant – hauptsächlich auch, weil ich unter meiner Einsamkeit litt, aber auch, weil dies irgendwie einmalig würde, in Anbetracht meines Alters.

Ich machte Martin klar, dass ich ihn vor meinem Abflug nochmals treffen wollte. Er war, nach einem schwachen Zögern, einverstanden. Sein Bedenken war, dass er noch nervöser als beim ersten Treffen sein würde. (Für mich etwas rätselhaft, denn er erschien mir eher selbstsicher-gebildet.)

Zwei Stunden vor unserem Treffen schrieb er mir, dass er nicht kommen könne; er sei in der Nacht, nach einem Traum, in seinen Kasten gerannt und hätte nun ein blaues Auge.

Nein! Nicht mit mir! Nicht nochmals – wie bei Chrigi! Ich protestierte und bat ihn, mich anzurufen. Martin rief mich an.

»Nein, Martin, das geht nicht, deine Augen sind ohnehin blau, also bitte komm wie abgemacht!«

Zu meinem Erstaunen und zu meiner großen Erleichterung sagte Martin zu: »Unter der Brücke wie letztes Mal – okay?«

Martin kam. Unsere Lippen berührten sich kurz bei unserer Begrüßung – eher wie zufällig. Martin ist ja ziemlich größer als ich; folglich hatte er sein Gesicht zu mir heruntergesenkt. Sein linkes Auge war blau umrändert, das machte für mich allerdings keinen Unterschied. Wir endeten in demselben Restaurant wie beim ersten Mal und fühlten uns so wohl, einander gegenübersitzend – es hätte gar nicht besser sein können. In angeregtem Gespräch fanden wir mehr und mehr Gemeinsamkeiten über uns heraus. Diesmal dinierten wir zusammen. Alles war köstlich. Mir wurde bewusst, dass ich mich nicht nur in seinen Augen verlor, sondern mich auch von seiner Stimme total verzaubern ließ. Das hatte nichts zu tun mit gutem Aussehen gleich Schönheit. Seine Schönheit kam von innen, seine Manieren, sein ganzes *Sein*, die Atmosphäre, seine Aura faszinierten mich unbeschreiblich. Nein, ich weiß nicht, warum, ich weiß nur, dass es stärker war als alles, was ich je in der Gegenwart eines Mannes empfunden habe.

Martin ist der erste Mann in meinem Leben, an dem ich nichts verändern möchte. Wirklich! Auch das ist neu für mich.

Dazu kamen noch drei unglaubliche Musikanten und ein Rosenverkäufer (ja, ich habe die Rose noch), dann ein unheimlicher Platzregen (wir saßen unter einem großen Vordach), alles eher wie in einem wunderschönem Traum, fast schon unrealistisch – und doch echt! Beeindruckend, tiefgehend und so ungefährlich wohltuend.

Nach etwa fünf Stunden gingen wir über die Brücke, Richtung Tram, das mich zum Bahnhof führen sollte. Das erste Tram hatten wir »verpasst«. Beim zweiten Tram versuchte ich mich zu verabschieden – aber meine Lippen kamen nicht mehr weg von Martins Lippen … und dann küssten wir uns, innig verschmelzend … und noch einmal, und wieder. Es war echt himmlisch – vor dem roten Rathaus, das sich wunderschön vom blauem Nachthimmel abhob. Alles um uns herum verschwand, rückte in weite Ferne, berührte uns nicht mehr. Es gab nur noch uns zwei. Mein Tram kam, wir lösten uns voneinander – noch ein Kuss und ich verschwand, ohne mich nochmals umzusehen; das hätte ich nicht gekonnt, mich umzudrehen und zu winken, nein, unmöglich für mich in dieser Situation.

Meine fünf Tage in London waren schön, hektisch und ausgefüllt, wie das so in London ist. Natürlich genoss ich die Nähe meiner Lieben. Lucy, meine jüngste Tochter, gab sich auch große Mühe, mir die Zeit mit ihnen bereichernd zu gestalten.

Martin schrieb mir jeden Tag auf mein Mobiltelefon, stets ein wenig intensiver, wie sehr er mich vermisse – ich antwortete in gleicher Manier zurück. Gleichzeitig fühlte ich mich überglücklich, dass ich so viel Liebe erfahren durfte. Von *Liebe* selber (als ein Wort) redeten wir nie; das wäre auch überflüssig gewesen. Ich freute mich wahnsinnig auf meine Rückkehr in die Schweiz.

Ein oder zwei Tage vor meiner Rückreise wurde mir klar, dass wir einander eigentlich erst zweimal getroffen hatten und ich nichts weiter als Martins Vornamen wusste: *Martin*, sonst nichts. Irgendwie war alles andere um uns gar nicht mehr wichtig. Doch nachdem mich Lucy ein wenig zu Vernunft mahnte – dass wir uns ja eigentlich erst zweimal getroffen hätten –, schrieb ich Martin in leichter Panik eine SMS und fragte ihn nach seinem Nachnamen und seiner Adresse. Was, wenn alles gar nicht echt, nicht wahr wäre? Gleichzeitig sandte ich auch meinen vollen Namen und meine Adresse an ihn. Zu meiner großen Erleichterung kam seine Antwort in beruhigendem »Ton« zurück, dass Panik falsch am Platze sei, und er sandte mir seine ganze Anschrift mit vollem Namen, Telefonnummer und allem. Ich atmete auf. Also war er wirklich echt. Seine letzte SMS vor meiner Rückreise war immer noch sehr liebevoll. Doch als ich mich von meinem Zuhause aus zurückmeldete, klang seine Antwort etwas kühler. In etwa so: Schön, mich wieder zurückzuwissen, aber er sei eben schon eingeschlafen. Per Telefon fragte ich ihn am nächsten Tag, ob er, wie halb geplant, jetzt mit Cloe und mir zum ersten Augustbrunch mitkomme? Martins Antwort war: »Nein.« Er fühle sich gestresst, und das sei nicht gut; alles sei für ihn etwas zu schnell gegangen – nein. Er brauche Zeit.

»Nach all den SMS-Nachrichten, in denen wir uns sagten, wie sehr wir einander vermissten? Wie wir kaum warten konnten, einander wiederzusehen? Das ist … wäre jetzt doch … ähm – nicht normal?« Meine Stimme zitterte.

»Vielleicht bin ich nicht normal«, war seine leise Antwort. Martin blieb bei seinem Nein.

»Und dann: *was*? Wann sehen wir uns wieder?«, fragte ich, und mein Herz schlug mir bis zum Hals.

»Die Zeit wird es zeigen«, meinte er nur.

»Vor was hast du Angst?«, fragte ich noch.

»Angst, ängstlich – ja, vielleicht …«

Mir war klar, dass Martin noch nicht bereit war, meine Familie oder einen Teil davon kennenzulernen. Das war ihm viel zu früh. Dafür hatte ich Verständnis. Nur, meine Familie, die kann man nicht zu jeder Zeit kennenlernen; nur wenn sie eben hier ist, wie jetzt.

»Wir können trotzdem per SMS in Verbindung bleiben – ich bin eh eher der SMS-Typ«, hängte Martin noch dran. Das wirkte irgendwie beruhigend auf mich: die Verbindung blieb erhalten.

Also haben wir uns seit meiner Rückkehr noch nicht gesehen – das ist nun fast drei Wochen her. Der SMS-Kontakt ist spärlich. Ich kann das Ganze nur in etwa so verstehen, dass Martin sich wirklich vor einer echten Beziehung fürchtet. Von Weitem ging das ja wunderbar. Dass er geschieden ist, weiß ich, aber sonst, wie seine letzte Beziehung war oder so, davon weiß ich nichts. Ich habe größtes Verlangen, mit ihm zusammenzusitzen und über alles zu reden. Sozusagen »mit offenen Karten zu spielen«. Ich hoffe sehr, dass dies bald möglich sein wird und dass Martin zu einem Treffen zusagt. Denn ich brauche Klarheit, unbedingt, so leide ich zu sehr.

Letzte Nacht machte ich *Stargazing*, zu Deutsch so was wie »Sternenstarren« – ja, es war eine der Meteoriten-Nächte, wie das so ist im Monat August. Doch für mich dieses Mal speziell: Ich musste eine Sternschnuppe finden, um meinen Wunsch zur Erfüllung zu bringen. Also setzte ich mich nach Einbruch der Dunkelheit auf meinen Balkon – und starrte. Ich starrte so lange, bis mir mein Genick weh tat (nur kurz, dann änderte ich die Position) – nichts. Ich holte mir ein Glas Wein (ja, roten) zu meiner Beruhigung und starrte weiter.

Dann! Plötzlich (zum Glück hatte ich meinen Wunsch parat) ein fallender Meteorit; *swuuschsch* – ich wünschte schnell, stark und innig. Nein, natürlich werde ich meinen Wunsch nicht preisgeben, sonst würde er sich ja nicht erfüllen! Und ich brauche die Erfüllung so sehr. So sehr, dass ich noch weiter starrte und mit einem zweiten Meteoritenfall belohnt wurde – ja, und ich wünschte nochmals, ein wenig anders formuliert, aber genauso intensiv.

So. Mehr erzähle ich nicht darüber.

Nachdem ich mit meiner Enkelin Cloe knapp über zwei Wochen alleine war, kam wie geplant der Rest ihrer Familie nach: Lucy (*Mummy*), Graeme (*Daddy*) und Klein Brüderchen Finn. Meine kleine Zwei-Zimmer-Wohnung schien bald überzuquellen von Babysachen, Decken, Spielsachen, Kleidern und Esswaren. Zum Schlafen überließ ich Lucy, Graeme und Finn mein Schlafzimmer (das auch nicht groß ist). Cloe und ich schliefen im oberen Stock bei Res, der für diese Zeit bei seiner neuen Freundin wohnte. Es gab keine ruhigen Momente mehr. Natürlich machte es Spaß und große Freude, alle zusammen zu sein, aber ich fühlte die Ermüdung. Besonders schlimm war für mich, dass ich mein ganzes »Frausein« unterdrücken musste und somit »nur noch« *Mum* und Omi war. Das war schön, sicher, aber ich brauchte einen Ausgleich, wo ich auch meine Weiblichkeit ausleben konnte. Speziell schmerzhaft war, dass ich kaum noch, und bald gar nichts mehr, von Martin hörte (per SMS, versteht sich). Ich litt unsäglich, versuchte es zu unterdrücken und litt noch mehr.

Martin!

Ich schrieb ihm – und erhielt keine Antwort.

Noch schlimmer: Ich entdeckte, dass meine SMS nicht mehr ankamen, will heißen: dass er meinen Namen aus seinen Nummern gelöscht hatte. Per Telefon war er auch nicht erreichbar. In unbeobachteten Momenten ließ ich meinen Tränen freien Lauf. Ich fühlte mich nicht mehr wohl, hatte Schmerzen im Bauch und mein Nacken versteifte sich mehrmals. Ich riss mich zusammen: Meine Lieben waren bei mir und wir wollten diese Zeit zusammen genießen! Also, wir unternahmen, was möglich war mit einem Kleinkind dabei, und wir haben viel Schönes und auch Lustiges erlebt. Cloe ist unglaublich begabt im Tanzen und Singen, dazu auch im Verstehen; mehr als einmal hat sie mich auf erwachsener Ebene angesprochen. Und sie ist erst neunjährig! Finn, eineinhalbjährig, kann noch nicht reden, bedient sich meist der Zeichensprache, aber versteht alles, was man ihm sagt; er handelt danach, nickt oder schüttelt sein goldiges Lockenköpfchen und lacht. Wunderbare Kinder! Und Lucy ist die beste Mama, der ich je begegnet bin – und sie ist meine jüngste Tochter!

Ein paar Abende, wenn Finn schon schlief, saßen wir auf meinem kleinen Balkon, tranken uns zu und bestaunten die Wolken und die wechselnden Farben des Himmels. Etwas, das ich schon den ganzen Sommer mit meinem Partner tun möchte – und das ich sonst alleine machen muss.

Das Ferienende meiner Besucher ist gekommen. Fazit: Es war bereichernd (sehr), schön, lustig, aber auch mehr und mehr ermüdend (für mich) – und jetzt sind sie alle wieder fort, abgereist seit heute Morgen, ich begleitete sie auf den Flughafen Basel. Nachdem wir uns alle umarmt hatten – und noch einmal, dann ein letztes Winken, und sie entschwanden meinem Blick –, fand ich mich alleine in der geschäftigen Abflughalle wieder. Ich sah keine Gesichter mehr, die Atmosphäre war schier unerträglich, der Ton wie unter einer Glasglocke.

Jetzt steh ich wieder alleine da, um mich das emsige Treiben von Menschen, die mir alle fremd sind. ›Reiß dich zusammen, Lili!‹ Muss ich in solchen Extremen leben wie *Alles oder nichts?* Warum? Was mache ich falsch? Passiert mir nochmals dasselbe wie mit Chrigi? Auf dem Höhepunkt der Gefühle fallen gelassen? Warum muss ich alles Ungeschick zweimal durchmachen? Es sei anders, hat Lucy gesagt, aber habe doch große Ähnlichkeit in der Art. Ich kann nicht ohne Mann leben. Vielleicht weil ich nie die Liebe eines richtigen Vaters gekannt habe? Etwas, das ich seit eh und je sehnsüchtig vermisse. Warum ich keinen süßen Wein mag? Martin hat's gesagt: Weil wir als Kinder an Sonntagen verdünnten Wein mit Zucker anstelle von Sirup bekommen haben.

Nun sitze ich hier vor meinem PC, meinem »Gesprächspartner«, der mir zwar nicht antwortet, aber zuhört. Danke, PC, wenigstens habe ich dich. Nein, nicht schon wieder heulen! Selbstmitleid ist doch etwas so Verwerfliches.

Ich höre eine CD der irischen Band *The Corrs*. Ich liebe irische Musik.

Was mache ich jetzt mit meiner Liebe (beim PC darf ich dieses Wort ja schon gebrauchen – *Liebe*) zu Martin? Ich kann sie nicht ersticken, auslöschen oder vernichten, runterschlucken oder ausradieren! Sie ist in mir – ich kann sie nicht »rausholen«. Also habe ich beschlossen, sie zu leben. Ich lasse diese Liebe zu. Ich versuche nicht mehr, sie zu unterdrücken. Ich lebe sie und trage sie in mir, bis sie von einem Mann erkannt und beantwortet wird – und ich hoffe, dass dieser Mann Martin ist.

Das ist jetzt das einzig Mögliche, so wie ich es erlebe – und helfe mir Gott, durchzuhalten – bis zu dem Tag, an dem sich alles endlich erfüllen wird.

Jetzt höre ich die CD vom *Phantom of the Opera*.

Aufräumen, putzen, Betten frisch beziehen. Mich vor allem beschäftigen; zu tun gibt es im Moment mehr als genug. Dann steht eine kleine Belohnung an: *Granny-Special* (so schreibt es Martin) – Mann! Wie halte ich das durch? *Martin!* Nein, keine Fisimatenten!

Wie soll es weitergehen? Ich weiß es nicht. Mit meiner Geschichte, die auf reiner Wahrheit beruht, bin ich jetzt *up to date* – von meiner Geburt bis heute im Jetzt.

Nein, es soll und wird nicht das Ende sein, aber so traurig aufzuhören?

Martin! Wenn du doch wenigstens meine Fragen beantworten würdest! Dann könnte ich eventuell daraus etwas lernen. Dazu lebe ich: um zu lernen – und ja, um zu lieben; meine Rolle als Frau zu leben – *Jesus Christ, forgive me – please – and help me!*

Ja klar, ich bin auch nicht »normal« – hast du's gehört, Martin? *Ich bin auch nicht normal!*

Aber ich glaube mich besser verstehen zu können. Gleichzeitig weiß ich auch, dass ich mich zwar zusammenreißen kann – aber nicht ändern. Nein, das ist absolut nicht Bequemlichkeit, das ist eine Tatsache. Genauso wie ich niemanden anders ändern kann; und Martin ist wirklich der erste Mann, an dem ich *nichts* ändern will. Bis jetzt war ich jedes Mal voller Ideen, was an dem Mann geändert werden sollte, bei der ersten Begegnung – und so habe ich auch langsam beeinflusst und geändert. Bei Martin wäre mir nicht einmal der Gedanke daran aufgekommen. Martin ist genauso, wie ich ihn aufnehme – ganz –, und perfekt für mich. Wenn er das wenigstens wüsste!

Er hat Angst – aber *wovor?*

Was bin ich denn für dich, Martin? Ich kann dich nicht einmal fragen! Meine Liebe zu dir in meinem Herzen zu tragen, ohne sie geben zu können und erwidert zu bekommen, ist schwer, sehr schwer; auch gewichtsmäßig. Nein, ich will nicht kaputt gehen daran, nicht nach dem langen Weg den ich bis hierher gemacht habe. Seit du mich aus deinem Mobilnetz ausgeschaltet hast, stehen meine Chancen fast (das *fast* ist die Hoffnung!) bei null. Ich lebe weiter; ich *will* weiterleben. *Was* willst *du*? Bitte sag es mir! Auch wenn nicht ich es bin, was du willst.

Hey! Rein per Zufall habe ich herausgefunden, dass du mich doch nicht aus deiner Mobiltelefon-Adressliste ausgekippt hast! Es ist *mein* Mobiltelefon, das nicht mehr geht! Hach, welche Erleichterung! Nun ja, geantwortet hast du mir trotzdem nicht – aber das kann ja noch kommen. Ich war so erleichtert, als ich das rausgefunden habe, dass ich vor lauter Erschöpfung einschlief, mitten am Nachmittag.

Durch die »Partnerschafts-Suchstelle« habe ich noch andere Männer kennengelernt, auch interessante Gespräche geführt, doch jegliches Gefühl für erwünschte Nähe blieb meinerseits aus. Ich war stets erleichtert, wieder nach Hause zu gehen (viermal hat bisher ein Treffen stattgefunden). Den Wunsch, mich wiederzusehen, blockierte ich immer. (Bei Martin hingegen wäre ich am liebsten geblieben – das nur als Vergleich.) Zwei der »Anwärter« blieben hart. E., der vor einem Jahr seine geliebte Frau verlor und noch ganz viel Trauerarbeit vor sich hat (habe ich ihm bei unserem Treffen auch gesagt), dann H., der an der Ostsee lebt (von der Distanz her total sicher und ungefährlich, denke ich mal). H. ist gebildet und interessant, hat denselben Bildungsgrad wie Martin – aber ob er mir gefallen würde? Ich weiß es nicht; sein Foto haut mich nicht um. Natürlich haben die anderen den Vorteil, dass ich sie persönlich treffen konnte. H. lebt zu weit entfernt dafür. Doch wir haben regen Kontakt durch Mails.

E. bat mich um ein zweites Treffen; um sich bei mir auszuheulen und zu reden. Er fühle sich einsam und habe irgendwie Vertrauen zu mir. Wir haben keinerlei Liebesgefühle füreinander, das machten wir schon zu Beginn klar; also ging ich zu ihm. E. sieht sehr gut aus und hat viele Talente. Aber ich komme ihm nicht näher, vor allem, weil ich das nicht will und nicht kann. Die berühmte Chemie stimmt nicht. Martin ist so anders – so perfekt für mich.

E. gab mir den ganzen Beerdigungsablauf seiner verstorbenen Frau zu lesen, jedes Detail war darin aufgeführt, Lebenslauf, Exit und Meeresbestattung etc.; durch die viel beschriebenen Seiten lernte ich seine Frau sogar etwas kennen. E. tut mir leid. Als ich ihn wieder verließ, war mir selber sterbenselend.

H. mailt mir oft. Ich kenne seine Hobbys, Wünsche und Vorstellungen, auch seine Enttäuschungen, und weiß von seinem Lebensmut. H. ist weise, aufbauend und sehr aktiv.

H. hat mir nun den Vorschlag gemacht, ein paar Tage bei ihm an der Ostsee zu verbringen; wohlwissend, dass ich mein Herz schon vergeben habe. Doch er weiß auch, dass es mir nicht gerade gut geht. (Wir sind sehr offen zueinander.) Da ich schon seit Längerem gesagt habe, dass ich im September Ferien möchte/brauche, denke ich selber auch darüber nach – die Idee wäre wahrscheinlich gar nicht so schlecht. Natürlich träume ich davon, mit Martin nach Ungarn zu fahren – wie er es mal vorgeschlagen hat –, aber was tun, wenn sich Martin nicht meldet? Ich muss irgendwie auf klarere Gedanken kommen. Etwas Distanz von meiner täglichen Frage *Höre ich heute von ihm oder wann?* zu kriegen. Ich gehe sonst kaputt. Also, sollte ich in den nächsten Tagen wirklich keine Antwort von Martin erhalten, werde ich ziemlich sicher (mutig!) das Angebot von H. annehmen. Tapetenwechsel. Auftanken. Klarheit schaffen – so hoffe ich. Heute haben H. und ich unsere Telefonnummern per Mail ausgetauscht. Als ich vom Einkaufen nach Hause kam, läutete das Telefon. Ich habe nur an Martin gedacht, aber es war H. Ich fühlte mich vollkommen überrumpelt und konnte kaum etwas sagen. H. zeigte Verständnis. Ja, seine Stimme war sehr sympathisch, er redete viel und eher schnell, nie um Worte verlegen. Er freue sich riesig auf meinen Besuch, beschrieb mir alle seine Rosen im Garten und vieles mehr.

Mein Mobiltelefon funktioniert wieder, also Martin hat mich nie »rausgesperrt«, wenigstens das. (Danke, Jesus! Denn zu dir hatte ich geschrieen.) Und hey! Was ist das? Im Geschäft, wo ich heute mein Mobiltelefon wieder richtig einstellen ließ (weil ich Banause es nicht selbst zustande bringe), sollte ich einen kleinen Test machen, um zu sehen, dass alles wieder richtig funktioniert. Ich wollte keine SMS schreiben, und weil mir nichts Besseres einfiel, schickte ich Martin einen Kuss, das geht so: *x* – das ist alles; in englischen Briefen versenden wir Küsse auf diese Art.
Es hieß dann: *gesendet*. Also alles wieder i. O. mit meinem Mobiltelefon.
Wieder daheim, schaute ich mir das Ganze noch mal in Ruhe an (nach H.'s Anruf) und konnte es erst nicht

glauben: Martin hat mein Küsschen erwidert! Ein ›x‹ zurück an mich! Ja! Klar, bin ich selig darüber, aber – und? Jetzt sitze ich wieder alleine auf meinem Balkon und träume in den Nachthimmel – ach, diese Sehnsucht in mir! Wie lange soll ich das noch aushalten? Martin, melde dich! Bitte. Ich muss doch mein Leben in irgendeiner Richtung weiterführen. Und: nein, ich will nicht mehr alleine sein; ich brauche den Austausch, die Nähe und die gelebte Liebe – dich.

Als ich schon schlief, rief mich H. nochmals an. Das habe ich erst heute Morgen gesehen. Zum Glück hat er auf meinen Anrufbeantworter geredet. Ich hörte mir die Nachricht etwa dreimal an. Ja, seine Stimme zu hören, tut mir gut. Es ist mein Wäschetag heute. Zwischen den »Gängen« nutzte ich die Zeit, H. per Mail für seinen Anruf zu danken. Mitten im Schreiben erhielt ich (endlich!) die lang ersehnte Antwort von Martin – niederschmetternd! Martin schreibt mir in knappen Worten, dass er wirklich nicht mehr *mag* und: *mach's gut* – (wie bei Chrigi!)

Ich habe ihm darauf geantwortet, dass es schade sei, dass er mir das nicht schon länger gesagt hat, und zwar *persönlich*, und dass ich gerne gewusst hätte: WARUM. Ich mailte auch, dass ich mich seinem Wunsch fügen werde, und wünsche ihm auch alles Gute, *Besseres* als er mir.

Dann habe ich meine Mail an H. weitergeschrieben und ihm auch gesagt, dass ich jetzt *die* Antwort erhalten hätte, jedoch nicht sicher sei, ob ich ihn darauf noch besuchen soll, da ich ihn keinesfalls ausnutzen möchte (das mach ich sowieso nicht). Ob er immer noch möchte, dass ich ihn besuchen komme, erfahre ich vielleicht heute Abend.

MIR IST SCHLECHT! MIR IST ELEND!
Meine Wäsche ist getan und glücklicherweise muss ich
heute Nachmittag meine *liebe Freundin* besuchen (sie
nennt mich auch ihre *liebe Freundin*). Dies ist meine
»Freiwilligenarbeit«-Patientin' durch das Rote Kreuz.
Müsste ich das jetzt nicht, dann wüsste ich wahrschein-
lich nichts Gescheiteres, als mich zu betrinken: danke,
Rotes Kreuz; eine Hand wäscht die andere. Und schon
wieder muss ich mich zusammenreißen.
WARUM MUSS ICH ALLE MISSGESCHICKE
ZWEIMAL DURCHMACHEN?
Wie wohl Henric (ja, so heißt er, oder ich nenne ihn so
– sein nordfriesischer Name ist *Hinnark*) reagieren wird?
Bitte nicht noch größere Herzschmerzen!
Nein, essen kann ich jetzt nicht, obwohl es Zeit dazu
wäre und ratsam vor dem Ausgehen; nein, mir ist echt
schlecht.
Henric hat mich noch kurz angerufen, bevor ich Annemarie; meine »Patientin«, besuchte. Da ich deshalb
mein Gespräch kurzhalten musste, versprach er, mich
heute Abend nochmals anzurufen. Ich bin jetzt wieder
daheim, habe Annemarie mein Herz ausgeschüttet, weil
sie mich immer so gut versteht – und mir so etwas wie
eine ältere Schwester geworden ist; sie ist vier Jahre älter
als ich und kommt aus Norddeutschland – wie Henric.
Wieder habe ich auf meinem Balkon gesessen und in
den sich langsam dunkler verfärbenden Abendhimmel
geschaut. Wie lange tu ich das schon alleine? Viel zu lange! Der Sommer neigt sich dem Ende zu und ich bin immer noch alleine! Die Lichtlein von gegenüber auf dem
Hügel sind langsam und vermehrt an- oder aufgegangen,
wie Sterne im Hügel. Mit meinen Tränen vermischt seh-

en sie verzogen und unklar aus – nicht weniger schön, aber so traurig. (Henric, bitte ruf mich an!)

Ich habe mir, nach dem Duschen einen Whiskey on the Rocks eingeschenkt – der ist nun auch schon alle – soll ich das wiederholen, oder besser nicht? Ach, ich fühle mich so einsam und ungeliebt – Scheiße! Kein Selbstmitleid! Weiter weiß ich trotzdem nicht.

Ich fülle mein Glas erneut, nur zur Betäubung – es ist so … so unausstehlich grässlich, grausam! Das war ja gar nicht Whiskey! Es war Rum, aber jetzt ist es Whiskey – prost! Wenn ich bis 21 h nichts höre von Henric, dann ruf *ich* ihn an. Ach, soll ich das? Ich bin ja so verunsichert! Noch sieben Minuten bis 21 h – ich drehe durch. (Ja, wer hat denn gesagt 21 h?) Oder soll ich einfach zu Bett gehen? Der Whiskey ist schon viel besser als der olle Rum – noch drei Minuten bis 21 h. (Wahrscheinlich habe ich Henric schon beleidigt, ich weiß ja kaum mehr, was richtig ist.) Wann beginnt für Henric der Abend? Ich ruf ihn an – soll ich? Ich will eine liebe Stimme hören und reden – oder auch nicht … nur hören.

Ich ruf ihn an.

Henric ist erfreut und ruft mich auch gleich zurück. (Er hat ein Spezial-Abo für Telefonate.) Wir telefonieren fast zwei Stunden miteinander – meistens hat er geredet – ja, er hat eine sehr angenehme Stimme. Ich bin auch froh, dass ich immer ehrlich zu ihm war; das hilft jetzt bei unseren Gesprächen – danke. Wir haben über Verschiedenes geredet; sogar übers Küssen (!) und dass seine Mutter Jüdin war. Und ja, ich werde ihn besuchen, oben an der Ostsee, erwartungslos, wir werden zusammen Fisch essen, und dann sehen wir weiter.

Der »Tag danach«: Mir ist elend, psychisch – *warum*, Martin? Es war doch alles so schön, für uns beide. Jetzt hast du meine Liebe zu dir zerstört. Ich trage sie nicht mehr in mir wie eine Schwangere ihr Kind. Etwas ist weg, aber die Wunde klafft. Kann ich wieder lieben? Es müsste eine komplett neue Liebe sein, an die ich jetzt nicht glauben kann; die Wunde in mir ist zu groß und schmerzhaft. Ohne Liebe fehlt mir fast die Luft zum Atmen. Bin ich krank? Bin ich durchgedreht? Beides? Meine Gefühle werden so durcheinandergeschüttelt wie Lottozahlen, die einen Gewinner ausmachen sollen. Bin ich nur noch der Verlierer? KEIN SELBSTMITLEID BITTE! SELBSTMITLEID IST VERWERFLICH!

Cloe (mein neunjähriges Enkelkind) hatte mir kürzlich noch gesagt:»Omi, hör auf! Du hast dich verfangen wie in einem Spinnennetz – es ist klebrig, und je mehr du dich wehrst, verfängst du dich! Hör auf damit – befrei dich!«

Cloe hat mich»durchgeschüttelt«, aber wie komme ich gegen meine eigenen Gefühle auf? *Wie* werde ich wieder frei?

Nochmals: Danke, liebe Annemarie, fürs Zuhören und dein Verständnis! Und danke, lieber Henric, für die anstrengenden Bemühungen, mich aufzuheitern – ist dir auch teilweise gut gelungen; bis mich die Realität wieder eingeholt hat. Ja, ich komme dich besuchen, in etwa zwei Wochen – für eine Woche, und ich hoffe, dass du null Erwartungen in mich setzt. (Schöne Aussichten für dich! Aber du willst es ja – *mit* dem Wissen, wie mir zumute ist.) Ich soll nicht mehr drüber nachdenken, sagst du, aber meine Gedanken und Gefühle haben sich selbstständig gemacht.

So, hier und jetzt, aufgeschlitzt und konfus, kann ich meine Geschichte auch nicht beenden.
Will das überhaupt noch jemand wissen? Wie und was weiter? *Hilfe!*
Kürzlich hatte ich zwei Träume über Martin; den ersten Traum hatte ich etwa vor drei Wochen. Martin stand in einer Ecke, von Kopf bis Fuß in eine Art dicken grauen Filz gehüllt und somit unbeweglich gemacht. Die Umgebung war eher düster. Nur seine Füße und vor allem seine Hände waren sichtbar; die Hände streckte er verlangend durch eine enge Öffnung auf der einen Seite; seine Arme wurden länger, als er nach mir reichte, aber berühren konnte er mich nicht. Ein trauriges Bild; ich stand da und wusste nicht, was ich tun sollte. Mit diesem Bild erwachte ich. Für mich war dieser Traum sehr symbolisch.
Den zweiten Traum habe ich erst vor etwa zwölf Nächten geträumt: Die Atmosphäre war eher hell und freundlich, Martin ging langsam an mir vorbei mit einer Art Sport- oder Reisetasche. Er drehte sich gegen mich um, als er schon etwas weiter entfernt war, und winkte mir freundlich lächelnd zu – ja, wie zum Abschied. Wieder stand ich da und wusste nicht, was tun. Als ich erwachte, versuchte ich diesen Traum zu drehen und wenden und schlussendlich zu vergessen.
Doch beide Träume haben sich bewahrheitet. Ja, und jetzt stehe ich da und weiß nicht, welche Richtung für mich stimmt – wohin ich gehen soll.

Henric hat mir ein neues Bild von sich geschickt – ja, schön und lieb, aber mit Kuss – und jetzt bin ich noch mehr verunsichert. So habe ich ihm auch darauf geantwortet; wie ich im Moment halt fühle und denke. Wie er das wohl aufnimmt? Will er mich jetzt noch sehen? Wird er mich heute Abend trotzdem noch anrufen? Ich glaube, dass ich jetzt so sehr verunsichert bin, dass ich mich selber als unzurechnungsfähig erklären muss. Bis später.

Nach Henrics erneutem Anruf war ich so durcheinander, dass ich schlussendlich per Mail um seine Adresse bat, und ihm jetzt einen Brief geschrieben habe. Ich erlebte Henric durch seine letzten zwei Anrufe ganz anders – so was wie fordernd. Mit meinem Brief musste ich ihn ein wenig über meine Vergangenheit aufklären. Eigentlich eher ein starkes Stück. Doch das war von mir aus gesehen nötig; denn es ist schwer, zu Wort zu kommen, wenn Henric redet. Auch ist er mir »zu forsch rübergekommen«. Also: Brief geschrieben (wird heute noch fortgeschickt) und ich fühle mich schon viel besser: wieder auf Augenhöhe mit Henric. Ob er trotzdem noch möchte, dass ich ihn besuche, glaube ich eher nicht, aber im Moment ist es mir auch grad sch…egal.
Vorletzte Nacht hatte ich einen kleinen Albtraum: Ich habe grüne Galle gespuckt. Das hat meine Gefühle zu Henric sehr geändert – nicht sofort, aber fast stündlich fühlte ich die Veränderung und den Unterschied vom Beginn unserer Telefongespräche zu jetzt. Nein, so kann ich Henric nicht besuchen. (Das will er sehr wahrscheinlich ja auch nicht mehr, nachdem er meinen Brief gelesen hat.) In mir hat sich ein Gefühl manifestiert, und das

heißt: *Nein.*

Martin klebt immer noch in meinem Fühlen und Denken, obwohl ich krampfhaft versuche, realistisch und »kühl« zu denken. Denken ist halt nicht fühlen. Ich gebe mir Mühe.

In Sachen Partnersuche = Finden zeigt sich auch nichts Neues auf dem Bildschirm und der Sommer ist so gut wie vorbei; abends sitze ich immer noch alleine schwärmend, träumend und teils heulend auf meinem Balkon. Martin! Wir könnten es doch sooo schön haben zusammen!

Fertig! *Wie* werde ich damit fertig? Mit einer neuen Liebe, die alles Bisherige übertrumpft? Wie wäre das möglich? Gibt es überhaupt so etwas? Noch?

Der Vollmond am 7. September 2017 ist zum Weinen schön. Riesengroß und rund (klarer Fall, der Mond *ist* rund!), dazu orange getönt – ach! Wenn ich hineinblicke, begegne ich meinen tiefsten Liebesgefühlen – den gelebten Lieben, die ich nie vergessen kann – *Martin!* Im Mond begegnen sich unsere Seelen.

Gestern Nacht habe ich Martin wieder einmal ein Küsschen geschickt – nur so: *x* – ich *musste* einfach. Heute Nachmittag habe ich, ganz unerwartet, ein solches: ›x‹ zurückerhalten – auf meinem Mobiltelefon! Da habe ich gleich zwei zurückgeschickt, nur so: *xx*. Und? MARTIN!

Ich lebe weiter (auch ziemlich klarer Fall; mein Atmen hat nicht aufgehört). Neue mehr oder weniger »potenzielle« Partnerschaften bieten sich mir an – ich empfinde nichts. Wie lange ziehe ich das noch durch? Meine ohnehin kaum vorhandene Geduld sowie meine Hoffnungen schmelzen – der Sommer bäumt sich nur hin und wieder nochmals in kurzer, stechender Hitze und viel zu grellem Licht auf, um sich dann den schweren grauen Wolken zu ergeben; mich fröstelt. Doch die (unerwiderte) Liebe in mir brennt. Ich genehmige mir einen *Granny Special* – cheers!

Mit Henric ist's definitiv aus. Ich fahre weder an die Ostsee, noch habe ich das geringste Empfinden für ihn. Nach ein paar (soeben erhaltenen) hässlichen Mails ist er für mich erledigt. Zum Glück habe ich seine andere Seite noch früh genug kennengelernt.
Manfred, auch weiter weg in Deutschland, aber nicht am Meer, will mich schon länger unbedingt treffen. Allerdings fährt er jeden Winter für drei Monate in den Süden – und möchte mich mitnehmen. Huff! Da müsste ich mich schon richtig verlieben, um so was wahr zu machen. Aber mein Herz ist immer noch so voll – voll mit Martin! Wie gehe ich damit um? Manchmal habe ich das Gefühl, dass er mir ganz nahe ist – auch in der Nacht.
Nun, ich versprach Manfred, ihn am Sonntag in Bad-Säckingen zu treffen, so für eine Begegnung mit Mittagessen und Reden.

Und jetzt! Ja, ich habe mein Versprechen an Martin, dass ich mich nicht mehr melde, gebrochen und habe ihm ein »Frühstücksbildchen« mit einem »Guten Morgen«-Wunsch geschickt. *Please forgive me!*
Und dann ist es passiert! Martin hat mir geantwortet! Sogar konnten wir eine kleine Konversation – hin und

her – per Mobiltelefon-SMS halten! Jedes Mal mit einem kleinen *x* am Schluss! Meine Knie werden schwach und mein Herz schlägt so stark, dass mein Körper leicht bebt.

Müsste ich ihn jetzt treffen, ich würde glatt ohnmächtig. Jetzt ist er am Golfen. Wie sich diese kurze »Begegnung« weiterentwickeln wird, habe ich keine Ahnung. Das Letzte, das er gesagt hatte, Ende Juli, auf meine Frage *Wie weiter?*, war: *Time'll tell*, zu Deutsch so viel wie: »Die Zeit wird es zeigen«.

Ich muss jetzt warten und geschehen lassen, was immer auch passiert.

Jetzt muss ich runter in die Waschküche, meine Wäsche holen. Heute Nachmittag treffe ich Karin in Basel; wir wollen zusammen Elfi in ihrer Alterswohnung besuchen.

MARTIN! Du spürst mich auch – ich fühle es.

Nach einem ereignisvollen Tag wieder zu Hause, entdecke ich eine neue SMS von Martin: ob wir mal zusammen essen gehen sollen? Oh, ich kann es kaum glauben! Natürlich antworte ich mit *ja*! Auf dem Balkon stehend und in die Ferne sehend, fühle ich mich so leicht, als flöge ich selber über die Hügel.

Mein verzweifeltes Beten wird erhört. Meine Seelen-Saiten sind so stark angespannt, dass schon ein kaum wahrnehmbarer Hauch meine Seele ins Schwingen bringt.

Hier vor meinem PC springen mir bei Nachdenkpausen immer wieder die Buchstaben M - A - R - T - I - N in die Augen – wenn es eine Verzauberung gibt, dann bin ich in deren Bann.

Zwei Tage später, nach vielen liebevollen *x*-Kontakten, der Wendepunkt – ja, du hast recht gehört. Martin fragt mich (alles immer per SMS): *Was tun wir?* Ich verstand nicht sofort. *Ich denke an dich*, antworte ich in liebevoller Unschuld. Ich dachte, dass er meint, was wir unternehmen sollen; wohin wir eventuell essen gehen wollen. Aber nein, es war ganz anders gemeint: *Was ich mit* dir *tun soll?*, fragte er nach.

Ich schlug vor, dass wir uns treffen, etwas essen gehen (wie er ja kürzlich vorgeschlagen hat) oder auch nur was trinken – einfach einander sehen und reden.

Ich weiß nicht, war seine Antwort.

Oder du kannst zu mir kommen; ich mache Tomaten-Spaghetti? Es ist halt sehr klein bei mir (warum muss ich immer so untertreiben?) *und einfach, aber ich mag's unkompliziert.*

Nein, war wieder seine Antwort.

Irgendwann entschied ich mich, ihn anzurufen. Ich rechnete im Voraus damit, dass er den Hörer nicht abnähme. Damit hatte ich recht. Ich versuchte so ruhig wie möglich zu reden (was mir natürlich nicht gelang; da ich mit meinem Herzschlag bebte); er solle mir doch einfach *ja* oder *nein* schreiben – oder sagen. (Ich wollte das *Nein* einfach nicht akzeptieren). Damit ich wüsste, was ich noch besorgen oder vorbereiten könne.

Martin antwortete per SMS: *Nein, nicht heute.* Ich verstand die deutsche Sprache nicht mehr.

Wir wollten einander doch treffen – so wie du vor zwei Tagen vorgeschlagen hast?, meinte ich – ich glaube sogar, meine SMS ist zitternd rübergekommen.

Nein, nicht heute = NEIN. Das war seine kurze Antwort, ohne *x* und fertig.

Ich nahm meine ganze seelische Kraft zusammen und gab zurück: *OK*, auch ohne *x* und fertig. Es war fast, als hätten wir einander angeschrien.

Seither habe ich keine Nachricht mehr von Martin erhalten. Meine innerliche Wunde schmerzt wieder zum Verzweifeln. So kann es nicht weitergehen. Aber wie kann ich mich in einen anderen verlieben, wenn Martin meine ganzen Gefühle so beherrscht? Hat er mich jetzt wieder »fallen gelassen«? Oder meldet er sich bald wieder? Ich habe keine Ahnung! In dem Partnerschafts-Portal durchforsche ich ganz genau seine Stärken und Schwächen, auch seine Reaktionen. Es ist ziemlich aufschlussreich; ich finde heraus, dass Martin sich sehr stark nach einer Partnerin sehnt und auch in einer Partnerschaft leben möchte – etwa genauso stark wie ich –, aber auch, dass er sich sehr schnell (*Warum?*) zurückzieht – bei der kleinsten Unstimmigkeit oder Schwierigkeit oder was immer. Irgendwie habe ich jetzt das Gefühl, dass ich etwas auf irgendeine Art verpatzt habe – vielleicht auch nicht, vielleicht ist das bei ihm einfach der normale Ablauf, weshalb er auch immer noch alleine ist? Warum er so reagiert, kann ich nicht sagen; ich wäre froh, wenn ich das wüsste! Aber es scheint mir jetzt, dass er so reagiert, grad bevor es ernst wird – oder werden könnte; und so wird nie etwas draus. Ob er sich dann vor der Situation gerettet fühlt? Er muss doch sicher auch leiden? Und wie geht das für mich weiter?
Ich versuche nichts mehr von mir hören zu lassen – jetzt ist *er* dran! Puh das ist schwer!
Letzte Nacht träumte ich, dass Martin mein Gesicht in seine Hände nahm und mich auf den Mund küsste. Dabei hatte ich etwas wie ein kleines störendes Blättchen auf meiner Zunge. (Also lag der Fehler bei mir?) Ich darf jetzt nicht kaputt gehen!
Ich nehme allen Mut zusammen und folge einem Fly-

er, der neue Mitglieder für den Tischtennis-Club sucht, bei uns im Dorf. Ja, ich gehe hin und spiele! Es ist erst schwierig; der kleine weiße Ball ist sooo rund. Ein sogenannter Profi gibt mir Instruktionen, und bald geht es ein wenig besser. Ein gutes Spiel zur Förderung der Konzentration, der Koordination und der Fitness; also sehr gut für mich. Ich denke, ich habe ein neues Hobby gefunden. (Jaaa, Martin spielt Tennis – und ich halt jetzt Tischtennis … hm.)

Dabei lerne ich neue Leute kennen (ich muss irgendwie normal bleiben). (Sorry, was ist normal?) Dazu habe ich morgen Sonntag ein Date mit dem vielleicht netten Mann Manfred, der schon länger versucht, mich zutreffen, wie schon weiter oben erwähnt. Ich habe ihm absolut keine Hoffnungen gemacht, aber er will mich jetzt trotzdem unbedingt treffen; ich sei seine letzte Chance – so wie er es sieht. Nein, was in meinem Herzen passiert, behalte ich für mich, sonst könnte ich mich ja geradezu in meiner Wohnung einschließen und alles Leben aufgeben. Das darf ich nicht! Ich versuche mich in alle neuen Situationen »fallen« zu lassen, ohne mich dagegen zu wehren, zu »leben«, was vor mir liegt. (Wohin soll ich mich fallen lassen, wenn NICHTS vor mir liegt?) Manfred, den ich morgen im deutschen Bad-Säckingen treffen soll, hat gesagt: »Wir müssen da jetzt einfach durch.« Komisch, wie weiß er das? Es ist wirklich wie in dem englischen Kinderbuch: *We're going on a bear hunt* (Wir gehen auf Bärenjagd). Dabei kommen wir vor Felder, durch Wälder, Flüsse etc. Und nirgendwo ist ein Weg, weder darüber noch darunter; also müssen wir da *durch*gehen; es gibt keinen anderen Weg! Das ist Lebensweisheit! Eine gute Geschichte – auch nachdem

der Bär endlich gefunden wird. Ich will mir das Buch bei meinem nächsten Besuch in England kaufen. (Vielleicht grad noch eins für Martin – ach! Ich kann nichts, oder kann ich nichts *mehr*, ohne ihn tun?)
Wie wird das wohl morgen gehen? Mit Manfred? Ich kann bald nicht mehr!
Seit viel zu langer Zeit bin ich nicht mehr in die Arme genommen worden – und *ich brauche es!*

Das Treffen mit Manfred verläuft »normal«: wir gehen essen, reden ein wenig, besuchen das schöne Münster auf dem Platz, haben Kaffee beim Italiener und gehen zurück zu Manfreds Auto. Er will noch reden mit mir; er möchte wissen, was ich denke.
»Das kann ich dir heute noch nicht sagen; ich muss das alles erst zu Hause in Ruhe durch meinen Kopf gehen lassen.«
Doch ich kenne die Antwort schon, seit er mir bei der Holzbrücke begegnet ist: Manfred ist überhaupt nicht, was ich brauche. Sein leicht ältlicher Geruch, sein Gesicht, der Ausdruck, seine Zähne – sorry. Wenn ich mir *nicht* vorstellen kann, den Mann zu küssen, dann kann ich auch sonst nichts mit ihm anfangen. Manfred ist sicher lieb, aber überhaupt nicht auf meiner Linie.
»*Not my cup of tea*«, würde der Engländer sagen. Armer Manfred, er musste vier Stunden fahren, um mich zu treffen, und dann wieder vier Stunden zurück.
Ich hatte ihn gewarnt, dass es auch für nichts sein könnte, aber wollte es so. Morgen will ich es ihm schonend beibringen, dass zu viele »Dinge« zwischen uns gegen eine Partnerschaft sprechen.

Ich bin so traurig, nicht wegen Manfred; es ist die Einsamkeit, das Alleinsein ohne jeglichen Körperkontakt. »Mama!« Wenn mich wenigstens meine Mutter in die Arme nähme, um mich zu trösten! Ich fühle mich so verlassen. Nein, das ist nicht Selbstmitleid, es ist Schmerz, echter Schmerz.

Auf meinem PC warten zwei neue »Interessenten«; ich will ihnen bald antworten und weiterhoffen – hoffen? Ich weiß nicht, ob ich noch hoffen kann oder ob ich bald resigniere.

Nein, ich fühle mich trotzdem nicht von Gott verlassen; ich glaube, dass es so sein muss: da muss ich durch – warum, das weiß ich nicht. AUSHALTEN!

Andreas ist mit seiner neuen Partnerin aus den Ferien zurück. Da läuft alles genau so, wie es sein soll. (Mann hat *der* Glück!) Gut.

Mäggie hat mir soeben telefoniert; sie ist mit ihrem Robert während drei Wochen in der Innerschweiz in den Ferien. Mäggie und Robert – einmal, allerdings vor langer Zeit, hatte ich Mäggie bedauert wegen Robert. Doch Mäggie und Robert sind seit vielen Jahren glücklich. Ich gönne es ihnen von Herzen! Sie haben es geschafft, Hürden zusammen überwunden und sind jetzt noch viel mehr zusammengeschweißt als früher. Wunderbar! Und ich? Nein, ich sollte nicht vergleichen, aber was ist mir nach all der Mühsal geblieben? Was mach ich denn immer falsch? Nein, lassen wir das.

Manfred hat meine Antwort erhalten und mit einem *Ich bin frisch verliebt und tschau!* quittiert. Auch gut; ob's wahr ist, ist mir jetzt auch egal.

Wieder ein Neuer auf dem Partnerschafts-Portal. Ich antworte und treffe verschiedene »Bewerber«; H. ist sehr nett, aber die physische Attraktion fehlt. Wer ist der Nächste?

Soeben habe ich mich (fast) beim Dorf-Laientheater angemeldet; nun, ich habe eine »Vorsprache« und dann weiß ich mehr. Wäre eventuell gut für mich, da ich mich dann wenigstens auf eine Art ausleben könnte? Ich brauche dringend etwas, bevor ich in meinen vier Wänden zu schreien beginne!

Das Vorgespräch fürs Laientheater verlief sehr gut und ist gar nicht sooo laienhaft, dünkt mich. Das Gespräch dauerte eineinhalb Stunden und war sehr interessant. Allerdings müsste ich viel Zeit dafür investieren und eventuell das Tischtennis aufgeben, da beides an einem Montagabend stattfindet, das heißt, Theater wäre Montag- und Freitagabend. Ich habe noch Zeit, um es mir gut zu überlegen.

Heute, nach etwa einer guten (schlechten) Woche, habe ich Martin wieder eine SMS geschickt – ich konnte nicht anders, ich drehe noch durch! Wollte mich doch nicht mehr von mir aus melden; bin jetzt wütend auf mich selber. Ach, könnte ich ihn doch wieder mal sehen, zum Reden und um Etliches zu klären. Aber so ab und an, seit bald zwei Monaten, ohne sich zu sehen oder zu hören, das ist nicht auszuhalten. Dazu bringe ich es nicht zustande, mich für einen anderen zu interessieren. Die anderen Männer kommen mir so unattraktiv und öde vor.

Martin – deine Augen mit dem überfließenden Blau, deine ruhige sanfte Stimme, deine ganze Ausstrahlung – ach, ich weiß gar nicht mehr so genau, wie du aussiehst, weil deine innere Ausstrahlung so stark war, dass sie alles überstrahlte; so etwas habe ich noch nie erlebt. Unbeschreiblich.

Ich muss mir ja direkt ein zeitkonsumierendes Hobby zulegen, um weniger Zeit zu haben, an dich zu denken. (Unvorstellbar, du bist so in meinem Denken und Fühlen verankert.) Ja, ich habe wieder Antwort erhalten, aber ohne *x* und nur kurz. Ich gebe ebenso kurz zurück – auch ohne *x*. Für was werde ich eigentlich bestraft? Zudem habe ich meine alten klassischen CD's ausgegraben: *Best of Baroque*, definitiv mein Favorit – wunderschön. Nur, jetzt muss ich erst recht weinen – dabei möchte ich doch leben! Diese Musik mit Martin hören – ach, ohne zu weinen, nur zu fühlen – nein! Ich darf nicht mehr an Martin denken, sonst geh ich noch kaputt. Aber mein Fühlen ist stärker als mein Denken und meine Sehnsucht entwischt bei jedem Atemzug und hüllt mich ein, sodass ich keine andere Männlichkeit mehr wahrnehmen kann.

Du kannst dir denken, liebe/r Leser/in, ich hielt es nicht aus ohne Kontakt zu Martin; so *musste* ich ihm eine SMS senden, nachts. Oh, ich fühlte mich schlecht; mir selber kann ich nichts mehr versprechen, ich breche ja die Regeln regelmäßig! Und doch! Ich erhielt Antwort! So ging es wieder »leise« hin und her, bis es irgendwie klar wurde, dass wir einander wiedersehen wollen. Ja! Wir telefonierten sogar miteinander – hach! Seine geliebte, sanftmütige Stimme wieder zu hören! Nach zwei schmerzhaften Monaten! Wir machten ein Datum aus: am kommenden Freitag.

Gegen Ende des Gesprächs versuchte Martin wieder einen kleinen Rückzieher: »Wir kennen einander ja eigentlich nicht – ob das was bringt?«

»So können wir einander auch nicht näher kennenlernen – wenn wir uns nicht sehen!«, gab ich schnell zurück, und: »Nein, das ist jetzt abgemacht; kein blaues Auge oder sonst was Ausfälliges, bitte. Wir treffen uns wie verabredet!«

Ich ließ Martin entscheiden, wo wir uns treffen sollen; eigenartigerweise schlug er genau den Platz vor, auf dem wir uns das letzte Mal verabschiedeten und – küssten: auf dem Marktplatz! Er beschrieb sogar die Szenerie dort; hätte nur noch gefehlt, dass er gesagt hätte: »Da, wo wir uns küssten …« Ob er daran gedacht hat? Ich schon! Ich kann ja an nichts anderes mehr denken! Doch ich will sehr vorsichtig sein; ich habe jetzt seinen Charakter etwas studiert, so gut das möglich war, und will mich eher zurückhalten. (Kann ich das?) Ich will ihn nicht abschrecken und weiß jetzt noch nicht zu hundert Prozent, ob er überhaupt kommen wird. Er muss! Ich habe grad ein gutes Buch gelesen von Gabriel Palacios: *Verarsch mich nicht*. Das Buch hat mir auch neuen Mut gegeben, denn es sagt, dass, was aus Liebe geschieht, echt und erlaubt ist.

Und soeben hat mir Martin ein *x* geschickt! Im Moment reflektiere ich alle offenen Stellen des Himmels.

Martin ist gekommen! Wir haben uns genau dort getroffen, wo wir uns vor zwei Monaten verabschiedet haben: auf dem Marktplatz, das Rathaus mit seinem roten Turm im Rücken. Wir gehen zusammen essen unsere Wahl fällt auf die *Safran-Zunft*, wo ich vor vierundfünfzig Jahren Hochzeit gefeiert hatte. Zufall – und doch etwas »meinungsvoll«.

Martin geht immer auf sicher, dass ich mich wohlfühle

– ach, wie lange ist es her (oder war das überhaupt je so, dass sich jemand wirklich darum geschert hat, sicher zu sein, dass ich mich wohlfühle?). Und ich fühle mich wohl, so wohl wie nie zuvor. Das Essen ist 5-sternig, der Rest auch, aber vor allem mein Gegenüber = 7-sternig. Nachher schlendern wir durch die Stadt, es ist ein schöner Abend, überall sitzen die Leute noch draußen. So setzen auch wir uns in ein belebtes Café. Was ich möchte? Grad nochmals so einen feinen Wein. Wir sitzen nebeneinander, nicht gegenüber, und können uns nicht genug in die Augen sehen und einander berühren. Rund herum sitzen junge Menschen – ich fühle mich genauso jung wie alle anderen. Ich schwebe; besonders als ich mich von meinem Stuhl erhebe – bis ich kollabiere.

Was danach war, bekam ich nicht mehr mit: ein Notfallwagen brachte uns in ein Spital – Martin stets an meiner Seite. In dieser Nacht habe ich eine neue Art von Martin kennengelernt (er von mir halt auch, obwohl dies absolut nicht meine beste war). Ich erhalte Salzwasserlösung injiziert. Martin hält meine Hand, gibt mir Wasser zu trinken und hilft mir auch, als mir hundsmiserabel ist. Stunden später führt er mich nach Hause. Mir geht es relativ gut. Bei mir zuhause mache ich uns einen Kaffee. Martin fährt dann wieder nach Basel und will später wiederkommen.

Er kommt! Wir verbringen einen wunderschönen Tag zusammen; Martin führt mich durch farbig leuchtende Herbstwälder – dazwischen umarmt er mich. Es ist alles wie in einem wunderschönen Traum, aber ich träume nicht! Danach sind wir wieder bei mir zu Hause. »Kennst du mich nun schon ein wenig besser?«, frage ich ihn, zu ihm aufblickend.

»Ja, ein wenig«, gibt Martin mit einem Lächeln zurück. Stundenlang können wir nicht mehr voneinander ablassen; dieser Tag geht in meiner Agenda als »Tag der längsten Umarmung« ein. Wir entdecken stündlich mehr Ähnlichkeiten aneinander; wäre ich nicht so müde, würde ich immer noch in seinen Armen liegen. Meine Lippen sind so durchblutet und weich, rosig wie die Blütenblätter einer frischen Rose.

Martin kommt wieder – und ja, er kommt immer wieder – und er nimmt mich wieder und wieder in seine Arme. Bald holt er mich zu sich nach Hause (zum ersten Mal, für unsere erste gemeinsame Nacht). Morgen wollen wir dann zusammen für ein paar Tage wegfahren – wohin es auch geht, wir fahren, gehen, fliegen, träumen zusammen ... und kommen auch wieder zusammen zurück.

Danke, Jesus Christus! Du hast mich geführt, und wo ich nicht mehr gehen konnte, hast du mich getragen! Danke!

Als ich Martin alte Fotos von mir zeigte (damit er sehen konnte, wie ich früher aussah), entdeckte ich diese zwei alten Liebesbriefe meiner Großeltern seitens meiner Mutter – die ich hier in ihrer Original-Version und -Schreibweise zitieren will:

Basel, den 31. Mai 07

Lieber Johann.

Dein liebes Schreiben habe ich erhalten und freute

mich sehr.

Möchte nun auch ein paar Worte an dich richten; ich kann dir sagen es war nicht so leicht für mich das Ja wort auszusprechen; und doch darf ich es aufrichtig bekennen; dass ich Dich lieber Johann von ganzem Herzen liebe. Und hoffe auch mich; an Dir nie getäuscht zu haben. Mein Streben ist, Dich glücklich zu machen; und meinen Wunsch ein freundliches trautes Heim zu gründen; und da möge uns der liebe Gott helfen dazu. Aber auch Du musst Dein Versprechen aufrecht halten wegen der Religion. Und ich glaube auch, dass es Dein aufrichtiger Ernst ist. Nun will ich schließen, denn es ist schon halb zwölf. Noch eine Bitte, nur zu gern möchte ich Dich morgen Abend sehen, denn ich will Dir etwas sagen; die Zeit weißt schon, zwischen neun und zehn Uhr. Indessen sei herzlich Gegrüßt

Deine ganz ergebene
Christine
Basel, den 6. Juni 1907

Liebe Christine!

Alls ich das Papir öffnete, um den Vorhang heraus zu nehmen da war noch ein paar Socken da bei, was mich sehr freute. Ich sehe nun, dass Du ein liebes und gutes Herz zu mir hast.
Liebe Christine theile Dir nun kurz mit dass das was ich von Dir gedacht und gehofft habe in den ersten Tagen alls ich dich kennen lernte ganz zu meiner Be-

fridigung ausgefallen ist.

Du bist meine einzige Liebe und Freude Du bist mein und ich Dein Gott möge uns die Gesuntheit schenken da mit wir unser Leben ohne Noth und glücklich bei einander zu bringen können. Spreche Dir auch meinen schuldigen herzlichen Dank aus für Deine Mühe die Du durch mich schon gehabt hast. Bitte gönne Dir aber etwas mehr Ruhe und Arbeite nicht Tag und Nacht.
Will schließen, indem ich Dich herzlich Grüße

Dein Johann.

***

Mein abschließendes Wort:

Lieber Martin –
Du gibst mir, was andere weggelassen haben oder mir nicht geben konnten –
und Du hilfst mir, ich selber zu sein –

ich danke Dir
in inniger Verbundenheit und tiefer Liebe

Deine Lili x